JN439667

스케치 여행으로 아픔 날린

유럽 힐링 투어

healing tour

전규태 에세이 · Ⅲ

신아출판사

| 권두언 |

새 삶 갖게 한 유럽 그림여행

이 길 원 | 국제PEN한국본부 이사장

2년 전 한광구 시인이 선생님을 모시고 국제PEN한국본부 사무실을 방문했을 때 나는 너무 놀라 입을 다물지 못했다. 10여 년 전 췌장암 수술을 받고 문단에서 소리 없이 사라진 분이 건강한 모습으로 나타나시었으니 놀랄 수밖에 없었다. 선생님은 모교 연세대 은사이시다. 그런 연유로 혹 내가 선생님의 소식을 알까 해서 안부를 묻는 이가 많았다.

선생님이 PEN 사무실을 방문하시기 전까지만 해도 내 대답은 '아마 우리도 모르는 사이에 돌라가셨을 거.'라고 말했었다. 췌장암은 암 중에서도 치료 불가능한 것으로 분류되어 사형 선고나 마찬가지였기 때문이다. 놀라는 내게 선생님은 그간 지난 이야기를 남의 이야기하듯 담담하게 말을 이으셨다.

"삼성의료원에서 의사는 췌장암이라 판정하면서, 수술 후 살 수 있는 생이 그리 많지 않으니 어디 조용한 산사에 가 스님처럼 살라 하더군. 모든 걸 포기했지. 시는 더 이상 쓸 생각하지 말고, 그림이나 그리라 하더군. 무념의 상태에서 여행하며, 그림이나 그리라 하더군. 그래서 모든 걸 정리하고 일본의 오랜 친구가 주지로 있는 절에 가서 스님처럼 살기로 했어. 그림을 그리면서. 그런데 의사가 말하는 시한을 훌쩍 넘겨 버린 거야. 그러던 참에 제자 중 한 사람이 호주의 한 산속에서 말기 암환자를 위한 요양시설을 운영하는데, 그곳에 와 있으라 하는 거야. 친구 신세를 너무 지는 것 같기도 해 호주로 갔었지. 거기서 10년 남짓 살면서 여유가 생기는 대로 유럽여행을 하면서 그림만 그렸었네. 다시 한 번 진단을 받아볼 요량으로 귀국했지. 그런데 귀국하자마자 호주 요양소에 대화재가 발생한 거야. 이제 갈 데가 없어진 거야. 그래 남아있을 수밖에 없게 됐지. 병원에서는 기적이라 하며 연구 사례가 되었다는군. 오래 살 팔자인가 봐."

기적이라는 말은 이럴 때 쓰라고 생긴 모양이다. 때 맞춰 화재를 피해 귀국했다는 사실에는 기적이라는 수식어 이외에 무슨 말이 더 필요할까. 죽음도 선생님은 비켜갔으니 분명 너끈히 장수할 것이다.

"하나님은 아직도 선생님이 세상에서 할 일이 많다고 생각하신 모양입니다. 너끈히 100수는 하실 것 같네요. 글도 많이 쓰고 즐겁게 좋은 일도 많이 하시고요."라고 했지만 이건 그냥 덕담이 아니다.

우리 모두 잘 알다시피 선생님은 문학에 대한 열정이 유별나신 분이시다. 왕성한 창작 활동은 물론, 문학 전문지인 『문학과 의식』을 발행하는 등 문단 활동도 활발하게 하시던 분이었다.

갈 데가 없어 남아있을 수밖에 없다고 하셨지만, 건강을 되찾은 선생님은 문학에 대한 왕성한 열정까지 되살아나신 것 같았다. 그간 문단 사정이 어찌 변했는지 모르겠으니 좋은 글 쓰는 명망 있는 시인들을 추천해 달라하시더니 시와 그림이 있는 대저작물인 『까세』를 출간하셨다. 그리곤 계속해서 출판물을 생산하면서 예전의 열정을 보여 주고 계시다. 국제PEN대회를 위하여 참석하는 세계 문인들에게 한국의 문화를 소개하는 영문판 『Flavor and Wisdom of Korean』를 출간하여 기증하시는가 하면, 저개발국 불우아동의 개안수술 돕기 자선 전시회, 요양원을 순회하며 '행복나누기 시낭송회'를 가지는 등 열정은 놀랍기만 하다.

이승과 저승의 경계선 언저리까지 다녀온 탓인지, 생활의 어려움도 담담하게 이야기하는 여유로운 모습도 아름답다. 얼마 전에는 "이제 살만해 졌어, 임대아파트도 하나 당첨되었거든. 말은 안 했지만 돌아와서 처음엔 무척 어려웠었지." 해맑은 미소로 이야기하는 모습이 어린 애처럼 귀엽기까지 했다.

그런 선생님이 팔순을 맞으셨다. 살다 보면 사람들은 보통 팔순을 맞게 되고 축하도 받게 되지만, 선생님의 팔순은 남다른 의미가 있다. 마음 비우고, 사선의 문턱을 오간 선생님의 산수연을 축하하는 데는 그 어떤 수식어도 부족하다고 생각한다.

대학에서 강의하실 때, 선생님은 학생들에게 인기가 많았다. 특히 여학생들에서의 인기는 질투가 날 정도였다. 느지막이 홀로 사시는 걸음 심심하지 않도록 예처럼 인기도 누리며 좋은 글도 많이 쓰고 좋은 책도 많이 만드시기를 기구한다. 기적을 만들어낸 유럽미술기행문집의 상자를 축하드린다.

| 권두언 |

사랑해 한뫼

김 흥 수 | 조형주의 창시 화가

한뫼와의 첫 만남은 1977년 미국 국제통화기금 전시장에서 열렸던 내 개인전 오프닝 때였다. 이날 나는 "조형주의 선언"을 발표했고, 평론가였던 그에게 윤문을 부탁했었다. 그 무렵 하버드대에서 연구 중이던 그는 내 선언문의 퇴고만이 아니라 그가 전공하던 음양론을 약간 접목시키는 등 내 나름의 '하모니즘'을 체계화하는 데 일조했고, 이어 〈조형주의 미술의 창시자, 김수〉라는 장문의 평론을 발표하였으며, 이를 내 화집에도 수록한 바 있다. 동미주미술협회에도 가입하여 함께 미술활동도 한 바 있다.

그런데 81년에 데이빗 살레가 난데없이 'harmonism'을 들고 나왔으나, 전 교수가 평론으로 공론화한 지 3년 뒤의 일이다. 나는 한뫼의 나에 대한 배려에 부응하는 뜻으로 그의 초상화를 그려주었던 것으로 기억된다.

한뫼는 지난 10여 년 동안 호주에서 투병생활을 하다가 지난 해에야 귀국했고 곧바로 평창동 내 집에서 재회했다. 누워서만 지내오다 선 채로 그를 영접(?)했다.(실은 심한 허리통증 때문에 누워 있거나 잠시

서 있을 수밖에 없었기 때문이다.) 나는 선 채로 하트를 그려 건강 회복을 축하했다. 이제 평론가 아닌 어엿한 화가가 되었으니 팔순부터는 조형주의를 말만이 아닌 붓끝으로도 실현하길. 사랑해……, 건강해요.

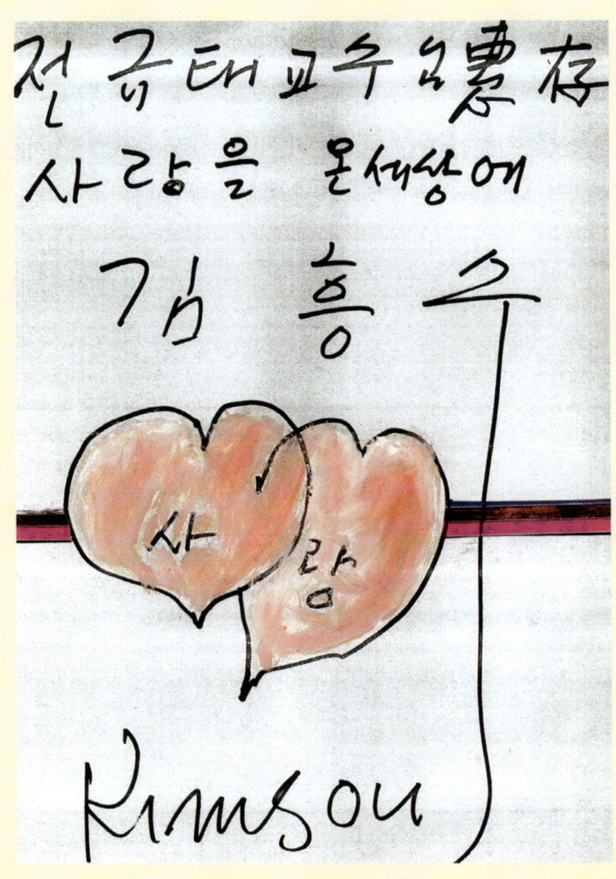

金興洙畫伯

김지하 축화

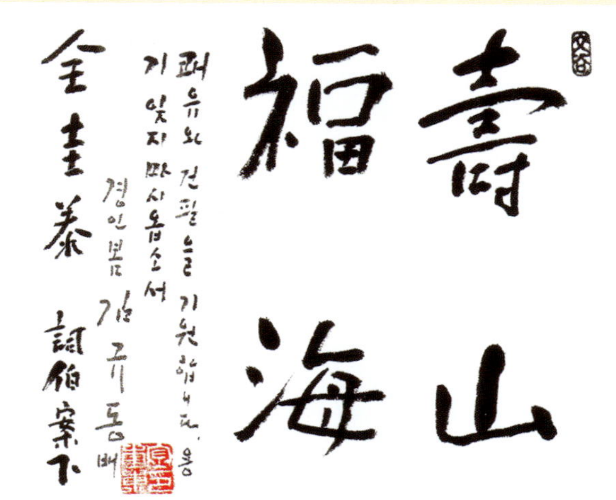

김규동 축하 휘호

1 세잔이 자주 그린 엑상프로방스 교외에 있는 생 빅투아르 산
2 도네가 그렸던 퐁피에이유 풍차
3 고흐가 즐겨 그렸던 아를르 돌다리 언저리에 야생화가 무성하다
4 고갱이 곧잘 스케치 여행을 한 레나의 폐허

1

2

3

4

詩情 넘치며 한빛깔로 어우러져 눈 시린 詩가 – 김철기

화폭 가득 분홍이랄까 오렌지랄까 흰 물감 붓질이 가미된 색감色感에 눈을 뗄 수 없다. 일출의 설렘 빛인가 싶으면 물들지 않은 흰 뭉게구름 몇 점 동반한 저녁놀 환상인 일몰의 색인가 싶다. 아니 규격 지을 수 없는 망망한 생성과 소멸이 혼재하는 꽃 바다로의 함몰……. 그 한가운데 부드러운 목화송이 펼쳐놓은 구름 형상의 큼직한 모란꽃인가를 중심으로 참으로 회화적인 사슴의 형체에서 숱한 스토리가 대입된다.

그리고 작가의 심상이 집약된 눈동자가 정점이다. 평소 특유의 온화한 미소 속 선연한 그 눈빛을 닮은 유독 굴곡 많았던 그의 삶 중 두려움, 공포, 죽음의 문턱까지에서 초극의 고독을 딛고 비로소 '죽음을 옷 갈아입는' 행위조차 황홀한 안온함으로 평정된 한뫼님 눈동자의 여명을 본다. 어쩜 그분을 존경하고 사랑하는 우리들 대다수 정서를 포함하여 선험이 표출된 생사 초탈 순응의 눈동자가 아닐지…… 한뫼의 그림에 시편이 얹히고 모습이 한빛깔로 어우러져 눈 시리다.

영원한 자유인 한뫼님 그림 – 이미영

나는 한뫼님의 여행 중 그림을 가질 수 있었던 것은 큰 행운이라고 공공연히 말한다. 이는 시인의 안목으로 나그넷길의 나의 문학적 감성을 정확히 짚어내 화폭에 옮겨 놓아서이다. 처음 완성된 그림을 보고는 탄성을 질렀다. 나 아닌 또 다른 내가 그 그림에 들어 있어서이다. 특히 표지화는 그동안 무수히 꿈꾸던 크레타 섬 노을 지는 해변에서 나를 마음껏 춤추게 했다. 또 사바나 초원을 새처럼 자유롭게 날게도 했다. 소중한 이야기가 담겨져 있는 그림들을 하루에도 몇 번씩 보면서 기쁨을 느낀다.

한뫼님의 그림 속에는 생을 타히티에서 불태운 고갱이, 영원한 자유인 그리스인 조르바가, 조선의 반항아 연암 박지원이 살고 있음을 감지한다.

한생을 인간의 본성을 잃지 않으려고 고집한 사람들 대열에 묵묵히 서 계신 한뫼 당신이 영원한 자유인으로 남아있기를 바라는 열렬한 팬이 여기 또 생겼습니다.

팔순연을 축하드리며 내내 건강하십시오.

오렌지가 익어가는 도시
레몬의 향기 짙은 섬
마차가 길손을 나르는 소렌토

piazza di Spaga

Segovia

자작나무 우거진 노르웨이 수도의 호젓한 풍경,
북유럽다운 정겨움이 넘친다.

Brussels

코펜하겐

바다로 삐죽 내민 거리
운하를 가로지른 돌다리
전화를 기다리는 사람들이
그 위에 서성이고 있다.

마타호른

십자가를 인 교회의 첨탑을 닮은 이 한뫼에서
나는 하늘을 보았다.
삶의 원형, 그 너머의 생을 느꼈다.
살고자 하는 갈망이 올연히 솟구쳤다.

|책을 내며|

아픔 딛고 얻은 새 삶

나는 여행으로 암을 이겼다. 그리고 마음으로 암을 다스렸다.

'생명'이라고 하는 것은 그 본체가 '마음'이다. 스스로의 힘으로 '없음'에서 '있음'을 만들 수 있는 것이다. '생명'은 생체 안의 원자 전환을 함으로써 몸의 건강을 지탱해 나갈 수 있는 것이다. 생물은 어느 조건 또는 요소가 갖추어졌을 때, 그 조건, 요소 그리고 환경 등을 이용하며 생체에 필요한 원소를 원자 전환에 의해 만들어내는 것이다.

그러니까 인간은 그 정신 상태 여하에 따라서 생체 내의 원자 전환의 과정에 변화가 일어나 정상적인 정신 상태 때 행하여지는 원자전환 및 그 과정에서 다른 상태가 일어날 수도 있는 것이다. 즉, 사람의 목숨을 한편으로는 물질의 영역에 있어서 '물질의 법칙'에 지배되면서도, 정신의 영역에 있어서는 '마음의 법칙'에 의해 다스려지면서, 마음이 종래의 조화롭지 않은 상태로부터 조화로운 상태로 바뀔 수도 있다고 본다.

나는 마음으로 불치에 가까운 췌장암을 고쳤다.

물론, 하나님의 영적인 보살핌 또한 컸다고 믿는다. 유교에서는 배움을, 불교에서는 수행을, 그리고 기독교에서는 믿음을 강조한다. 이를 버무린다면 여행으로 축약할 수도 있지 않을까. 나는 주치의의 권고에 따라 수행하는 그리고 이를 통해 배우는 마음으로 모든 것을 버리고 마음을 비운 다음 치유할 수 있다는 믿음 하나로 화구畵具를 들고 나그넷길에 나섰다. 단테가 베아트리체를 찾아 영계를 찾아 헤매듯, 아벨라르기 엘로이즈를 그리며 그림을 그리듯, 나는 유럽 도처를 누비면서 '사랑보다 더 큰 기적이 없다.'는 말을 믿고 홀로 떠돌이 생활을 한 끝에 살아서 돌아왔다.

대학 생활의 정년을 마치고 나는 바로 '힐링 투어'를 떠났으며 돌아와 어물어물하다 보니 벌써 팔순에 접어들었다. 암 투병을 하고 있는 많은 분들에게 희망이 될 만한 글들을 이승을 떠나기 전에 펴내야 한다는 생각이 앞섰으나, 막상 붓을 들고 보니 어려웠던 십 년 세월을 돌이켜 보기가 사뭇 두렵다. 그래서 우선 유럽 여행기를 상자하기로 마음먹었다. 오랜 세월을 두고 쌓인 유럽, 그리고 그 문화는 영혼의 깊숙한 곳에 자리한 그립고 진실한 것의 표상이며, 그 풍물을 스케치하면서 일상을 넘어선 미적 또는 영적 존재 태를 나는 숱하게 보고 느낄 수 있었기 때문이다. 이런 나그넷길은 '나 홀로 여행'이 적격이라고 믿어, 경제적이면서도 여유롭게 즐길 수 있는 '노하우'도 아울러 알리고 싶어 먼저 여행기를, 그리고 이어 투병기를 꼭 집필하려고 한다.

다시 돌아올 수 없을지도 모를 긴 여행길에 나서려 할 때, T. 문다켈이 지은 『소박한 기적』이라는 책을 내게 전해주면서 "사랑보다 더 큰 기적은 이 세상에 없답니다."라고 말하던 어느 여류시인의 말이 지금도 귓가에 맴돈다.

"병을 꼭 고치고 싶은 소망을 하나님이 받아들이시지 않는다면……."

하고 내가 말을 흐리자, 그녀는

"하나님의 사랑은 지금 선생님의 마음 가운데 이미 자리잡고 있어요. 그건 한낱 연민이 아니라구요. 사랑은 보고 만지는 것이 아니라 경험하고 마음으로 느끼는 거예요. 자기 자신 속의 하나님 사랑과 건강을 경험하셔야 해요."라고 믿음을 강조했다. 그녀의 말대로 하나님을 믿고 여행을 통해 사랑과 믿음을 경험하고 이렇게 살아서 돌아왔다. 이 책은 기간旣刊 유럽 문예 기행 『커피 한 잔의 풍경』 속편으로 집필한 것이다.

| 차례 |

Ⅰ. 여행에서 얻는 보람

Ⅱ. 영감과 생명의 원천

Ⅲ. 아펜니노에서 알프스까지

Ⅳ. 이베리아의 빛과 그늘

V. 북 유럽과 베네룩스

VI. 유레일패스로 추억 만들기

I

여행에서 얻는 보람

유럽의 아름다운 풍광은 뭐라고 표현하기 어려운 매력이 숨겨져 있다.
내 마음도 어느새 그 속에 파묻혀 평화로워진다.

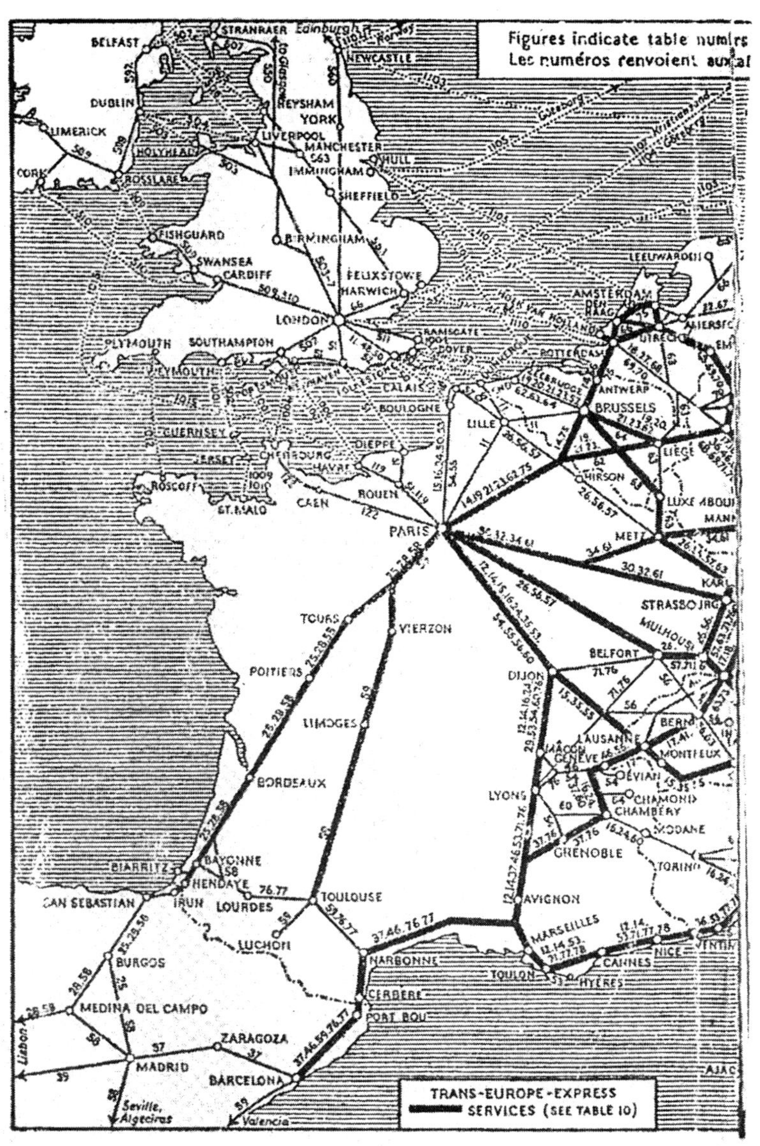
Figures indicate table numbrs
Les numéros renvoient aux
BELFAST
STRANRAER
Edinburgh
NEWCASTLE
DUBLIN
HEYSHAM
YORK
LIMERICK
LIVERPOOL
MANCHESTER
HOLYHEAD
HULL
IMMINGHAM
CORK
ROSSLARE
SHEFFIELD
FISHGUARD
BIRMINGHAM
SWANSEA
CARDIFF
FELIXSTOWE
HARWICH
LONDON
RAMSGATE
DOVER
PLYMOUTH
SOUTHAMPTON
CALAIS
BOULOGNE
GUERNSEY
JERSEY
CHERBOURG
DIEPPE
HAVRE
ROSCOFF
ST. MALO
CAEN
ROUEN
LILLE
HIRSON
PARIS
LEEUWARDEN
AMSTERDAM
DEN HAAG
ROTTERDAM
UTRECHT
ANTWERP
BRUSSELS
LIEGE
METZ
TOURS
VIERZON
STRASBOURG
MULHOUSE
BELFORT
POITIERS
DIJON
LIMOGES
BERN
LAUSANNE
GENEVE
MONTREUX
MACON
EVIAN
CHAMONIX
BORDEAUX
LYONS
CHAMBERY
MODANE
GRENOBLE
TORINO
BIARRITZ
BAYONNE
HENDAYE
SAN SEBASTIAN
IRUN
LOURDES
TOULOUSE
AVIGNON
LUCHON
NARBONNE
MARSEILLES
TOULON
HYERES
CANNES
NICE
BURGOS
CERBERE
PORT BOU
MEDINA DEL CAMPO
Lisbon
ZARAGOZA
MADRID
BARCELONA
Seville, Algeciras
Valencia
TRANS-EUROPE-EXPRESS
SERVICES (SEE TABLE 10)

길을 나서며

나그네길에 나서게 되면 홀로 어떻게 사느냐를 절로 알게 된다.

만약 누군가가 "내 목숨은 내 맘대로 하지."라고 말한다면, 물론 그 사람은 그렇게 해도 좋다. 그건 그의 자유다. 하지만, 누군가를 사랑해 본 적이 있고, 또 스스로를 사랑해본 적이 있다면, 또 존재하는 것에 대한 경이로움이 있다면, 혹은 누군가 선홍빛으로 환하게 피어난 꽃 앞에 넋을 놓고 서 있어 본 적이 있다면, 그 순간 그것을 파괴하지 않고서는 하나하나를 헤아려 꼭 꼬집어 설명할 수 없는 무엇인가가 그 사람에게는 이미 일어났다고 보아야 한다.

나는 기나긴 혼자만의 여행을 통해 새삼스레 자연의 참 모습을 발견하고 놀라움을 느꼈으며, 그에 따라 거기에 귀의하고 싶은 충동을 느끼곤 했다. 그리고 진리는 사랑임을 깨닫고 상처받은 심신을 다독거리며 자연의 품을 그리고 그리워했다. '그리다'는 동사이고 '그리워하다'는 형용사다. '그리다'는 묘사라는 것을 뜻하고, '그리워하다'는 갈망을 뜻

한다. 묘사하면 그림이 되고 갈망하면 그리움이 된다. '그리다'와 '그리워하다'는 말은 같은 말 뿌리에서 나온 낱말이다. 그러고 보니 캔버스나 도화지에 그리면 그림이고, 마음으로 그리면 그리움인 것이다.

그리움은 어려움 끝에 온다. 역경 속의 안타까운 심정이 그리움을 낳는다. 낯선 이역異域을 오랫동안 여행하다 보면 그리움이 움트고, 지평선, 그 길 너머에 그리움이 도사린다. 그래서 '여정旅情'을 '여정女情' 또는 연정戀情이라고 하지 않는가.

단테가 이루지 못한 사랑, 베아트리체를 찾아 머나먼 길의 길손을 자원했다. 문득 그가 읊조린 싯귀가 떠오른다.

마치 햇살에 눈 녹듯 하고
가벼운 나뭇잎들에 적힌
시 빌라의 응답이 바람결에 흩어지는 듯하다

이 구절은 그의 불후의 명작 「신곡」에 나오는 '천국'편 33곡에 나오는 싯귀다.

나는 여기서 놀라운 사랑의 아름다움을 느낀다.

또한 이 구절에서 이 시인이 완전한 기억을 간직하는 것이 퍽이나 어려운 일이라는 것도 깨닫게 된다. 꿈은 녹아내리는 눈 같거나 바람에 흩어질 나뭇잎에 쓰인 사빌라(옛 巫女. 그녀는 나뭇잎에 점괘를 적곤 했다고 한다.)의 예언과도 같다고 단테를 노해했는데, 이 구절이 강한 설명하기 어려운 어떤 힘으로 내 가슴에 와 닿는 것은 각각의 시어들이 제각기 역할을 잘하고 있기 때문이리라.

그의 시는 짧게 응축되어 있지만 감동을 이끌어 내는 힘이 있다. 이러한 시적 감동은 삶에 확신에서 오는 듯싶다.

그 때 마침 나는 단테의 고향인 피렌체를 가로지르는 냇가를 걷고 있었다. 군데군데 놓여 있는 다리들이 너무나 아름다웠다. 냇가의 큰 가로수 앞에 나는 멈춰 섰다. 시든 나뭇가지에 나뭇잎이 매달려 있었다. 이윽고 그 잎마저 떨어졌다. 그 잎사귀는 내 어깨 위에 내려앉았다. 정말 멋진 순간이었다.

문득 죽음을 이겨 낸 오르페우스를 떠올렸다. 어떤 때는 슬프기도 하고, 또 어떤 때는 아름답고 행복하기도 했던 그의 음악은 언제나 세상에서 가장 아름다웠다. 하지만 이 신화는 비극이다. 여기서 주목해야 할 것은 오르페우스가 죽음을 이겨냈다는 점이다. 감동적이다. 우리들에게 주는 힘이 바로 그 것이다. 가장 힘든 상황에서도 또 다른 능력, 극복하는 능력, 그리고 그 방법을 찾게 하는 것, 운명을 바꿀 수는 없더라도 적어도 한 순간이라도 불행을 이겨내고 새롭게 인생을 사랑하는 것을 나에게 가르쳐 주었다. 나는 유럽의 '겨울 나그네' 길에서 그 방법을 찾아봤다.

이런 여정旅程은 또한 '연정'이다. 라고 다시 되뇌어 본다.――

머나먼 나그네 길, 그 길 너머의 그리움, 되돌아 와서야 '너를 사랑해도 되겠니?' 하고 씁쓸히 노래해 보았지만, 그런 그리움은 격려요 힘이다. 죽을 만큼 힘들 때, 다시 살게 하고, 삶의 크고 작은 좌절감에서 나를 구해냈다. 희망과 살고자 하는 욕구를 부채질해줬다. 긴 여행길에서 나를 도와주고 동행해 주었다. 사랑은 영원하지는 않지만 우리를 변화시킬 수 있는 힘을 지녔다. 그것으로 족하다. 그때의 기억은 혜성처럼 내 삶에 가장 강한 여운으로 남을 것이다.

돌파구를 찾아

하늘에 먹구름이 드릴수록
새들은 더욱 세찬 날개 짓을 한다.

날이 어두울수록 생물들은
안간 힘을 쓰고 고개를 쳐든다.

이런 생각이 문득 들어, 나는 좀 더 멀리 떠나기로 마음을 굳혔다.
무엇을 해야 할지 알 수 없을 때
그 때가 바로 진정한 무엇인가를 할 수 있다.
어느 길을 가야할지 알 수 없을 때
그 때가 비로소 여행의 시작이다.

막다른 골목에서 다시 새로운 여행은 시작된다.
인간은 왜 망가진 다음에야 깨닫게 되는 것일까.
인간은 삶을 이어가는 데는 뛰어나지만
삶을 만들어 갈 줄을 모르는 것일까.
길 그 너머의 새 길을 찾아 새 삶을 만들어 보자.

이런 생각으로 무작정 떠났다. 빚쟁이를 피하기 위해서라도 떠나야 했다.

수술 부위가 아물 때까지 배를 타고 현해탄을 건넜다.

하버드 시절에 가까이 지냈던 일본인 교수가 출가하여 주지로 봉직하고 있는 선광(젠꼬)사에 석 달 남짓 머물다가 유럽으로 떠나기에 앞서 딸에게 전화를 걸었다. 국제전화로도 딸의 격앙된 숨결을 분명히 느낄 수 있었다. 나중에야 알게 된 사실이지만, 수술 후 주치의는 내 가족들에게 석 달밖에 살 수 없다며 준비하라는 '고지告知'를 했다는 것이다.

돌아온 '떠돌이 별'

석 달밖에 살 수 없을 것이라는 중환자가 김소엽 시인의 싯귀를 빌린다면 "떠돌이 별이 되어 흐르다가" 오랜 '겨울 나그네'길 끝에 어느 날 불쑥 나타났다.

화창한 여름날, 무더위보다 더 치열한 의지로 절대적인 절망을 극복하고 돌아온 분을 만났다. 기적이라는 말로 밖에는 설명할 수 없는 새 삶의 주인공, 한뫼 전태규 박사.

그는 10여 년 전 건강과 명예, 부富를 일시에 잃고 우리 곁을 홀연히 떠났다.

그가 노숙자가 되었다는 소문이 들리기도 했고, 이미 이 세상 사람이 아니라는 풍문이 돌기도 했으며 누군가와 잠적했다는 얘기도 들렸다. 학문적으로 필요해 북한에서 납치했다는 등 황당한 이야기가 들리기도 하는 가운데 '전규태'라는 이름이 사람들의 뇌리에서 서서

히 잊혀갈 무렵

윗글은 귀국 후, 한 잡지에 실린 기사의 일부분이다. 1998년 여름, 나는 서울 삼성병원에서 암 수술을 받았다. 그것은 5년 생존율이 0.2퍼센트에도 미치지 못하는 췌장암 수술이었다. 수술 후에도 몇 차례나 중환자실로 옮겨야 하는 어려운 고비를 넘겼다. 그토록 어려운 투병을 마치고 두 달 만에야 가까스로 퇴원하게 되었다. 그 때 가족들에게는 길어야 석 달 남짓 살게 될 것이라고 알리면서 환자가 평소에 좋아하던 것, 그리고 하고 싶어 했던 것들을 최대한 누리게 해주라고 병원측이 당부했다는 것이다.

그래서 식구들도 자꾸 외국으로 여행을 떠나라고 권유했던 것이다.

내가 이승에 없다고들 말하고 있는 터라, 살아 돌아왔다는 것을 알리기도 어쩐지 쑥스럽고 민망해서 두루 알리지 못하고 한 동안 지냈다.

제자나 가까운 사람도 '기적'이나 '새 삶'이라는 표현으로 내 생환(?)을 기뻐했다. 최윤정 시인은

언제였지? 어두운 파멸의 그림자가 순진한 소년 같은 선생님을 덮친 것이……. 그리고 마치 제3세계로 떠난 듯 일체 소식을 몰랐다. 그래도 서울은 늘 소문으로 가득했다. 역시 그는 스캔들의 근원지를 벗어나지 못했고 여자들의 관심도 끝내지 못했던 거다. 지독한 병마와 눈물어린 외로움을 이겨 낸 선생님은 어느 날 한권의 고백서를 들고 조용히 귀환한다. 그것도 하나님의 신비한 배경을 등에 업고서……. 자상하고 따뜻하게 들려주는 그의 목소리는 극한의 상황을 극복한 자만이 가질 수 있는 깊은 사유로 가득해 경이롭다. 삶에 대한 이해와 애정을 유기적으로 잘 엮어 내 아름답기도 하다. 아무래

도 이번 책의 상재가 선생님의 진정한 성인식이 될 것만 같다.

라고 했고, 김옥엽 시인은 내가 돌아왔다는 소식을 듣고 놀란 나머지 "덜컥, 삑 – 바퀴가 갑자기 튀어오르다 주저앉았다. 순간 제정신이 아니었다. 자신도 모르게 급브레이크를 밟았던 때문이었다. '나 전규태요.' 10여 년의 시간이 접혀서 바로 귓속으로 들어왔다."는 것이다.

여행이라는 것

영국의 철학자 버트런트 러셀 경卿은 인간을 '세미 소우셜Semi-Social한 존재'라고 정의했다. 즉 인간이란 반半 사회적, 반 고독스런 동물이라고 본 것이다.

이 정의는 퍽 재미있다고 느껴진다. 생각컨대 인간의 여러 가지 감정이란 아마도 이와 같은 양면적인 성격으로 형성된 것이 아닐까…….

우리들의 삶의 길이란 생각보단 그렇게 순탄한 것도 아니며 즐거운 것도 아니다. 직장에서는 직장대로, 가정에서는 가정대로 번거롭고 성가신 일들이 접종하여 일어나게 마련이다.

그럴 때면 만사가 귀찮아지고, 훌쩍 어디론가 떠나가 버리고 싶은 충동을 곧잘 느끼게도 된다. 마치 거미줄처럼 얽힌 복잡한 인간관계의 굴레에서 잠시나마 벗어나서 자기 혼자만의 자유와 고독을 한껏 누리고 싶어진다.

하지만 막상 여행을 떠나 얼마 동안 서성거리다 보면 마음 편하고 자유로운 점도 있긴 하지만, 한편으로는 역시 쓸쓸하고 불편함을 느끼기도 한다.

함께 어울려 살면 번거롭고, 그렇다고 혼자 돌아다니다 보면 쓸쓸하고 외로워진다. 그래서 인간은 늘 '소우설'과 '솔리터리Solitary'의 틈바구니를 맴돌면서 살아나가게 마련인가 보다.

그런데 그건 이제 새삼스럽게 비롯된 것이 아니라, 아득한 옛날로부터 그와 같은 상반相反된 요소가 깃들여 있었던 것이 아닐까 하는 생각이 든다.

사회적인 성격이 강한 인간들은 재빨리 정착해서 농경사회를 이룩하였고, 그에 반해 고독의 성향이 짙은 인간들은 정착된 따분한 생활을 기피하면서 유목遊牧생활을 영위해 나가면서 사막, 초원 등 자유로운 대지와 대지를 옮겨 가며 살아 왔다. 지금도 지구상에는 이와 같은 두 종류의 인간들이 스스로의 기호嗜好에 따라 살고 있는 것이다.

예컨대 동 아프리카의 케냐에는 이 두 종류의 인간군이 크게 양분되어 살고 있다. 즉 이 나라의 수도首都 나이로비에 살면서 근대 사회 건설에 여념이 없는 부족部族으로 키구유족이 있는가 하면, 반면 초원에서 서식하는 마사이족은 나이로비와 같은 큰 도시에는 절대로 그 모습을 나타내지 않는다. 그들은 맨손으로 사자와 코끼리를 쫓으며 잡는 드릴을 즐겨하면서 근대 사회에 순응하는 인간들을 비웃고 있다.

사하라에 사는 투아레그족은 솔리터리 파의 한 인종이다. 사하라의 거의 대부분의 주민들이 니제르 강변과 대서양 및 지중해 연안 등 물가에서 살고 있는데, 그들은 끝까지 삭막한 사막에 머무르면서 낙타와 벗하며 외로운 생활을 즐기고 있다.

스칸디나비아의 눈 덮인 벌판에서 살고 있는 라프족 또한 고독파에

속한다. 스웨덴 정부는 어떻게 해서든지 이 족속들의 아이들을 도시 학교에 입학시키려고 애쓰고 있지만 뜻대로 되지 않는다는 것이다. 그들은 아무리 어렵고 불편한 일이 있더라도 도시에 들어오지 않고 설원雪原을 자유로이 옮겨 사는 분방한 삶을 선택한다는 것이다.

그렇지만 최근에 이르러 마사이족, 투아레그족, 라프족의 일각에서는 현대 사회에 순응하려드는 움직임이 차츰 일고 있는 기운이 보이기 시작했다는 것이다. 그들도 인간인 이상 언제까지나 고립된 생활을 계속할 수는 없는 것이다. '솔리터리'한 인간 가운데에서도 언젠가는 사회적인 성격이 짙어져 갈 수밖에는 없다. 마치 사회적인 인간군 가운데에서 때로는 고독한 인간이 생기는 것처럼 말이다.

우리 한국인은 한반도에 정착한 농경민의 후예다. 하지만 그 정착 이전에는 이곳저곳 옮겨 살았던 수렵민, 또는 채취민採取民이었으므로 우리들 가운데에도 역시 '솔리터리'한 인간의 요소가 감추어져 있을 것도 같다. 그러므로 러셀의 아까 말한 정의는 우리들에게도 충분히 적용될 수도 있으리라.

지난번에 풍요로운 서구 사회를 돌아보면서 절실히 느낀 것이지만 가난한 나라 사람들보다는 잘 사는 사회일수록 그 풍요 속에서 삶의 희열을 느끼는 것이 아니라, 오히려 불평과 실의失意 속에 방황하는 기묘한 현상을 볼 수 있었다. 이런 현상도 그와 같은 양면적 인간의 본성에서 오는 것이 아닐까…….

물질문명의 발달로 말미암아 인간은 미증유의 편리한 생활을 영위하게 되고, 갖고 싶은 것은 무엇이든 가질 수 있게 되면서부터 '솔리터리'적 인간이 준동하기 시작한다. 그래서 역逆으로 소박하고 단순한 생활을 하고 싶어진다. 편리한 가정용품에 둘러싸여 살다 보면 자기 속의 '솔리터리'적 인간이 이에 반발하여 불편한 캠프 생활 같은 것을 동경하게 된다. 사회 보장이 잘된 안전한 사회에서 살다보면 자기의 분신인 '솔리터리'적 인간은 좀이 쑤셔서 견딜 수 없는 지경에 이르게 되고, 오히려 긴장과 모험의 '소우셜'적 인간상이 움튼다.

하지만 이런 것도 모든 인간이 이제까지 경험해 온 오랜 동안의 생활의 기억('소우셜')과 '솔리터리' 사이를 맴돌아 온 인류의 생활사의 기억)이 그렇게 만든 것뿐이다.

■ 인간 회복을 위한 길

나는 마치 19세기의 로맨티시스트처럼 방랑벽放浪癖이 자못 있다. 그런 탓으로 아프기 전에도 여행을 무척 좋아했다. 여행이 주는 그 아스라한 향취香趣와 아련한 속삭임은 곧잘 나를 못 견디게 유혹한다.

'먼 나라 알지 못하는 나라'를 그리고 꿈꾸는 마음은 그지없이 호젓하고 행복스럽기만 하다. 낯선 이역異域 땅의 거리와 거리, 넘실거리는 뭇 인종들의 붐빔, 역사의 앙금이 깔린 고적古蹟과 유물遺物들……
모두가 나를 미치게 하곤 했다.

그래서 이런 흥분과 설레임에 견디다 못해서 나는 곧잘 외로운 나그네가 되곤 했다. 나는 늘 혼자 여행하기를 좋아한다. 혼자 다니는 이역에서의 불안……. 하지만 뭔지 모를 동경과 기다림……. 이번 여행은 더욱 그렇다. 진절머리 나게 살아 왔던 저항을 떠나서 홀가분해지는 해방감……. 부담스러웠던 일상日常과의 잠시나마의 결별訣別 등 그 미묘한 감정의 쾌감!

새삼스레 여행이란 무엇일까? 하고 나는 이번 유럽일주 여행을 하면서 이렇게 스스로 자문自問해 보았다. 그리고 여행이란 바로 인간의 역사를 반복하는 행위가 아닐까 하고 생각해보기도 했다.

여행한다는 것은 우선 정착定着 사회에 대한 번거로운 배려에서 스스로를 해방시켜 준다. 그리하여 우리들을 사교적 인간으로부터 고독한 인간으로 되돌아가게 해준다. 혼자서 낯선 땅들을 밟는 동안 때로는 고독이 무섭기조차 했다.(더군다나 한 달이 지나면서부터 더욱 심해졌다.) 그러니까 여행이란 결코 안락일 수 없다. 안락한 '솔리터리' 인간이란 물론 있을 수도 없는 노릇이다.

여행이란 스스로를 안전한 일상생활에서 긴장을 수반하는 이질적인 세계로, 편리한 환경에서 불편한 환경으로, 그리고 호사한 생활에서 모자라는 생활을 끌어내는 일이다.

여행이란 안전할 수도 있고, 요즘에는 편리하기도 하고, 호사스럽다고도 한다. 하지만 천만의 말씀이다. 그런 여행이란 진짜 여행이 아니다. 그건 오락에 지나지 않는다고 나는 생각한다. 안전만을 찾고 편리만을 바라고, 호사스러운 여심旅心은 골프장에 나가는 심정과 별반 다름없는 것이 아닐까……. 여행이란 자유분방하고 고독한 인간의 회복을 위하여 나서는 길이어야만 하지 않을까. 어느 해 여름 동남아시아 여러 나라를 몇몇 일행과 함께 순방한 일이 있었다. 기차간, 식당 등 우리나라보다 시설이 못한 곳이 많았다. 이에 대해 투정을 하는 사람들이 더러 있었다. 그런 사람들은 무엇 때문에, 무엇을 기대하고 일부러 동남아시아의 개발도상국을 찾아 왔는지 알고도 모를 일이라고 생각한 적이 있었다.

지난 십년동안 대여섯 차례의 유럽여행을 했다. 뭣도 모르고 주변 사람들은 부러워하고 재미있었겠다고 묻는다. 그럴 때마다 나는 이렇게 대답한다.

"아냐, 정말 고달팠어. 어떤 때는 울고 싶은 경우도 있었지. 여행, 특히 외국 여행이란 괴로운 거야. 말도 잘 안통하고, 불편하고, 위험하고, 또한 외롭기도 하고……. 재미있고 즐겁다기보다는 괴로운 일이 더 많더구먼."

그럼에도 불구하고, 아니 그렇기 때문에 여행이란 나에게 있어 그 무엇과도 바꿀 수 없는 체험을 제공해 주는 것이다. 그건 자기 속의 '솔리터리'적 인간을 만난다는 즐거움인 것이다. 다만 스스로의 인생뿐만이 아니라 인류의 오랜 동안의 역사를 새삼스럽게 발견한다는 놀라움이다.

이러한 의미에서 여행이란 인생 그 자체,

인류역사 그 자체라고 해도 좋을 것 같다.

아픔을 딛고 긴 여행 길게 나선다는 것은 실은 또 하나의 나를 만나러 가는 것이다.

그리고 또 하나의 인생을 확인하기 위해서 가는 것이기도 하다. 그 별도의 자기에의 회귀回歸, 또 다른 인생에의 향수鄕愁, 그 향수가 나를 이렇게 살아 돌아오게 만든 것인지도 모른다.

모험하는 마음

내가 초등학교 삼학년 때의 일이라고 기억된다. 어머니를 찾아 만주 관동주에 있는 대련大連이란 도시에 여행한 일이 있었다. 행선지를 목에 걸고 혼자서 몇 번이나 기차를 갈아타며 찾아갔었다.

내가 머무르고 있었던 곳은 대련 충령탑 근처의 번화가였는데 부두로 해서 시내를 회전하는 순환전차가 이곳을 지나가고 있었다. 타고만 있으면 탔던 자리로 되돌아온다는 얘기를 듣고 나는 퍽 신기하게 생각했다. 처음 가본 외국의 도시였기 때문에 더욱 그렇게 느꼈는지도 모른다. 전차나 기차란 시발역이 있고, 종착역이 반드시 있는 것으로만 알고 있었던 나로서는 퍽 호기심이 갔고 마치 정해진 레일 위를 달리는 장난감 전차처럼 희한한 느낌이 들었다.

하지만 어린 나로서는 반신반의半信半疑 했다. 그래서 어른들에게 알리지도 않고 어린놈이 혼자서 대담하게도 이 전차를 탔던 것이다. 과연 다시 이 자리로 되돌아오는지 스스로 확인하고 싶었던 것이다.

일단 전차 문이 닫히고 차가 떠나자 나는 기대와 함께 한편으로 불안한 마음으로 안절부절 했다. 앉아 있지를 못하고 줄곧 옆에 서서 바깥을 지켜보고 있었다. 파노라마처럼 전개되는 낯선 도시의 갖가지 풍경 등은 신기하면서도 제대로 눈에 들어오지 않았다. 난간을 꽉 쥔 채 아까 탔던 곳으로 되돌아오기만을 고대하고 있었다. 오십분 만에야 아까 눈여겨 두었던 충령탑 앞 역에 닿았다. 얼마나 반가웠는지 모른다. 그때의 감격은 지금도 생생히 기억하고 있다.

이 일은 열한 살의 어린 나로서는 엄청난 모험이었다. 하지만 실은 대단한 모험은 결코 아니었다. 다만 전차를 타고 시내를 한 바퀴 돌아본 것뿐이었다. 전차에 타기만 하면 제자리에 틀림없이 돌아온다는 사실을 짐짓 알고 있었으니 말이다. 그런 다음 또다시 이 전차를 타 본 일이 있다. 이젠 전혀 모험일 수는 없다고 할 것이다. 하지만 그렇기 때문에 그건 내게 있어 정말 모험이 된 것이다. 왜?

이 전차의 일주는 이제 나에게는 '미지의 세계'는 결코 아니다. 그러니까 새삼스레 다시 되풀이할 필요성도 없고 그런 흥미도 별로 없었을 것이다. 그런 건 어린 나에게는 무의미한 것이라고 생각했던 그 순간, 왠지 모르게 그 무의미한 짓을 해보고 싶어졌다.

마침 퇴근 시간이 되어서 붐비는 어른들의 틈바구니에 끼어 다시 그 전차를 탔다. 물론 일정한 시간이 경과한 다음 전차는 제자리를 되돌아왔다. 그동안에 나는 무엇을 생각하고 무엇을 느끼고 있었을까? 이제 와서 전혀 그걸 기억할 수는 없다. 다만 그전에 탔을 때보다도, 아니 전과는 달리 이상스런 만족감 같은 것은 맛보았던 것 같은 느낌이 어렴풋이 든다. 그 만족감을 지금 장년에 접어든 나의 말로 옮겨 놓는다고 하면 그건 '무의미에의 도전挑戰'에 대한 흥분, '무상無償의 행위'에 대한 자기 도취陶醉였는지도 모르며, 또한 어쩌면 '자기 의지의 한 만족감' 이었는지도 모른다.

나의 이와 같은 사소한 모험에 대한 이야기는 하잘 것 없는 것임에 틀림없다. 하지만 자기 자신도 모를 그 '무엇'인가가 나를 그와 같은 '모험'으로 끌어들인 것만은 틀림없는 것 같다. 그 이후 그 무엇인가가 그대로 내 마음속에 늘 도사리고 있음을 느끼게 되었다. 가령 젊은 시절에 전혀 조건에 안 맞는 연애를 시도해 본다든지, 또는 제대로 준비(금전 등)도 안 된 채 감히 외국 여행을 떠난다든지 말이다. 이런 충동은 내가 어렸을 때 대련에서 느꼈던 그런 그 '무엇' 때문이 아닐까 하는 쑥스런 생각을 곧잘 해보곤 한다.

그런 모험이란 과연 무엇일까? 그 정의나 분석을 여러 가지로 할 수 있을 것이다. 아무튼 모험이란, 모험하려는 인간이 없이는 불가능한 일이다.

모험이란 추상적인 개념이 아니며 사회 현상도 아니고, 객관적으로 이렇게 저렇게 관찰할 수 있는 성질의 것도 아닌, 지극히 주체적 사실이다. 모험이란 모험을 하는, 또는 모험에 끌리는 한 개인에 있어 그 주체적 정열을 제쳐 놓고는 운위될 수조차 없다.

그렇기 때문에 모험이라고 하는 것은 모험을 하는, 혹은 모험을 하고 싶어 하는 당사자 이외에는 결코 이해될 수 없는 것이고, 또한 어쩌면 모험하는 당사자조차도 그 정열과 충동과 그 욕망이 어째서 자기 속에서 움터 나와서 자기를 그토록 대담하게 행동하게 했는지 이해할 수 없을 때가 있다. 가령, '왜 그런 위험한 산에 오르느냐.'고 물었을 때 '거기에 산이 있으니까 오를 뿐이다.'라고 알피니스트는 대답할 도리밖에 없다.

모험이라고 하는 불가사의한 심정을 웅변으로 말해 주고 있는 『로빈슨 크루소』라는 작품이 있다. 그 작품이야말로 모험의 대표작이 아닐까 하고 나는 생각한다. 그건 로빈슨 크루소가 무인도에서 생활을 하는 것 때문만은 아니다. 그가 왠지 모르게 미지의 땅에 가 보고 싶어 했던 그 심정 탓이다.

로빈슨 크루소는 '어렸을 적부터 차분하지 못한 성격'의 소유자였기에 부친은 그와 같은 자식의 기분을 도무지 이해할 수가 없어서, 어느 날 부친은 로빈슨을 자기 방으로 불러들여서 이렇게 물었다.

"네가 그처럼 미지의 나라에 가보고 싶어 하는 것은 어설픈 철부지의 뚱딴지이지, 이외에 다른 무슨 이유가 있겠느냐?"

이 물음이야말로 왜 산에 오르느냐고 묻는 것과 똑같은 것이 아닐까. 이때 로빈슨의 아버지는 자식을 설득시킬 만큼 충분한 이유를 갖고 있지 않았다. 로빈슨이 아버지 물음에 대답을 못하고 머뭇거리고 있으니까 부친은 이어 이렇게 설득한다.

"이봐, 낯선 땅에 가서 모험을 하려고 하는 건 말이야, 끼니 간데가 없는 빈털터리나 아니면 엉뚱한 야심을 품은 자들이나 하는 짓이다. 그런데 넌 그런 무리들과는 달라. 실로 너는 혜택 받은 중산층의 가정에서 태어나 가려운데 하나 없이 넉넉하게 살고 있지를 않니? 그러니까 그런 어처구니없는 생각일랑 깡그리 내동댕이치고 이 애비 말에 순종하면 너는 평생 행복하고 평온하게 살아갈 수가 있고, 그러기 위해서 이 애비가 한껏 해주마. 하지만 네가 아무래도 하고 싶은 일이니 해보겠다고 한다면 이 애비는 일체 너와는 인연을 끊겠다."

아버지의 이 말을 듣고 로빈슨은(이 점이 퍽 흥미로운 점이지만) 그럴듯하다고 수긍을 한다. 그래서 아버지의 의견에 좇아 외국 여행을 단념하고 집에서 편안히 살아 보려고 한다. 그러나 그것도 며칠 안가고 수주일 뒤에는 집을 뛰쳐나오고야 만다. 그 후의 로빈슨 크루소의 운명에 대해서는 누구나 알고 있는 대로다.

하지만 되풀이해서 말하지만 로빈슨 크루소의 모험은 집을 뛰쳐나온 뒤의 얘기에 있는 것이 아니라, 그가 집을 뛰쳐나온 바로 거기에 있다.

모험이란 이처럼 의미에의 도전이고, 무의미에의 응답이다. 모험자란 굳이 말한다면 부조리한 의지 그 자체인 것이다. 모험자는 무엇보다도 부조리의 영웅이라고 하면 좋겠다.

모험이란 말과 함께 또 한 사람 머리에 떠오르는 인간이 있다. 그건 표드르 카라마조프의 모습이다.

이 사나이는 물론 모험가라는 이미지와는 거리가 멀다. 그는 제정帝政 러시아의 하잘 것 없는 소지주에 불과하다. 하지만 그가 모험가의 자질을 지니고 있었다는 것과 그의 그와 같은 바탕과는 큰 관계가 없다. 그는 별로 어디에 여행한 것도 아니고 오히려 집에서 구지구질하게 살다가 사남인 스메르자코프에게 살해당하고 마는데 그 자질에 있어서는 분명히 모험자였다고 나는 생각한다.

표드르는 작가 도스토예프스키의 말을 빌면 '좀 별난 사람으로, 불량배이고 방탕스러울 뿐 아니라, 어딘지 지각없는 인간'으로 묘사되어 있다.

하지만 그것도 어디까지나 사회적인 일반 상식에서 보면 그런 것이고, 관점을 달리해서 보면 이처럼 흥미 있는 인간도 드문 것 같다. 그 증거로는 도스토예프스키가 그 얼마나 정성껏 묘출했는가를 두고도 알 수 있다.

도스토예프스키의 불후의 명작인 『카라마조프의 형제』의 주인공은

드미트리, 이반, 알료샤 등 삼형제이긴 하지만, 그럼에도 불구하고 그들의 부친인 표드르가 더욱 이 작품의 히어로라고 해도 좋을 듯하다. 이 소설의 등장인물 가운데서 적어도 표드르만이 모험자였던 것이다.

예를 들면 표드르는 근엄한 승원僧院에서 무례한 짓을 곧잘 했다. 하지만 그런 짓을 하는 데는 특별한 목적이나 계략이 있어서 그런 것은 아니다. 다만, '틀에 박힌 듯한 기성을 때려 부숴버리고 싶은 충동을 참을 길이 없었던' 때문이었다. 틀에 박힌 일은 상식적인 것이라고 표현할 수도 있겠다. 표드르는 스스로는 어쩔 수 없는 충동에 휘말려서 상실을 깨쳐 버리는 행위를 자행한다. 그는 '무엇 때문인지도 모를 일'을 마구 해낸다. 그런 점에서 인생의 어릿광대, 표드르 카라마조프는 어쩔 수 없는 모험자였다고 본다.

이렇게 말하면 모험자란 멋도 모르고, 그저 몰상식적 행위만 저지르는 인간이라고 설명한 것 같다. 어느 의미에서는 그럴는지도 모른다. 모험자란 몰상식적이라는 점, 그리고 몰상식이란 상식에 도전하는 것이라는 의미에서 말이다. 그 좋은 본보기로 세르반테스의 『돈키호테』를 들 수가 있다. 언덕의 풍차風車를 향해 돌진하는 라만차야말로 얼마나 대견스런 모험자인가!

그의 행위는 상식의 한계 밖에 있었다. 하지만 그가 한낱 미치광이에 지나지 않았다고 한다면, 어째서 이 사나이가 세계 문학의 이대二大 주인공의 하나가 되었을까, 돈키호테가 저지르는 무모한 행동에도 불구하고 한낱 라만차의 가난한 시골 선비에서 일약 세계의 돈키호테가 될 수 있었다는 것은 그 엄청난 모험자로서의 자질 때문이 아니었을까.

돈키호테는 이상理想의 권화權化로, 그를 따르는 산초 판사는 현실의 화신이라고들 말한다. 즉, '기상 천외의 시골 선비'가 인류의 고전이 될 수 있었던 것은 모든 것을 제쳐놓고 이상을 향해 돌진한다고 하는 모험의 구도構圖 때문이라고 나는 생각한다.

그러나 이상주의라고 한다면, 이상주의를 다룬 문학 작품은 얼마든지 있다. 그 많은 이상주의적 작품을 제쳐 놓고 유독 『돈키호테』가 세계 문학의 왕좌를 차지하게 된 것은 그의 이상이 너무나도 현실과 괴리되어 있었기 때문이다. 이상이 현실에서 벗어나 일정한 한도를 넘어서면 그건 벌써 '이상理想'이라 할 수는 없고 '기상奇想'이라고 해야 옳을 것이다. 그런 경우 이상주의자는 영웅에서 어릿광대로 전락하고 만다. 어릿광대는 모험자의 희극적인 모습에 지나지 않는 것이다.

모험이란 실은 그 한계를 방황하는 것이고, 모험자란 그러한 영역에서 행동하는 자인 것이다. 이런 생각이 그동안 나를 오지 탐험가로 만들었고, 이제 병든 몸을 끌고 긴 모험 여행에 나서도록 한 것이다.

■ 모험과 여심旅心

여행이라고 하면 흔히 히말라야의 정상에 도전한다든지, 요트를 타고 세계의 바다를 일주해본다든지, 전인미답前人未踏의 사막이나 대삼림大森林, 또는 아프리카 오지奧地를 찾아가는 행동 같은 것을 이른다.

딴은 그런 여행이 모험스럽고 신나는 것임에 틀림없다. 하지만 모험스런 여행이란 반드시 '미지의 땅'에 도전하는 행위만은 아닐 것이다. 그리고 미지의 땅이란 결코 어떤 고장만에 한정된 것은 아니다. 미지의 땅이란 어디에나 있다. 다만 여러 사람들이 '미지의 땅'을 '기지旣知의 땅'으로 생각하고 있을 따름이다.

모험자의 조건이란 무엇보다도 그러한 미지의 땅을 발견하는 능력의 유무有無에 달려 있다. 모험이란 단순히 일찍이 가보지 않은 자연에 도전하는 행위만은 아니니까 말이다.

모험이란 도처에 산재해 있다. 그런 의미에서 예술가는 모험가라고도 할 수 있다.

나는 모험하는 기분으로 세계 일주를 자극했고, 실제로 많은 모험의 경험을 가지고 돌아왔다. 병든 몸을 이끌고 간신히 다녔던 이번 유럽 여행도 큰 모험이었다. 지금 생각하면 혼자서 어떻게 그런 대담한 짓을 했을까 하고 새삼 놀라기도 한다.

모험의 영역이란 비단 여행이나 미답의 자연에 한하는 것이 아니라 일상생활 속에도 있고, 관념의 세계 속에도 있다. 화이트헤드는 『관념의 모험』이란 책을 썼는데 그에게 있어서는 철학이야말로 모험이었다. 그에 의하면 문명 그 자체가 '관념의 모험'에 의해서 이룩된다는 것이다.

'기지의 세계'란 안전한 세계이고 '미지의 세계'란 위험한 세계로서 무슨 일이 갑작스레 일어날는지 전혀 예측할 수 없는 세계인 것이다.

안전한 세계에서 이런 위험한 세계로 나가는 것이 바로 모험이며, 그러하려는 심정이 또한 세계를 둘러보려는 여심旅心이 아닐까.

인류의 역사는 이와 같은 모험에 의해서 이룩되고 지속되어 왔다. 이런 여심이 왕성한 나라는 흥성했고 그렇지 못한 나라는 위축되었다. 한 나라의 역사를 두고 보아도 마찬가지다.

우리 선조들은 대체로 이런 여심이 박약했다. 그런 가운데서도 실사구시實事求是 운동이 왕성하게 일어나고 근대적인 자각이 싹터 문화가 크게 진작되었던 영정조英正祖 시대에 이런 여심이 우리에게도 왕성했음을 보아도 이를 알 수 있다.

모험스런 여행에 나선다는 것은 곧 '위대한 관념'이라고 할 수 있다. 그렇기 때문에 화이트 헤드의 말처럼 '관념의 모험'이야말로 인류의 역사였던 것이다. 그렇지만 모험이라고 하는 것을 이처럼 확대하다 보면 점점 추상화되어 마지막에는 뭐가 뭔지 도무지 알 수 없게 될 것도 같다. 그래서 나는 '관념의 모험'이 아니라 '모험의 관념'에 대해서 고쳐 생각해 보기로 한다.

언젠가 어느 동물학자로부터 이런 얘기를 들은 적이 있다. 즉 암컷과 수컷과의 교섭이란 그 자체가 모험이라는 것이다. 예를 들면 발정기發情期의 어떤 새의 암컷과 수컷이 서로 기묘한 짓을 하는 것은 대개 구애求愛의 표현이라고 보고들 있지만, 실은 공포의 고백이라는 것이다. 암컷과 수컷, 즉 이성異性이라고 하는 것은 여러 가지 면에서 다르다는 점 때문에 두려움을 불러일으킨다는 것이다. 딴은 그럴 법도 하다. 인간의 경우도 이성을 채 알지 못하는 소녀가 강간을 당할 경우 겁에 질려 공포에 떨게 마련이다.

동물에 있어서 적의敵意가 없다고 하는 응답이 있은 다음에야 비로소 그 공포는 애정으로 바뀐다. 그러다가 도리어 교합交合이 이루어진다. 이리하여 넓게 말한다면 생물은 종족을 유지하고 번식시킨다고 하는 본원적本源的인 행위를 함에 있어서 좋건 싫건 간에 모험을 하지 않을 수 없게 된다.

사람들은 주위를 둘러보고 무엇인가 거기에서 미지未知의 땅을 발견하려고 애쓴다. 그리하여 차츰 많은 사람들이 모험자가 되고 종국에 가서는 사회 그 자체가 스스로 모험자이려고 한다.

인간 사회란 늘 이와 같이 삶을 영위하면서 살아나가게 마련이다. 화이트헤드의 말처럼 '모험을 방기放棄해 버렸던 문명은 결국 멸망'하고 마는 것이다. 모험이 없는 인간 사회는 멸망한다지만 그런 모험의 세계를 어디에서 구하느냐에 따라서 한 인간이나 그 사회의 운명은 결정되는 것이라고 본다.

■ 명작名作을 찾는 마음

나는 한동안 유럽 여행을 하면서 이 고장 문인들의 명작의 고향을 주로 다녔다. 하지만 이번 '힐링 투어'는 그림 그리기와 함께 미술기행을 주로 했다.

여행을 하는 나그네가 비행장에서 호텔로, 이 나라 호텔에서 다른 나라 호텔로, 식당에서 요리집, 요리집에서 카바레 등만을 왔다 갔다 하면서 보낸다면 그런 사람은 여행의 참뜻, 즉 여행의 문화스런 뜻을 모르는 사람이라 할 수 있다.

여행은 하나의 순례巡禮이다. 특히 유럽 여행의 경우는 더욱 그러하다.

딴은 유럽이란 고대 그리스, 로마의 고전 문화와 게르만 민족의 정신과 그리스도교, 이세 기둥에 의해서 형성된 세계로서 그 어느 하나도 우리들에게는 인연이 먼 것들이다.

우리들은 고등학교에서 서양사를 배웠고, 대학에 진학하면 교양 과목으로 누구나 세계 문화사를 배운다. 그래서 대강 서양 역사에 대한 지식을 어느 만큼은 갖추고 있다. 하지만 막상 유럽에 이르러 고색 창연한 도시와 고적들을 살펴보았을 때 그러한 지식이 얼마나 하잘것없는 것이었던가를 뼈저리게 느낀다.

런던의 웨스트민스터 사원이나 파리의 노트르담이나 쾰른의 대가람이나 바티칸의 성 베드로 사원 앞에 섰을 때 그런 얄팍한 '지식'이란 내겐 아무런 소용도 없었다. 물론 이런 대사원 앞에서 안내인으로부터 이 건물은 서기 몇 년에 누구에 의해서 지어졌다는 등의 설명을 듣긴 하지만 그런데서 별반 의의를 느끼지 못한다.

나는 그 엄청난 대가람 앞에서 그저 침묵할 따름이었다. 그리하여 동과 서와의 먼 거리감을 새삼스럽게 실감할 수 있었다.

이런 느낌은 과연 어디에서 오는 것일까 하고 고즈넉이 생각해 보았다. 아마도 그것은 지식으로서의 유럽과 실상實像 또 실감으로서의 유럽의 거리가 아닐까. 짐짓 알고 있었다고 생각했던 유럽이 실제로 와서 보고 느낀 실감과는 너무나도 동떨어졌다는 것에 대한 발견 같은 것이라고나 할까.

이러한 지식과 실감과의 괴리乖離는 유럽 이외의 어느 다른 데서는 도저히 찾아 볼 수 없을 것처럼 느끼게도 한다. 유럽 여행의 의미는 바로 이 두 가지의 거리를 좁히려고 노력하는 데에서 찾아야 되지 않을까 하는 어렴풋한 생각마저 든다.

나는 갑작스레 이루어진 유럽 여행이고 기약 없는 여행이었기 때문에 가능한 한 음악·미술·문학 등 예술 기행을 하려고 마음먹었다.

흔히 유럽 여행의 '정식定食 코스'는 런던, 파리, 프랑크푸르트, 로마 등지를 잇는 겉 코스이기 일쑤다. 그리고 거의가 명소 관광으로 그치고 만다. 명소를 찾는다는 것이 별로 나쁠 건 없지만 앞서 말한 바와 같이 얄팍한 유럽 역사의 지식만을 가지고 웨스트민스터다, 성 베드로 사원이다, 파이의 사크레 쾨르다, 하며 돌아다녀 보았댔자 그저 어리둥절할 따름이다. 그런 명소는 다만 잠깐 스쳐 지나치고 오히려 평소에 작품을 통해 친숙했던 명장의 무대를 찾아보는 편이 훨씬 더 유럽을 실감할 수 있다고 생각한다.

나는 평소에 서양화를 그려왔고, 이에 대한 책자를 비교적 많이 읽었던 탓으로 관심 있는 유럽 회화를 되도록 샅샅이 찾아보려고 애썼다.

예술, 특히 미술 작품이란 한 나라의, 한 사회의 뭇 사람들 마음을 가장 충실히 반영하고 있다고 나는 생각했기 때문이다. 평소에 탐독했던 작품의 주인공의 안내를 받아 가면서 유럽 여행을 하는 것은 얼마나 보람된 일이겠는가.

나도 첫 유럽 여행 때에는 명소 관광에 치중했었다. 하지만 그런 명소 관광은 나의 경우, 나중에 별로 대단한 인상을 남겨주지 않는 것 같다. 그저 기억에 남는다면 바티칸의 성 베드로 사원의 돔이 아찔할 정도로 높았다, 라는 정도의 느낌이었다.

가령 런던탑이나 에펠탑, 피사의 사탑 앞에서 기념 촬영을 하는 것보다는 셰익스피어의 집이나 프루스트의 옛집을 찾는 편이 훨씬 더 깊은 인상을 가슴 깊이 새기게 된다. 내가 번역하기에 무척 고심했던 서간 문학의 고전이라고도 불리 우는 비련悲戀의 주인공 아벨라르와 엘로이즈의 집을 파리 세느 강변의 시테 섬에서 찾아냈을 때의 감격이란 지금도 잊을 길이 없다.

이번 유럽의 여로旅路란 내게 있어서는 스페인의 여행은 벨라스케스와 고야가, 이탈리아에서는 다빈치와 미켈란젤로가, 프랑스에 있어서는 마티스, 고갱, 르누아르가, 네덜란드에 있어서는 반 고흐가 나의 알뜰한 안내자요 반려자였다.

아무튼 이번 여행 중에는 건강 때문에 갈 수 있는 곳조차도 제대로 명작의 고향 순례를 하지 못했지만, 명작이야말로 여행의 최상의 가이드라는 것을 돌아와서 더욱 절실히 느끼게 된다.

■ 발견發見하는 여행

여행에 대해서 생각할 때마다 문득 떠오르는 말이 있다.

"아무것도 그곳에 없다면 안 가시겠습니까?"

이 말은 내가 혼자서 스위스의 고원을 서성거리고 있을 때 영국인 관광객 일행을 만나

"그쪽에 뭐 좋은 거 있습니까?"

라고 우리나라에서 등산길에 지나치는 사람에게 으레 하듯이 묻자 관광단 인솔자가 그렇게 퉁명스레 대꾸한 말이다.

딴은 그럴싸한 말이다. 좀 부끄럽기조차 했다. 그리고 여행이란 바로 그런 게 아닌가 하는 생각을 갖게도 해준 말이었다. 또한 그 말은 여행의 목적이란 행선지에만 있는 것이 아니라 간다고 하는 그 자체에 있다는 것을 깨닫게 해주기도 했다.

여행이 뭐라는 것쯤은 알고 있다고 생각하고 여행을 즐겨 해왔는데, 그러고 보면 나는 한낱 '비지보디busybody'에 지나지 않았던가 보다.

이 '뭔가 좋은 거'라고 하는 것은 가령 재사가 있으니까, 맛있는 것을 먹을 수 있으니까, 친구가 있으니까, 경치가 아름다우니까 등등 여러 가지 경우가 있겠다. 그리고 또한 뭔가가 있다는 것은 그것이 목적지에 있는 게 아니라 권태스럽다든가, 짜증스럽다든가, 가정이나 직장이 지루해졌다든가 하는 이유와 연관되기도 한다.

그런데 뭔가가 없다고 하는 것은 무엇일까……. '뭔가가 없는데도 떠난다'는 상황이 과연 있을 수 있을까?

"또 떠나시우?"

하고 아내는 늘 빈정대곤 했었다. 딸은,

"아빠는 정말 여행만 좋아하셔."
라는 소리를 들으면서 그래도 나는 틈만 나면 여행을 떠났었다. (이번 여행은 가족들이 등을 떠밀어 떠났지만) 왜 그랬을까?

산이 있기 때문에 산에 오른다고 등산의 의의를 말하는 사람도 무료無聊를 잊기 위해 그러는 것이다.

산만이라면 좋은데, 도처에 바다가 있고, 강이 있고, 기차 · 비행기가 있으며, 맛있는 것이 있고, 온천이 있고, 추억이 있고, 역사의 앙금이 있다. 그러니까 결국 뭔가 있기 때문에 떠나는 셈이 된다.

한 때 '증발'이라는 말이 유행하여, 별다른 이유가 없는데 가출家出을 한 사례를 이렇게 표현했었다. 그렇다면 어떤 형태의 여행이 가장 이상적일까?

하지만 남아 있는 가족들이 그 이유를 미처 생각 못한 것뿐이지 나간 사람이야 그만한 이유가 있게 마련이다. 아무것도 그곳에 없다면 안 가겠느냐는 말이 설득력은 있지만 궤변이 아닌가 하는 생각도 든다.

어쨌든 그 말에 내가 좀 부끄러웠던 것은 사실이고(농담이었는지도 모르지만), 지금도 여행할 때마다 하나의 반성으로서 뭔가 있기 때문에 찾아온 것이 아니라 뭔가를 발견하기 위해 여행하는 것이라고 스스로 다짐해 보곤 한다. 더욱이 이번 여행은…….

그런데 뭔가를 발견하기 위해서, 또는 뭔가를 느끼기 위해서 여행을 하는 것이라고 하면, 보통 일상생활 가운데에서는 아무런 발견이나 감격이 없다는 얘기가 되고 만다. 물론 이번 여행은 좀 다르다.

집에서 한 발짝을 나가지 않더라도 매일 매일의 삶이 발견이고 감회의 연속일 수 있는 충실한 생활을 영위할 수는 없는 것일까……. 이때

금 그렇지 못한, 그러할 수 없는 자신의 어리석음을 개탄해보기도 한다.

"그럼 다녀오세요?"

하고 미소 지으며 전송하는 가족들, 그리고는,

"이제 오세요?"

하고 맞아줄 때는 면목이 없다. 선물을 사다주고(다른 사람에 비하면 잘 안 사다주는 편이지만), 스케치 화를 보여주고 여행 중에 있었던 일들을 들려주는 것쯤으로 그게 보상되지는 않으리라. 하지만 건강을 회복하고 돌아온 이번 여행은 큰 보상이리라.

■ 개인을 개인이게 하는 의식意識

유럽의 어느 카페나 레스토랑에서도 발랄하게 담소하는 유럽 사람들의 정겨운 모습을 볼 수 있다. 그럴 때마다 유럽 사람들은 얼핏 개인주의적이어서 개개인이 뚜렷하게 독립되어 있어 보이지만 그렇기 때문에 도리어 누구나가 다 서로 인간다운 감정으로 쉽게 이어지는 것이 아닐까 하는 생각이 든다. 개개인이 뚜렷하게 독립되어 있다고 하는 실태는 어쩌면 죽음과도 같은 정적靜寂에 이르는 것인지도 모른다. 또한 그런 정적이야말로 한 개인의 존재적 자세일는지도 모른다.

웃거나, 울고 있거나 간에 그것은 우리들 인간의 참 모습이다. 즉 우리들은 임종을 고할 때 자기 혼자서 죽어가지 않으면 안 된다. 죽음에 의해서 우리들 인간은 하나하나 끊겨져 외톨박이가 되는 것이다. 유럽 문명을 지탱하는 유럽인들의 의식이란 이 자명한, 그러나 가혹한 사실이 모든 행동과 사고思考의 대전제가 되어 있는 건만 같다. 개인의 의식에 불과하다. 인간 한 사람, 한 사람이 죽음을 담당하고 있다. 삶과 죽음의 일체의 전제가 되는 그런 것을 런던, 파리, 로마, 아테네 같은 유럽의 옛스런 도시 뒷골목의 고요 속에 젖곤 할 때마다 곧잘 느낀다.

내가 그러한 유럽의 도시 일각에서 배운 것이란 이를테면 이러한 개인을 개인이게 하는 죽음의 의식이었다고 말할 수 있을 것 같다.

서울에서는 그와 같은 죽음의 의식이 결코 농도濃度 짙은 것이 아니며, 따라서 개개인의 윤곽이란 유럽에 있어서처럼 그렇게 명확하게 구분되어 있지도 않다. 타인 폄시貶視에서 초록동색의 형제적 관계로 옮아가는 한국인의 의식 구조란 오히려 개인의 윤곽이 구획 지어져 있지 않는 곳에 감싸여져 존재하고 있다고 할 수 있지 않을까.

개개인의 윤곽이 명료하면 아무리 친근하다고 하더라도, 가령 비록 애인끼리라도 허더라도 이개인의 윤곽을 지워 버릴 수는 없다.

한국인의 의식에 있어, 개인의 윤곽이 희박하다고 하는 사실은 항상 타자他者의 내실內實과 밀착해서 경계 불분명인 채로 상호 침투해 가는 방식을 낳고 있는 것이 아닐는지 모르겠다. 형체적 관계란 친숙함의 척도를 보인다느니 보다는 인간관계의 존재 방식의 질적 규정이라고 보아야 옳을 것 같다. 타인과 엉키어서 상호침투적으로 맺어져 있을 때, 그것은 타인의 인지認知를 토대로 하는 그 이전에 이미 자기 안에서의 타인의 포섭이 되고, 타인에게의 자기의 용해가 되는 셈이다.

따라서 남과의 형제적 관계에 의한 유대란 남의 존재를 타자성으로서 인정하는 것을 포기하는 데에서 성립하고 있는 것이다. 즉 타인의 명확한 윤곽을 인정하지 않은 채로 맺어진다는 것이 형제적 관계의 밀착이라고 할 수 있다. 그러므로 그러한 관계를 맺지 않았을 경우의 타인에 대한 태도란 타인 무시가 될 수밖에 없다. 그렇게 볼 때 형제적 관계에서 단번에 타인 무시로 옮아가는 것은 당연하다고 할 수밖에 없다. 아마도 그런 까닭으로 유럽의 고풍스런 도시, 으슥한 뒷골목의 오후를 지배하는 그 죽음의 전조前兆 같은 고요로움은 서울의 어느 거리에도 존재하지 않는 것이리라. 나는 창가에 기대앉아 어느 고풍스런 호텔 안뜰의 비좁은 하늘을 흘러가는 뭉게구름을 쳐다보면서 이 두 문명의 상이점相異點을 뼈아프게 느껴 보곤 했다.

'세상사는 뜬 구름과도 같구나[世上事如浮雲]'

어쨌든 유럽의 뒷거리는 뭐라고 형언하지 어려운 철저한 고요함이 도사리고 있는 것 같다.

삶은 기나긴 여행과도 같은 것.

진정 무엇인가를 발견하는 여행은 새로운 풍경을 바라보는 것이 아니라 새로운 눈을 가지는데 있는 것을 이번 여행을 통해 깨닫게 되었다.

도스토예프스키는 "인생은 낙원이다. 우리는 낙원에서 살고 있는 것이지만 그것을 알려고 하지 않고 알지도 못한다. 우리가 이를 알려고 든다면 이 지상에는 내일이라도 낙원이 이루어질 것이다."라고 했고, 앙드레 지드는 "오랫동안 육지를 보지 못한다는 것을 받아들일 마음이 없는 사람은 신대륙을 발견할 수 없다."고 했다.

우리의 삶이 낙원인지의 여부는 사람을 보고 알 수 있는 것이다. 인생을 흔히 여행에 비유하곤 하는데 사는 동안이나 실제로 여행하는 도중에 만나야 사람을 찾지 못한다면, 그 여정을 실패에 그치고 마는 것이다. 인생은 장거리 여행과도 같은 것이다. 인생행로는 물론 장기간에 걸친 여행 역시 '나 아닌 또 하나의 나'를 찾는 길이며 설정하고 새로운 것을 찾아 가는 길이기도 하다. 무릇 사람이 어떤 하나의 목표를 설정하고 이를 이루기 위해서는 다른 여러 가지 것을 떠나고, 보지 않고 잊을 줄을 알아야 하는 것이다.

모든 좋은 것은 많은 시간을 필요로 하며, 이를 알고 자기 것으로 만들기 위해서는 오랜 시간이 필요한 것이다.

유럽 광장廣場의 의미

유럽의 주요 도시를 두루 돌아다니면서 새삼스레 인상적이었던 것은 광장의 존재였다.

우리나라의 각 도시에는 유럽적인 광장은 별로 없다. 유럽의 도시 성격이나, 도시 생활의 성격이 우리들과는 전혀 다르다는 것을 직관적으로 느낄 수 있었다.

어느 광장이 도시의 중심부를 이루고 있다는 것을 뚜렷이 의식할 수가 있었다. 광장은 시민들의 공공생활의 중심으로 중요한 국사가 있을 때마다 전 시민이 소집도고 공공사가 의논되고 포고되는 곳이다. 축제나 행렬도 여기서 행해진다. 광장은 바로 유럽 각 나라의 역사적 사건의 정면 무대였다.

하지만 유럽에서도 근대국가의 성립 이후에는 이 광장의 성격도 약간 변질된 듯싶다. 우리들이 알고 있는 '국가'라는 개념이라는 것도 짐짓 새로운 것임을 새삼 느끼게도 된다. 'State'를 '국가'라고 번역하는 것은 좀 이상한 것 같다. 우리말에는 없는 개념이니까 한국적인 해석이긴 하지만 말이다. '폴리스'도 '규스타스'라는 것도 우리들이 잘 모르는 사회 형태다. 그 전통이나 생활 속에 형성된 심성心性이나 사유思惟도 우리들의 것과는 전연 별개의 것이리라.

알렉산더는 동방 원정 때 도처에다 폴리스를 만들었지만, 폴리스 정신이라든가 시민 정신을 그곳에 움트게 하지는 못했다. 도리어 서방은 대제국의 이념을 동방에서 수용하는 결과가 되고 말았다. 로마 황제는 이념적으로는 최고의 시민이었지만 그건 명목에 불과했다. 그러고 보면 정복자가 피정복자의 이념에 동화된 셈인데, 이는 역사의 패러독스라고 하겠다. 비단 정치 이념만이 아니라 종교도 학문도 그러했다. 점성술도 역류해서 서양의 천문학을 침식하기도 했다. 그리스인의 세계 발전은 최초의 지중해 연안의 식민植民으로부터 비롯하여 끝까지 항상 다원적, 산재적散在的인 점적點的 폴리스를 만들었는데, 이들 폴리스는 제각기 그 중심부터 복사선輻射線을 방출했을 따름이었지만 로마 사람들은 우선 전 지역을 포괄적으로 장악한 다음 각 지방이나 도시에 자치권을 주었다. 그 때문에 로마는 대제국을 지탱해 나갈 수 있었다고 본다. 아마도 제국의 테두리 안에서 도시 생활이나 시민 정신의 전통이 유지되어 나갔으리라. 봉건시대에 이르면 이 틀도 좁혀져서 그만큼 도시도 조여들었겠지만, 또한 그 때문에 도시와 봉건 군주와의 대립 밀도가 농후해지기도 했다. 하지만 의연히 고대의 폴리스의 이념은 시민의식에 있어서 초超 폴리스적인 국가 권력에 대항하면서 그 명맥을 유지했을 것이다.

스위스의 문화사가 부르크할트는 피렌체를 '최초의 근대국가'라고 말했지만 오히려 폴리스이념의 회복이라고 풀이 되어야 하지 않을까.

이탈리아는 도리어 이와 같은 도시의 전통 때문에 근대 국가의 형성이 늦어진 것이나 아닐는지.

르네상스의 이탈리아에서는 하나의 도시가 독일, 프랑스 등 왕국과 대항해 싸웠다. 이는 전 이탈리아와 외국과의 싸움이 아니었다. 이 무렵 이탈리아에서는 도시가 한 나라와도 같았다.

도시와 도시의 대립이 정치적 수단으로 외세를 끌어들이기도 했다. 이것이 근세 이탈리아의 비극의 원인이 아니었을까.

이탈리아의 도시간의 전쟁이 주로 용병傭兵들의 싸움이었다는 것은 그리스의 전사적戰士的 성격과 이탈리아 도시의 상공인적 성격 탓이 아닐까 하는 생각도 든다.

이탈리아에서는 마키아벨리의 시민 개병책皆兵策도 성공을 못 거두었다. '국민' 의식의 성립은 동시에 시민 의식의 소멸을 가져오게 마련이다. 이미 근대 도시는 시민의 공동체가 아니라 욕망의 체계인 집합체에 불과하다. 우리들이 받아들인 유럽은 이 같은 유럽의 외적 형태가 아닐까. 전통적으로 집, 나라로서만 존재했던 우리들에게는 유럽의 시민 의식이나 그 소산인 숱한 이념이라는 것도 한낱 관념일 따름이다.

날로 비대해져 가는 우리들의 도시는 이제 '욕구의 체계'로 치닫고 있는 것은 아닐까. 권리와 의무의 대對개념이라는 것도 한낱 법률 용어의 개념 안에 머무르고 있는 것이 아닐까.

요즈음 서울시는 시청 앞, 광화문 등의 광장 건설에 상당한 신경을 쓰고 있는 것 같다. 반가운 일이다. 하지만 서구적 의미의 광장은 결코 염두에 없는 것 같다. 아직도 우리의 도시에는 동상이나 가로街路만이 존재하고 있다. 그건 단지 통행하는 길 일 뿐이다. 휴식하고 사유思惟하고 집합하고 협동하는 고장이 아니다. 사람들은 거리처럼 광장을 지나갈 따름이다.

유럽의 광장에는 예술적인 건축물과 예술적 사연이 꼭 있게 마련이다. 엄청나게 넓은 로마의 성베드로 광장에 섰을 때 나는 미켈란젤로의 장려한 궁륭穹窿을 우러르며 한때 유석流石에 얻어맞은 것처럼 감동에 젖었었다.

로마 시내에 흩어진 숱한 관관官館, 사원, 분수, 폐허 등 수천 년의 유적 가운데 피아사 바르베리니라는 이름의 광장은 안데르센의 『즉흥시인卽興詩人』 탓인지 문학하는 나로서는 가장 친근감을 느꼈던 고장이다. 이 작품을 읽고 주인공 안토니오에게서 느끼는 친근미와 그 문장의 매력은 물론 이탈리아 기행문을 겸했다고 할 만큼 이탈리아의 자연과 고적이 잘 묘사되어 있고, 이와 같은 이탈리아적인 것이 안토니오의 감회 속에 버무려져서 생활 속에 용해되었음을 느끼게 된다.

『즉흥시인』에 나오는 고장을 발 디딜 때마다 묘한 감회에 사로잡힌 것은 아마 필자만은 아니었으리라. 축제를 구경시키려고 안토니오를 데리고 갔던 그의 어머니가 그만 마차에 깔려 비참한 최후를 보냈다는 젠사노 거리를 일부러 찾아본 것도 이 작품의 감동 탓이었다.

나는 이번 유럽에서 도시에 들를 때마다 이처럼 유명한 광장을 꼭 찾곤 했다. 그러면서 광장의 의미를 그때마다 새삼스레 되새겨보곤 했다.

유럽의 교회와 뮤지엄

이번 '힐링 투어'는 스케치 여행이 그 주를 이루었지만, 보다 아름다운 구도를 위해 유럽의 대도시들 구석구석을 두루 편력해 보았다. 그런데 이들 도시에 가보고 우선 느끼는 것은 어느 도시에나 장대한 교회와 미술관이 먼저 눈에 띈다는 점이다. 이는 유럽에서는 아마도 프랙시스텐즈Präexistenz(전세前世의 생존)의 의미를 갖는 것 같다. 평소 미술이나 고고학에 관심이 없는 사람들도 유럽에 가면 으레 미술관이나 박물관 관람을 하게 되는 것도 유럽의 각 도시에는 물리적 · 심리적으로 뭔가 필연성 같은 것이 있는 것만 같기 때문이리라.

파리의 루브르나 피렌체의 우피치 미술관 등을 보고 나니 미술관의 존재는 프랑스 혁명 이후의 소산이라는 생각이 든다. 매우 깊은 배경이 있는 것, 이를테면 정신사를 배경으로 삼고 있는 것이 미술관인 듯하다. 도시에 있어서의 미술관 존재의 의미를 새삼 감득케 된다.

우리나라에서는 흔히 'Museum'을 박물관으로 번역해 쓰고 있지만 그건 적절한 번역이 아닌 듯싶다. 허나 유럽에서의 '뮤지엄'의 의미는 우리가 생각하고 있는 박물관이라는 개념과는 좀 다른 것 같다. 유럽의 뮤지엄은 뮤즈Muse의 신에게 봉헌된 전당의 의미를 전통적으로 지니고 있다.

중세에는 교회 속에 종교와 예술이 공존하고 있었다. 즉 예술은 종교와 결합되어 있었던 것이다. 교회가 곧 미적 교육의 도장이기도 했다. 음악과 회화와 조각이 교회 안에 있었다.

하지만 근대에 이르면 예술은 종교로부터 분리 독립했다. 뮤지엄도 교회에서 독립했다. 그러면서부터 예술은 뮤지엄에서만 존재하게 되었다. 그래서 선량한 시민들은 주일날에는 오전엔 교회로, 오후엔 뮤지엄으로 자녀를 데리고 간다.

유럽에서는 전통적 · 사회적 관습에 따라 교회가는 일엔 뭔가 의무의식 같은 것이 따르지만 뮤지엄은 그런 강제적인 요소가 없고 보다 취미적인 것이었다.

유럽 사람들은 우리들보다는 한결 조소적彫塑的인 심성心性을 지녔기 때문에 조형造形 예술에 친근했고 거기에서 어떤 희열 같은 것을 느꼈던 모양이다.

유럽에서는 자녀들을 데리고 교회에 나가는 것이 예사인데, 뮤지엄에도 자녀들을 데리고 관람하는 광경을 흔히 볼 수 있다. 대영박물관의 그리스 조각실에서 우연히 본 정경이지만, 한 부인이 열 살 남짓한 아들에게 열심히 뭔가를 설명해 주고 있는 모습을 보고 나는 묘한 감동을 느낀 일이 있다. 우리나라에서는 좀처럼 볼 수 없는 광경이었기 때문이리라.

유럽의 뮤지엄은 '뮤즈'의 전당이었으므로 '지움'은 호화로운 건물이어야 했다. 한낱 혁명의 유산으로서 왕궁을 이용한다는 의미에 그치는 것은 아니다.

중세에는 최고, 최대의 고장이었던 교회 안에 있었던 예술이므로 교회 밖에 나와서도 이에 필적하는 장소가 요구되는 것은 기분적으로 그럴 법한 노릇이다.

교회 산하에 모여 있었던 예술가들이 교회에서 벗어나자 중세적인 길드의 장인匠人 신세로부터 독립하여 각자 세속적인 파트론을 찾게 되고, 여기에서 다시 독립하여 스스로의 내적 요구에 따라 창작하는 참스런 예술가가 된 것은 근대의 한 산물이다. 하지만 '개인'으로서의 오늘의 유럽 예술가들은 고독하고 보헤미안적인 것 같다.

아무튼 교회에 의한 유럽의 전 정신적 통일과 교육이란 유럽 문화에 중요한 결정적인 성격을 이룩했다고 여겨진다. 특히 교회가 정신적 교양의 유일한 기관이었음은 예술의 경우 특히 그것이 공공적 · 사회적 존재로서의 전통을 형성하기에 이르렀기 때문이라고 본다.

유럽의 각 도시에 있어서의 음악당, 미술관, 박물관의 웅대하고도 장려壯麗한 존재와 또한 그 공공성 · 공개성 및 사회성은 아마도 이러한 바탕 위에서 이해되어야 하리라고 여겨진다.

어느 수필에선가 '나는 인간 이외의 동물에겐 별로 흥미를 느끼지 않는다.'는 내용의 글을 썼다가 동물사랑 모임으로부터 핀잔을 받은 적이 있다.

그건 내 취미와 성격의 문제라고 변명을 했던 적이 있는데, 따지고 보면 사람도 동물의 일종이다. 배가 고프면 먹어야 하고 밤이면 잠을 자야 한다.

하지만 인간이 어느 동물과 다른 것은 예술을 창조하고 이를 감상하는 능력이 있다는 것이다. 인간이 오랜 세월동안 창조해 온 예술, 특히 미술에는 인간의 근원적인 힘이 깃들어 있다. 나는 이를 이번 '힐링 투어'를 통해 느꼈고, 미술치료의 묘를 터득했다. 미술이 주는 감동을 그래서 흔히 '인간의 고향'이라고도 말한다. 동물 중에 하필이면 인간으로 태어난 것을 감사하며 그런 '삶의 기쁨'을 그린 루벤스의 여성의 풍만한 육체 묘사와 건강한 색채미 넘치는 작품을 보면서 삶의 소중함과 살고자 하는 욕구가 솟아오르기도 했고, 관능의 화가인 클림트의 그림 앞에서는 잃었던 성욕이 마타호른에서처럼 불끈 솟구치기로 했다.

관조觀照의 장소로서의 미술관

우리나라에서는 평생 한 번도 미술관에 가 보지 않던 사람도 유럽 구경을 할 때에는 전술한 바와 같이 으레 미술관엘 꼭 들리게 된다. 평소 미술에 전혀 관심이 없던 사람까지도 유럽을 방문하면 반드시 미술관이나 박물관에 발을 딛게 되는 것은 아마도 유럽의 도시가 갖는 예술적인 분위기 탓이리라. 물론 유럽 사람들이 우리들보다는 미적 취미가 더한 것은 사실이지만 유럽의 어느 도시에 가보아도 미술관이 시민생활과 밀접한 관계를 가지고 있다는 점이 주목된다. 미술관이나 박물관이 시민생활 그 자체의 공공시설임이 객관적으로 직접 눈에 보이게 나타나 있다.

유럽 각 도시의 모형은 대개 중앙에 시민의 공공적인 행사가 열리는 광장이 있고, 이 광장을 둘러싸고 있는 것이 시민생활의 대표 기관, 시청, 교회 등과 함께 미술관, 박물관 등이 나란히 세워져 있다. 미술관이나 박물관이 없는 대도시는 유럽에는 존재하지 않는다. 이처럼 미술관이나 박물관은 시민들의 일상적인 것이 되어 공공생활의 중심으로 어엿이 실존하고 있다. 우리나라에서는 미술관이나 박물관이란 옛 미술품을 보존, 보관하는 고장이라는 관념이 앞서는 일상적인 공공생활의 시설이라는 인상을 별로 갖지 않고 있지만, 유럽에서는 미술관은 공공생활에 꼭 필요한 시설로 인지되고 있는 것이다.

딴은 유럽에서도 미술관은 극장이나 쇼우장처럼 대중을 끌어들이지는 않는다. 회화나 조각 작품은 침묵해 있고, 미술관은 조용한 곳이다. 아무 말 없이 무언으로 감상하는 곳이다. 소리를 내지 않고 또 소리를 낼 수 없는, 이를테면 움직임이 없는 곳에 오락이란 존재할 수 없다. 따라서 미술관은 미적인 관조觀照의 장소인 것이다.

이런 관조의 장소가 시민생활의 공공시설인 되었다는 것은 바로 그것이 근대 시민사회의 성격을 나타내 주는 것이 아닐까 한다. 유럽에서도 미술관이 공공시설이 되기 시작한 것은 프랑스 혁명이후 시민사회가 확립되면서부터이다. 고대 그리스의 도시에는 체육 운동장이, 로마에서는 대욕장大浴場이 각각 당시 시민의 공공시설로서 꼭 필요했던 것이지만 근대 유럽에서의 미술관의 존재란 그와는 성격이 좀 다를 성싶다. 그리스나 로마에도 예술적인 기념비는 존재했지만 미술관이란 그와는 좀 다르다. 서구 도시에서는 공공시설로서 미술관의 존재란 시민생활의 상징과도 같은 성격을 지니고 있다. 유럽의 도시를 순방하는 여행객들이 자연히 미술관에 발을 옮기게 되는 것은 도시 그 자체가 그와 같은 구조와 성격을 지니고 있기 때문이리라.

미술관이 시민생활 또는 도시생활의 공공시설이 되었다고 하는 것은 동시에 미술 그 자체의 사회적 의미나 성격이 변한 탓이기도 하다. 즉, 그것은 미술이 시민을 향해서 문을 활짝 열었다는 것, 시민이 미술에 대해서 일상적인 관심을 갖는다는 것을 의미한다. 이는 곧 미술이 시민적 성격을 지니게 되는 것을 시사示唆하기도 한다. 이제 유럽에서는 미술이 일상성은 물론이요, 통속성까지 지니기에 이르렀다고 느끼게 되는 것은 나만의 과민한 착각일까.

옛날 서양에서는 서민들이 쉽게 접할 수 있었던 미술이란 교회의 제단화祭壇畵나 벽화나 조각에 불과했다. 거기에는 종교적 제재題材 이외에 예술성 같은 것은 별로 고려되지 않았을 것이다. 따라서 그것은 엄밀한 의미에서는 미술이 아니었다고 해도 좋다. 마치 동양에서 불상佛像이 본시 미술품으로 제작되지 않았던 것처럼 말이다.

하지만 오늘날 유럽에서는 교회 그 자체가 어엿한 미술관 구실을 하고 있음을 본다. 여행자들은 기도하기 위해 교회나 성당에 가는 것이 아니라 미술관으로서 찾는 것이다. 나는 유럽의 여러 교회당을 순방하면서 '여기는 하나님의 집입니다. 미술관이 아니오니 방문객들은 경건한 마음으로 지켜봐 주시기 바랍니다…….'라는 내용의 게시판을 이따금 본 일이 있다. 유럽의 교회당은 이제 몰려드는 미술 애호가들 때문에 이런 게시를 필요로 하게 되었다.

미술관은 확실히 시민생활과 더불어 이룩되었다고 하겠다. 딴은 유럽에서도 미술관은 자유 시민사회가 다져지는 19세기 이래의 산물인 것으로도 이를 알 수 있다. 미술품의 수집이란 그 이전에는 주로 교회에서 이루어졌고, 그밖에는 왕후 귀족이나 돈 많은 부호들에 의해 개인적으로 행하여졌다.

그러던 것이 자유 시민사회의 확립과 더불어 왕궁과 함께 미술이 시민들에게 개방되기에 이르렀다. 그러니까 미술이 일반의 취미나 교양의 대상이 되기 시작한 것은 근대에 이르러서의 일임에 틀림없다.

중세에는 자기 목적으로서의 '미술'의 이념이란 아마도 없었을 것이다. 중세의 교회의 회화 · 조각 등은 종교적 의도를 지닌 것이었다. 그 밖에는 기념비 · 공예품 등 실용적인 성격의 미술품이 존재했을 뿐이다.

제작자 또한 '창작'의 의식을 전혀 갖지 않은 장인匠人들이었다. 그들에게는 예술가로서의 의식이나 긍지 같은 것은 아예 없었다. 물론 그 가운데에서도 기술이 한결 뛰어난 명인名人들이었겠지만 그들은 기술의 탁월함을 의미하는 한낱 장인에 지나지 않았다. 자기 작품에 서명하는 일도 좀처럼 없었다.

중세사회에서는 직업과 인간은 일체였다. 즉, 기술이 곧 인간이며, 생활이 곧 노동이었다. 그들은 노동 이외의 인간생활, 곧 인간적 생활이 노동 이외의 생활에 있다는 거승ㄹ 제대로 느끼지도 못하고 살아왔다.

노동이 곧 생활이라는 사회에 있어서는 '놀이'란 생활 속에 포함되지 않은 이른바 무기無記의 공백空白이었으며, 일요일도 반드시 휴식만을 위한 날이 아니라, 안식일로서 하나님을 생각하는 날로 여겼었다.

그러던 것이 근세에 이르러 비로소 인간은 노동행위 이외에서 자기 자신의 가능성을 발견하게 된다. 여기에서 인간은 스스로의 생활을 갖게 되고 '놀이'가 한낱 공백의 삶이 아니라 스스로를 충실한 삶으로 이끄는 길임을 자각하게 된다. 여기에서 자기 독자적인 제작이 성립되고 장인과 구별되는 예술가가 나오게 된다.

우리나라에는 서구적인 의미에서의 시민이나 시민사외나 자유 시민생활도 성립되지 않았으므로 그러한 생활의 중심으로서의 서구적 도시의 본래적인 구조와는 그 성격을 달리한다.

일제시대에 이르러 겨우 우리들은 형식적인 시민사회를 처음으로 갖게 되면서부터 형식적인 미술관을 가지면서 오늘에 이르고 있지만,

아직도 우리의 미술관은 시민생활의 일상성을 향하여 그 문이 활짝 열려 있지 않다.(미술관에 들어가려면 고궁이나 공원 입장료와 미술관 입장료를 이중으로 물어야 하는 것이 우리의 현실이다.) 그렇기 때문에 유럽에 가서 비로소 미술관을 가보는 것이 아닐까.

루브르 미술관이 유료가 되었을 때 의회에서 크게 문제화되고 '국욕國辱'으로서 논쟁거리가 된 것은 너무나도 유명한 얘기다. 대부분의 유럽 미술관은 일요일이나 공휴일은 무료이고 영국에서는 평일에도 무료다.

유럽 여행 중 여러 미술관을 구경했지만 그중 런던의 내셔널 갤러리, 파리의 루브르, 피렌체의 우피치, 로마의 바티칸 화랑 등이 그 내용의 양이나 질에 있어서 으뜸이었다. 유럽 미술의 정수精髓는 모두 여기에 집적되어 있었다. 가위 뮤지엄, 곧 뮤즈의 신전神殿다움을 느낄 수 있었다.

유럽 최대의 미술관을 두루 돌아보고 느낀 소감은, 유럽의 회화란 레오나르도 다 빈치에 이르러 그 절정에 이른 느낌이라고나 할까. 물론 레오나르도 이후에도 새로운 기법의 발전은 있었겠지만 본질적으로는 그 이상의 발전이 없었던 것 같다. 오히려 하강 내지는 퇴락하지 않았나 하는 느낌이다. 미술 전문가가 아닌 한낱 애호가인 나로서는 건방진 얘기 같지만 그야말로 유럽회화 최후의 기수라고 느껴진다.

현대 회화는 일면 추상화의 길을 걷기도 하고 또 새로운 국면의 타개를 위해 안간힘을 쓰고 있기는 하다. 하지만 고전적인 유럽의 명화를 보고 난 뒤에 유럽 현대 미술에서 느끼는 것은 본질적으로는 이전보다 후퇴한 느낌이 드는 것은 웬일일까. 현역 미술가들의 관심은 어떤 특수한 성격의 강조(때로는 그것이 엄청난 과장이나, 광기狂氣에 찬

것으로 변형되는 강조)나 편기偏奇로 흐른다. 즉 강렬한 것, 자극적인 것, 왜곡된 것으로 나타나 균제均齊를 상실하기 일쑤다. 과거의 작품에서도 그레꼬나 고야가 재평가되는 경우와 동일한 조후兆候다. 그레꼬나 고야도 탁월한 화가임에 틀림없다. 하지만 그들의 작품에는 고전적인 유럽스런 것에 대한 반항이 있다.

근대 회화에서 보여지는 것은 순수화의 정열이다. 하지만 이 순수화란 분석화 이외에 아무것도 아닌 것 같다. 그런 감정의 분출구가 추상화로 나타난 의미를 새삼 감득할 수 있겠다.

밀라노의 산타 마리아 데레 그라치에에서 레오나르도의 「최후의 만찬」을 보았을 때 그야말로 지성과 감성의 완전한 통일을 이룩한 고전적 예술의 최후의 완성자임을 나는 실감했다.

방안으로 한 걸음 내딛자 마주 보이는 벽면 가득히 폭 30여 피트의 그림 속에 성만찬이 전개된다. 장壯인지 쾌快인지 뭐라고 형언키 어렵다. 레오나르도가 조각이나 음악이나 시보다도 회화가 예술 가운데 우위에 있음을 노했을 때 회화란 일거에 전체를 파악하고 모든 언어의 상위를 넘어, 모든 시대를 뛰어넘어 적재적으로 만인에게 어필됨을 과시한 바 있는데, 이 그림을 보니 과연이라는 생각이 든다. 시간적으로 전개된 드라마를 하나의 순간으로 표출한 화면, 이 화면을 처음으로 상세하게 기술記述하고 또 분석하면서 해석한 고전적인 문장은 봇시에 의해 이룩되었고, 이 기술을 널리 소개한 것은 괴테였다. 그러니까 레오나르도는 괴테 덕분에 유럽 전역에 널리 알려지기 시작한 것이다.

그 이후 이 그림은 그리스도께서 '너희들 가운데 나를 팔려고 하는 자 있다.'라고 말씀하신 순간을 묘사한 것으로 해석되고 있는데, 다만 그 순간만을 이 화면은 담고 있는 것 같지 않다. 최후의 만찬이라고 하는 가장 침통한 극 전체를 깡그리 표현하고 있는 듯싶다. 예수 그리스도를 비롯하여 열두 제자의 표정은 물론 몸 전체가, 특히 손이 극적으로 말하고 있는 것 같았다. 그리스도의 말씀과 제자들의 말소리가 화면을 통해 들려오는 것만 같다.

내일의 운명을 예견할 수 없이 안타까운 제자들은 그리스도를 위요하고 화기애애하게 만찬을 시작했고, 이 정경을 바라보면서 예수께서는 조용히 속삭이듯 아까 그 한마디를 말씀하시자, 창졸간에 그처럼 온화했던 방안 분위기는 일변하여 싸늘해지면서 긴장감이 감돌며 그다음 순간 소란해진다. 레오나르도의 그림 한 장에서 이와 같은 극적 과정의 전체를 모두 감득할 수 있다. 하나의 공간적 화면에서 시간적인 전경이 함께 표현된 이 놀라움! 문득 시간적으로 전개되는 교향곡을 순간적으로 표상表象했다고 하는 모차르트를 연상하면서 천재적 예술가의 천부적天賦的 재능에 나는 새삼 감복되었다.

화면을 더 자세히 들여다보면서 작품을 음미했다. 화면은 동일한 순간의 포착이라기보다는 그리스도를 중심으로 한 파문이 좌우로 차츰 번져 가는 듯한 느낌이었다. 그리스도 좌우에 있는 세 사람이 무리와 양단兩端의 세 사람과는 시추에이션이 전혀 다르다. 그리스도 왼쪽에 있는 유다와 그 등 뒤에 있는 베드로의 표정(믿기 어려운 스승의 말을 확인하려는 듯한 영롱한 표정)은 사뭇 살아 있는 듯도 하다. 김소엽 권사와 함께 한 극동방송의 신앙고백 프로그램에서 나는 이때 비로소 하나님을 마음속 깊이 맞이하게 되었다고 술회한 적이 있다.

그밖에 야곱, 빌립보, 시몽 등의 음울한 침묵 속에 방안은 창연히 어두워지고, 주님의 배후에 있는 창에는 사양의 잔조殘照가 새어 들어오고 있다.

괴테의 유명한 이 만찬 그림의 해설에 의하면, 입구는 본시 벽화의 옆쪽에 있었다고 한다. 실내에 들어오면 정면에 승원장의 식탁이 있고, 그 양쪽에는 수도승의 식탁이 나란히 놓여있다. 자리에 앉아 뒤돌아보면 거기에는 예수와 사도들이 똑같이 앉아 있다. 방의 구조에 맞추어 완전한 원근법에 의해 벌써 화면으로서가 아니라 입체적인 실체가 돼 버렸다. 완전히 과학적으로 계산되어 있는데다가 엄숙함, 삼엄함, 장엄함이 곁들여져서 더욱 짙은 박진감과 훈성暈性마저 풍겨 준다. 그리하여 종교적 분위기 속에 정밀성靜謐性이 감돈다.

그 이튿날 우피치Uffiz 미술관을 관람하기 위해 '르네상스의 꽃' 피렌체에 도착했다. 시성詩聖 단테의 동상이 보이는 산타 크로체 광장이 바라보이는 호텔에 여장을 풀었다. 13세기 후반기에 단테가 이곳에서 유명한 「신곡神曲」을 썼고 페트라르크카, 복카치오 등이 활약했다. 또한 마키아벨리가 「군주론君主論」을 쓴 곳이기도 하다. 따라서 오늘의 이탈리아 말의 정통은 이 지방의 토스카나 방언이다. 단테를 비롯한 이탈리아 문호들에 의해 잘 닦여진 토스카나 말을 사용하는 것을 이 지방 사람들은 큰 자랑으로 여기고 있는 듯했다. 간단히 샤워를 마치고 이 세계적인 미술관을 찾았다.

제1실에서 치마베 등의 마돈나 상像을 보고 이곳에 오기를 잘했다는 만족감을 만끽했다.

이 화랑의 세 마돈나 상은 뭐라 말할 수 없는 위엄과 장중함이 충만해 있는 듯싶다. 유럽의 숱한 화랑을 편력하는 동안 나는 은연중 르네상스기보다는 그 이전 작품에 깊은 관심을 쏟게 되었다. 아마도 소박하고 어딘지 생경生硬한 듯한 분위기에서 풍기는 엄숙함 등에서 오는 매력 탓인지도 모른다. 그런 생경감 없이 이런 엄숙성은 이룩되기 어려우리라.

많은 마리아 상을 보았지만 후대의 작품일수록 성모는 인간적이고 평범한 어머니다운, 화가의 애인의 초상화와도 같은 친근미를 느낀다. 그런데 이 화랑의 성모 마리아 상들은 접근하기 힘든 엄숙성이 스며있다.

마리아 숭배의 역사적 과정을 익히 알 수는 없지만 아마도 이 작품이 제작된 시기가 성모 숭배의 고조기苦潮期가 아니었나 하는 생각이 든다. 이들 그림을 보면 마리아가 주신主神이고 그리스도는 한탄 마리아의 아들일 뿐이라는 느낌이다.

이 화랑에서도 나의 관심은 레오나르도의 작품에 쏠렸다. 「수태고지受胎告知」와 「삼왕예배三王禮拜」는 퍽 감격적이었다.

「수태고지」는 한때 레오나르도의 작품이냐 모작이냐 하는 진작여부眞作與否 논쟁이 있었던 것인데, 결국 그의 젊은 시절의 작품으로 낙착된 작품으로 그만큼 레오나르도적인 성격의 농도가 짙지 않은 나이브한 작품이다. 그러기에 더욱 청순하고 무구無垢하며, 애착이 가는 작품이다.

레오나르도의 대작은 역시 「삼왕예배」다. 전 화면에 다갈색으로 짙게 깔린 베다의 색조가 무겁고 이상한 분위기를 자아낸다. 거기에다 대담한 검은 선이 한층 심중한 기분을 불러일으킨다. 이는 미술 전집에 나오는 복사 사진에선 도저히 맛볼 수 없는 강한 무드다.

런던의 내셔널 갤러리에서 본 「암굴岩窟의 성모聖母」는 작품 전체가 기묘한 푸른빛을 기조로 한 톤으로 마치 물속과도 같은 느낌으로 현실적 세계와는 유리된 환상을 양출釀出한다.

낱낱의 현상의 색깔에 의해서가 아니라 전체를 지배하는 색조에 의해서 독자적인 분위기를 창출하는 신기神技를 레오나르도는 지니고 있었던 것 같다.

시장市場의 매력

유럽의 각 도시에서 가장 눈에 띄는 중심 건물은 시청사와 교회이다. 시민생활을 도맡은 이런 건물 앞에는 앞서 말한 바와 같이 으레 시민 전체가 모이는 광장이 있다.

시민들은 이 중심지에 자주 모인다. 용무를 보기 위해서, 예배를 보기 위해서, 일용품을 사기 위해서――.

이처럼 시민들의 생활의 중핵인 광장에는 반드시 사람들이 만나고 또 얘기를 나눌 수 있는 약속 장소로 카페가 있다. 그리고 흥미로운 것은 우리의 옛 장(지금 시골에는 있지만)과도 같이 정기 저자(화 · 목 · 토 오후라든가, 월 · 수 · 금 오전 등)가 광장 한구석에 노점으로 벌어진다.

시장이란 그 나라, 그 도시를 이해하는데 있어 가장 요긴하고 동적이고 개성적이며 또한 재미있는 장소이기도 하다.

파라솔마다 한 점포가 서는 곳도 있고 검푸른 텐트를 길게 차양으로 늘어뜨려 여러 점포가 들어서는 등, 나라마다 도시마다 제각기 다른 다채로움이 있다.

빵이라고 해도 프랑스 빵, 벨기에 빵, 홀랜드 빵, 독일 빵이 제각기 다르고 독일 빵이라고 해도 라인란트의 빵, 뉘른베르크의 빵 등이 각각 달라서 완고하게 지방색을 전통적으로 지켜오고 있는데 이를 잘 알 수 있는 곳이 바로 시장이다.

시골 도시에 갈수록 빵은 커져서, 큰 방석만한 빵도 있다. 시장이란 바로 지방성의 전시회라고 해도 과언이 아니다.

대개 이런 시장에는 과일 등 음식물이 그 주종을 이루는데 값도 여느 곳보다 저렴하다.

독일 시장에서는 사과도 2kg에 불과 1마르크였고 향내도 그윽하고 감미로우며 알맞은 신맛이 난다. 우리나라의 국광, 홍옥에 델리셔스를 가미한 독특한 독일 사과의 맛은 정말 산뜻했다.

농약을 사용하지 않기 때문에 벌레 먹은 데가 많고 햇빛이 닿지 않은 부분은 푸르스름한데도 맛이 여간 아니었다.

독일 와인의 재료가 되는 포도는 마치 보석과도 같다. 프린스, 바론 등 그 종류가 많은 것도 놀라왔다. 그 때문에 와인의 종류도 많아지고 따라서 포도의 등급 격차도 대단하다.

또한 감자의 나라답게 감자 종류도 많았다. 시금치가 맛있다는 것을 이곳에 와서 새삼스레 느꼈는데, 최소 판매 단위도 500g인 것을 보면 우리나라처럼 나라의 경제만이 성장하고 국민 소득과 생활이 그 뒤에서 황소걸음 하는 것과는 달리, 이곳에서는 생활의 최저 층이 아마도 우리의 중산층보다 훨씬 높은 것만 같다.

소시지 판매장 또한 장관이다. 자동차 타이어만한 것, 2m 정도의 길게 늘어뜨린 것, 뱀처럼 둘둘 감아 놓은 것 등 얼핏 섬짓해 보이기도 한다.

시장에 가서 또한 눈길이 끌리는 곳은 꽃 가게이다.

장미 · 수선화 · 튤립 · 히야신스 · 제라늄 · 베추니아 · 리라 · 아네모네 등 없는 꽃이 별로 없을 정도의 울긋불긋 화려한 화시는 정말 뭐라 형언키 어려운 아름다운 광경이다.

유럽의 어느 도시에 가 보아도 관청 · 점포 · 주택 등 어떤 창가에도 가로 일각에도, 화분이 없는 곳이 없다.

꽃철이 아닌 겨울철에도 꽃 시장에 가보면 온실에서 재배한 각종 꽃들이 만발한다. 시장은 향기롭고 화려한 형형색색의 꽃빛깔을 화사한 의상처럼 걸치고 있다.

시장이 있는 광장을 중심으로 펼쳐진 도시에 사는 시민들의 생활을 지탱하는 것이 마르크트이므로 그곳은 아름다워야 한다. 이것이 유럽인들의 사고방식인 것 같다. 이는 시민과 생활에 대한 우리와는 근본적으로 다른 발상법發想法이라고 느껴졌다.

그러므로 유럽인들은 다만 물건을 사려고만 시장에 가는 것이 아니라 '즐기려고 간다.'는 말이 나올 법도 하다. 그 도시에서 가장 아름다운 건물을 보고, 가장 역사적인 앙금이 서린 교회의 첨탑을 우러르고 그 종소리를 들으며 꽃 속에 감싸이기도 하고 맛있는 음식을 사고 먹기도 하는 고장이 바로 시장인 것이다.

부르주아란 이와 같은 광장이 지니는 '부르그 시市의 사람들'인 것이다.

부르주아가 이따금 의회 정치나 시민 혁명의 기수旗手였다는 것은 유럽 근대사에 나타난 사실이지만, 그 원인遠因의 하나는 부르주아가

늘 자주 모여서 상호의 공통의식을 고양高揚할 수 있었던 '부르그의 광장'이 존재했던 탓이다.

광장은 공동체의 것이니까 주차장 같은 것으로는 쓰이지 않는다. 광장은 여러 사람들이 즐기는 곳이니까 분수를 마련하고 카페를 만들었다. 광장 한 구석에는 신문 판매대를 꼭 비치해 둔다. 장보고 돌아가는 사람들은 신문을 사고 카페에 들어가서 커피를 마시면서 뉴스를 읽는다. 그러니까 광장은 또한 지식을 위한 고장이기도 하다.

본시 유럽의 이러한 광장의 선조는 플라톤이나 아리스토텔레스가 그 불멸의 철학을 얘기하면서 제자들을 가르치며 서성거렸던 그리스의 '아고라(광장)'이었으니 말이다. 그 아고라가 바로 정치의 이념(데모크라시)을 낳지 않았던가.

광장의 신문 판매대는 플라톤과 같은 고매한 지식에 비한다면 전혀 다른 질의 지식을 팔고는 있다. 하지만 적어도 세계를 알고 통할 수 있는 지식을 팔고 있다. 영·독·불·이·미 등 세계 각국의 주요 신문이 거의 꽂혀 있다. 눈을 씻고 보아도(가끔 일본 신문도 보이는데) 없는 건 우리 신문. 영자英子신문 같은 것을 공짜로 (아니면 아주 싸게) 이런 곳에 공급할 수는 없는 것인지, 그것도 해외홍보의 한 방법은 아닐까.

시장에는 비둘기들도 모인다. 서울 시청 앞에 사육했던 비둘기와는 달리 절대로 도망가지 않는 비둘기이다. 사람과 자기네들과는 친구니까, 만일 인간들이 자기들을 괴롭히는 날이 온다면 그건 지구의 종말이라는 생각이라도 하는 듯이 유유자적이다.

장 시간이 파하면 판매대나 파라솔, 텐트 등이 말끔히 없어진다. 어물이 주종을 이루는 프랑스 시장도 파한 후 그 자리에 비린내가 전혀

나지 않는다는 것이다. 파장 후 지저분하기 이를 데 없는 우리의 형편과는 너무나도 대조적이다. 나는 주로 끼니를 장바닥에서 싱싱한 야채와 과일로 채웠다.

이와 같은 시장을 갖는 이 묘한 매력은 역시 유럽의 한 짜릿한 매력이기도 하다. 우리도 대형 마트의 지나친 확장을 규제하고 전통 시장의 활성화 정책이 보다 적극적으로 시행되어야겠다.

식사 문화

파리 마드레느 근처에 있는 대한항공 사무실에서 뜻밖에도 파올리 Paoli 양을 만나게 된 것은 정말 반가운 일이었다. 그녀는 서울 유학 시절, 한국말을 배울 무렵부터 지면이 있는 아가씨이기 때문이다.

때마침 점심시간이었으므로 식사를 같이 하기로 했다.

"그동안 편찮으셨다구요? 뭘 드시겠어요. 제가 건강식으로 한턱 내지요."

파리에 왔으니 누가 내든 기왕이면 프랑스 요리를 먹게 해달라고 부탁했다.

마드레느 근처의 생 오노레 거리에 있는 아담한 레스토랑 한구석에 우리는 자리를 잡았다.

파리의 일급 레스토랑인 막심, 라베르즈, 에스카르고, 셰 레 상쥬, 그리고 앙드레 말로가 잘 다녔다는 부르고뉴, 아나톨 프랑스가 좋아했다는 레느 베도오크만은 못하지만 프티 파라몽이라는 이 가게도 제법 요리 맛은 일품이라고. 부우프 브 우르기뇨느라고 부르는 스테이크의 일종은 이 점포의 특별 메뉴라고 한다.

프랑스인들이 미식가美食家라는 것은 천하가 다 아는 사실이고 고기와 빵과 포도주가 주식임을 짐짓 들어 왔는데 파울리 양의 말에 의하면 요즘 파리쟝들은 육식 대신에 채소류, 빵 대신에 이따금 현미밥을 먹는 경향이 있다는 것이다. 식성의 동양화라고 하면 지나친 말이 될는지 모르지만 체중증가 추세와 혹심한 가뭄 탓으로 인한 식량 값 폭등에 대한 예비조치라는 그녀의 설명에는 납득이 간다. 그러나 포도주를 주스로 바꿀 수는 없다고.

쇠고기를 잔뜩 먹고 나니 움직이기 거북할 정도로 배가 불렀는데, 그녀는 다시 뭐라고 주문을 하니 큰 나무 접시에 몇 가지 종류의 치즈를 가지고 왔다. 이제 도저히 먹을 수 없다고 했더니 프랑스인은 이제부터 식사가 최고도에 달하는 것이라고 하면서 천천히 얘기를 나누면서 음미하자는 것이다.

치즈가 없는 디저트는 애꾸눈의 미인이라는 프랑스의 요리 철학자 사빙탕의 말이 문득 생각나 기왕 내킨 김에 프랑스의 맛을 실컷 맛보기로 했다.

"한국 사람들은 식사를 너무 빨리 하는 것 같아요. 점심 같은 건 십분도 채 못 되어서 뚝딱해 버리니 참 딱해요. 하지만 프랑스인들의 레종 데트르(삶의 보람)는 식사를 오랜 시간을 두고 즐기는 것이지요."

딴은 주위의 프랑스인들은 정말 천천히 즐겁게 식사를 하면서 담소하고 있었다. 파리에서는 점심시간을 2시간으로 잡고 있고 이웃 스페인에서는 무려 2시부터 5까지 세 시간이나 된다(낮잠 시간을 포함해서). 그에 비하면 과연 우리네들의 점심시간은 너무 짧다. 한 시간이라고는 하지만, 반찬 한두 가지의 도시락을 먹는다든가, 식당에 가도 뒷 손님에게 밀려 먹기가 무섭게 쫓겨나야 한다. 만원일 때에는 낯선 손님과도 동석해야 하니, 담소고 무거고 여유가 없다.

석유 파동 이후 경제니 절약이니 하고 법석대고들 있는데, 엉뚱한 생각인지는 모르지만, 우리도 점심시간을 두 시간쯤으로 하면 우리 경제의 안정 성장에 도리어 도움이 되지 않을까. 즉 지나친 노동으로 인한 전력 등 소비도 줄이고, 우리들 생활도 다소 여유로워질 것이고…….

하지만 치열한 경쟁으로 영일이 없는 한국 기업들이 점심시간을 두 시간으로 늘릴 리 만무하니, 각 급 학교에서부터 시작하면 그런 습관이 붙은 세대가 사회에 나오게 될 때에는 자연 우리의 런치 타임도 길어질 것이 아닌가. 이렇게 말하면 참 쓸개 빠진 자라고 일소에 붙일 것이고, 그건 포도주에서 시작하여 커피로 끝나는 프랑스 요리를 먹는 것이라면 몰라도, 국수나 설렁탕을 먹는 우리 팔자에 어떻게 두 시간을 끄느냐고 반물할지도 모른다.

점심시간 두 시간이라고 해서 그동안에 계속 먹고 마시기만 하는 것은 아니다. 점심 식사를 중심으로 해서 여유 있게 담소하면서 시간을 보내는 것이다.

우리나라 사람들은 가령 만 원을 그날 점심값으로 사용할 예정이면 5, 6천 원짜리의 일품요리를 먹은 다음 음식점을 나와 다방이나 과자점에 들려 커피나 다른 음료를 마신다.

하지만 프랑스에서는 그렇지 않다는 것이다. 프랑스에서는 우리나라에서처럼 식당에서 빨리 가져오라고 고래고래 소리 지르는 법이 없다. 만일 그랬다가는 아마도 '우리는 자동판매기처럼 요리를 만들 수 없으니 나가라.'고 요리사가 호통을 칠 것이라고 파울리양은 웃어댔다. 대화에 열중하고 있는 이곳 식당의 분위기를 보니 참 그럴싸하다. 이처럼 회화에서 문화가 탄생하는 것이라고 그녀는 더 붙였다. 딴은 그렇다. 프랑스 문화(넓게는 유럽 문화)란 식사 후의 회화 문화라 해도 과언이 아닐 것이다.

맛있는 스프를 먹으려면 일찍이 에밀 졸라가 파리의 바통이라고 부른 중앙 시장 한복판에 있는 파라몽에를 가야 한다든가, 이탈리아 마카로니 요리는 오스타리아델 오르소에 가야 제 맛이 있다든가 런던에서 로스트 비프는 심프슨에서 먹어야 한다는 식의 식통食通을 나는 별로 신용치 않는다. 이처럼 무슨 요리는 어디라야 한다는 식의 얘기를 국내에서도 가끔 듣지만, 어떻게 그처럼 단언할 수 있는 것인지 이상한 생각이 들 때도 있다. 맛이 있다든가 좀 못하다는가 하는 식의 대체적인 합의는 성립될 수 있지만, 본시 미각味覺이란 지극히 개인적인 것이기 때문에 어떤 생리학자나, 어느 요리 전문가라 할지라도 자기 이외의 혀는 사용할 수 없는 것이다. 무엇이 맛있다고 하는 것은 어디까지나 음식을 먹는 당사자가 맛있다고 느껴야 하는 것이므로 다른 사람도 자기와 똑같은 느낌을 갖는다는 보장은 전혀 없다.

유럽 각지를 편력하면서 가끔 그 나라, 그 지방 특유의 요리를 얻어 먹어 보았지만, 도저히 입에 대기 힘든 음식도 더러 있었다. 우리 식탁에서 빼놓을 수 없는 김치를 외국인들이 잘 못 먹는 것과 마찬가지다. 이처럼 미각이란 상대적인 것이니 말이다.

그렇지만 미각에는 하나의 중대한 공통 요소가 있다. 그것은 즐겁게 먹는다는 것이다. 동서 공통의 미각이란 어느만큼 즐겁게 먹는가 하는 식사의 유락愉樂 바로 그것이 아닐까. 어떻게 하면 즐겨 먹을 수 있을까

—— 이것이 식통이 아닐까.

그런 점에서 한국인은 식통이 아니다. 너무 먹는 데만 열중하고 얘기를 나눌 줄 모른다. 예부터 밥 먹으면서 얘기하면 복이 달아난다고 해서 그런 것일까.

식사는 '무엇이 맛있고 건강식이며, 어디가야 맛있고'가 아니라 어디서 누구와 어떻게 먹느냐에 달려 있다는 것을 프랑스 미녀와 깔끔한 이 레스토랑의 분위기에서 새삼 터득하게 된 것 같다.

Ⅱ

영감과 생명의 원천

어느 숲, 어떤 골목길을 보아도 멋진, 아니 맛있는 그림감이다.
즐겁다. 그 속에 빠져들고 싶다.

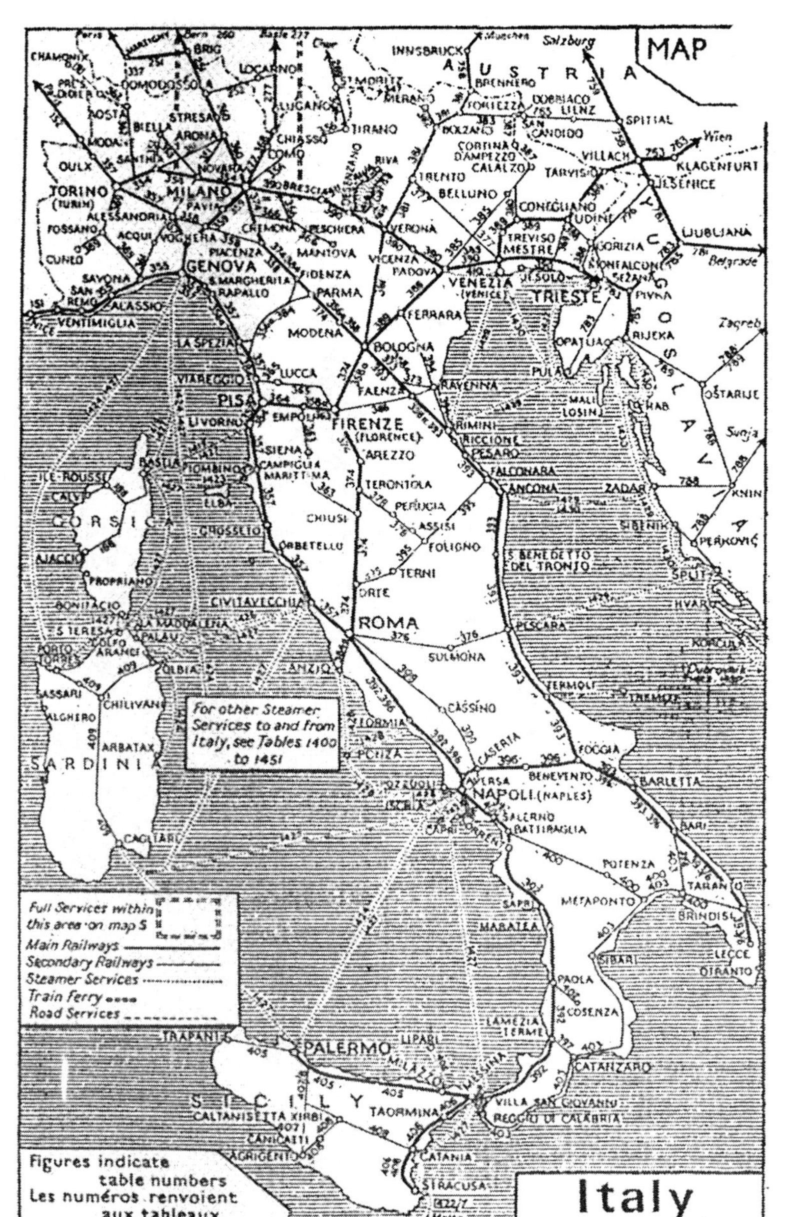
MAP
AUSTRIA
YUGOSLAVIA
CORSICA
SARDINIA
SICILY
TORINO (TURIN)
MILANO
GENOVA
VENEZIA (VENICE)
TRIESTE
BOLOGNA
FIRENZE (FLORENCE)
PISA
ROMA
NAPOLI (NAPLES)
PALERMO
MESSINA
CATANIA
SIRACUSA
BARI
BRINDISI
TARANTO
ANCONA
PESCARA
FOGGIA
INNSBRUCK
Salzburg
Wien
LJUBLJANA
ZAGREB
SPLIT
For other Steamer Services to and from Italy, see Tables 1400 to 1451
Full Services within this area on map 5
Main Railways
Secondary Railways
Steamer Services
Train Ferry
Road Services
Figures indicate table numbers
Les numéros renvoient aux tableaux
Italy

영원한 도시, 로마

■ 불멸不滅의 창부娼婦같은

'꽃의 도시' 하면 사람에 따라 파리를 가리키기도 하고 혹은 피렌체나 암스테르담을 지칭하기도 한다. 하지만 '영원한 도시'라고 일컬어지는 도시는 세계에서 로마 밖에는 없다.

'영원한 도시'라고 하면 그 다음에 도시 이름을 붙이지 않는다고 하더라도 유럽 사람들이면 누구나 그것이 로마를 의미하는 것임을 안다. 이처럼 왜 유독 로마만이 그렇게 불리워지고 있는 것일까.

나는 이번 여행을 통해 로마를 깊이 보고 나서 이런 엉뚱한 생각을 해보았다. 즉, 로마는 '불멸의 창부娼婦' 같은 것이라고 스스로 노력하여 그 무엇 하나 생산해내고 있지 못하지만, 그런데도 돈을 대서 부양하고 있는 사내에게 아무런 부자유도 주지 않는 아름다운 창녀. 이젠 제법 나이가 들었지만 아직껏 장래를 위해 저축을 한다든가 생활 설계를 생각해보거나 하지도 않는 그런 제멋대로의 여인. 도대체 아무런 걱정도 없는 그런 낙천적인 여자. 로마는 그런 자유 분망한 여자만이 지니는 영원히 남자 마음을 사로잡는 그런 매력을 지니고 있는 도시이다.

그 최초의 파트론은 로마 제국의 서울로 일곱 개의 언덕과 그사이를 구불구불 흐르는 테베레 강 기슭에 세워진 로마, 북으로는 영국으로부터 남으로는 북부 아프리카까지, 서쪽으로는 스페인, 동쪽으로는 중·근동에 걸쳐 펼쳐진 대제국의 부富가 집결된 도시였다. 다음 파트론은 로마·가톨릭 교회였다. 법왕청이 세워진 로마에는 로마 제국을 무너뜨린 그리스도 교도의 헌금이 쏟아져 들어 왔다. 로마는 첫 파트론이 죽은 뒤 곧 이어 파트론은 생긴 셈이다. 두 번째 파트론은 상당히 오랫동안 살았고 그녀(로마)가 원하는 대로 그녀를 호강시켜 주었다. 그녀는 첫 파트론 시대에 대리석의 원주円柱가 조각으로 분장을 했고, 그 다음 파트론은 그녀를 르네상스 시대 최고의 회화와 건축으로 몸을 감싸주었다.

그런데 지금으로부터 2백여 년 전에 베네치아나 피렌체 등 작은 도시 국가로 나뉘어져 있었던 이탈리아가 통일되었다. 작은 나라로 분할되어 있었던 시대에 법왕청영토를 지니고 있었던 가톨릭교회도 이제까지 로마를 중심으로 했던 영토를 상실하고 바티칸 공국公國내에 칩거해 버림으로써 파트론 구실을 못하게 되었다. 하지만 그래도 로마는 남자에게 조금도 부 자유롭지 않았다. 왜냐하면 통일 후의 이탈리아가 수도를 로마로 정했기 때문이다. 물론 고대 로마 제국, 로마 가톨릭 교회 등의 옛 파트론과 견준다면 이탈리아국은 파트론 노릇을 제대로 할 만큼 넉넉지 못한 가난한 나라였지만 그래도 지나치게 사치만 안하면 살아나가는 데는 별로 염려 없는 형편이었다.

그리고 얼마 안 있다가 관광객이라고 하는 단체객의 파트론도 생겼다. 이 역시 그녀를 호강시킬 만한 능력이 없는 서민 계급이지만 그 옛날의 두 파트론이 준 장식품만을 보여주는 것만으로도 이 단체객들은 만족하고 적으나마 돈을 던져 주고 갔다. 이렇게 해서 로마는 2천년 남짓 동안 노쇠한 몸이지만 시들어 죽지 않고 끈질기게 삶을 이어오고 있다.

늘 남자의 사랑을 받고 사치에 함몰했던 여인처럼 그녀는 뒤에 온 젊은 여성들인 파리나 런던 등이 여느 남성들에게 사랑 받는 것을 보고도 별로 슬퍼하는 기색을 보이지 않는다. 남자의 관심을 새로이 끌기 위해 문화의 중심은 이곳이라고 우겨대지도 않는다.

그런 조용한 미덕美德에 끌려 서인지 괴테나 스탕달과 같은 남자 중의 남자들이 열심히 선전을 해준 덕분으로 단체 손님을 얻는 데는 아직껏 불편이 없는 형편이다.

그렇지만 로마는 오늘날의 이른바 지식인들에게는 무시를 당하고 있다. 전 수상이 납치, 살해되어 로마 한복판에 내동댕이쳐지고, 파리나 런던처럼 쇼 윈도우를 얼핏 훑어보기만 해도 시대의 첨단을 가는 사상을 알 수 있다고 하는 서점이라든가, 전위극前衛劇을 경연競演하는 극장이 즐비해 있는 그런 지적知的인 활기도 없는 로마를 유럽 사람들은 이제 케케묵은 촌 도시라고 한다. 물론 이러한 사상적 도시인들에게는 로마란 하잘 것 없는 촌스런 도시임에 틀림없지만 사람에 따라 생각과 기호嗜好가 다른 것이므로 일률적으로 말할 수는 없다.

딴은 로마란 도시는 인텔리에게는 별로 매력을 느낄 수 없는 도시이겠지만, 그 웅근 매력은 시골사람이 지니는 소박한 정열과 호기심이 있어야만 비로소 터득될 수 있을 듯싶다.

로마에 반한 많은 촌사람 중에서도 유명한 괴테와 펠리니를 소개해 보자.

■ 사랑할만한 도시

괴테는 서른 일곱살 때 이탈리아에 대한 동경憧憬을 참을 길이 없어 바이말 공화국 수상의 자리를 헌신짝처럼 버리고, 알뜰한 애인도 뿌리친 다음 이탈리아에 도착했다.

그는 우선 북부 이탈리아를 조금 여행한 후 동경했던 도시 로마로 향했다. 11월 1일의 만성절萬聖節날에 맞추어 로마에 당도하려고 했던 괴테는 도중에 피렌체 등을 스쳐 지나 바삐 로마 시를 향해 마차를 타고 달렸다.

너무 급히 서둘렀던 탓으로 로마 북쪽 성문에 도착한 것은 만성절 며칠 전이었다. 보통 사람 같으면 하는 수 없이 로마 시내로 들어갔겠지만 괴테는 만성절의 행렬이 굽이치는 로마 시에 자기의 첫발을 에서 11월 1일까지 기다렸던 것이다. 얼마나 순정적인가! '내딛고 싶었던 당초의 소망을 실현시키기 위해서 성문 앞의 한적한 여관 젊은 베르테르의 슬픔'의 성공으로 작가로서도 국제적인 지위를 이미 굳혔던 때이고, 그때 나이가 이미 서른일곱 살이었으니 더욱 놀라운 일이다.

로마 체류 중의 일기에 그는 정신을 고양高揚시킬 수 있는 훌륭한 것들 속에 온통 휩싸여 있으니 얼마나 행복스러우냐고 마치 소년 같은 감상을 아무런 거리낌 없이 쏟아 놓았다. 문호 괴테의 예술은 이탈리아 여행을 고비로 해서 크게 변모하게 된다.

로마는 촌사람의 마음을 지닌 채 뛰어 들어온 이 사나이에게 자기 매력을 물씬 맛보게 했던 것 같다.

현대 예술가 가운데에는 영화감독 페데리코 펠리니만큼 로마라고 하는 불가사의한 매력을 지닌 여자에게 깊이 매혹된 사나이는 또 없을 것이다.

영화 「달콤한 인생」을 만든 무렵부터 시작된 펠리니와 로마의 포옹은 급기야 「로마」라는 제목의 영화를 만들기에 이르렀다.

언젠가 그는 이런 말을 했다. "나는 시골 출신이다. 그러므로 시골 출신자의 눈으로 로마를 바라보는 것이다."라고.

하지만 펠리니는 독일인인 괴테와는 달리 외국사람 아닌 바로 이탈리아 사람이다. 그러므로 오랫동안 로마 시에 살고 있노라면 어느 샌가 자기가 시골 출신이라는 사실을 잊어버리고 서울 사람 티를 내게 마련이다. 즉 시골 사람을 내게 마련이다. 즉 시골 사람의 순진한 심정을 잃어버릴 위험을 한 시기의 체류자인 외국인보다는 더 지니기 쉽다고 하겠다. 펠리니는 이것이 두려웠던 것이다. 그래서 그는 일단 로마 시를 떠났다. 그는 지금 프레제네라는 자그마한 해안 도시에서 살고 있다. 로마의 매력을 평생토록 간직하기 위해서 이따금 로마를 방문하여 이를 만끽한다는 것이다.

앞서 말한 바와 같이 로마는 이른바 인텔리에게는 어울리지 않는 도시이다. 스스로의 속성과 본질을 충분히 터득한 그 위에 과연 자기가 무엇을 원하고 있는가를 짐짓 알고 있는 그런 사람의 정열에는 로마가 이에 부응해 주지만, 시대의 첨단을 걸으면서 '전위, 전위' 하며 떠드는 사람들에게는 외면한 채 아무 것도 주지 않는 도시가 바로 로마인 것이다.

'전위, 전위' 하지만 과연 전위란 무엇일까?

펠리니는 오늘날 현대 예술의 최첨단을 걷고 있는 감독이고, 괴테 역시 그 당시의 전위였다. 두 사람 모두가 동시대 사람들에게 숱한 영향력을 미친 점에서는 공통되고 있다.

그러니까 참스런 전위란 옛사람과 무릎을 맞대고 대화하는 것을 바보스럽게 생각하지 않고 또한 이를 꺼려하지 않는 촌사람다운 심정의 소유자에 의해서 창조된 것이 아닐까? 이들 용기 있는 사람들은 스스로 바라는 것이 무엇인가를 충분히 알고 있으므로 시대적 전위란 바로 이런 것이라고 마치 카탈로그를 눈앞에 펼쳐 놓듯이 자기 과시를 하지 않는다. 그들은 소박한 마음으로 과거 속에 뛰어 들어가 그 속에서 원하는 만큼의 것을 끄집어내어 밖으로 나온다. 바깥에 나왔을 때 비로소 참다운 창작이 비롯된다. 참스런 전위가 창작되기 시작하는 것이다.

내가 아는 한 건축학 교수는 서울의 개조안에 골몰하고 있었다. 그는 세계 일주를 할 기회가 있어서 세계의 주요 도시를 두루 편력했다. 이 분은 로마에 와보고 비로소 완성될 수 없는 도시 계획의 의미를 터득했다. 이제까지의 모든 도시 계획이 도면 위에 완성되고 이것이 실현되어 여기에 사람들이 들어가 삶을 영위하게 될 경우 예상과는 달리 주어진 기능 등이 제 구실을 다하지 못하게 된다는 것, 그리고 이를 피하기 위해서는 주요한 부분만큼은 계획된 도시를 거기서 사는 인간에 의해 조금씩 완성해가지 않으면 안되겠다고 생각하기에 이른 것이다.

한국에 돌아온 뒤 이 분이 발표한 논문에는 로마라고 하는 도시명이 전혀 표시되어 있지 않았지만, 하루 종일 로마 시가를 그분과 함께 걸으면서 관광한 나로서는 그분의 착상이 로마의 도시 형태를 직접 봄으로써 나온 것이라고 믿고 있다.

얼핏 매우 지저분해 보이는 도시이지만 로마는 보는 이에 따라서 무한한 교시教示를 주기도 한다.

나는 로마에서 소매치기를 당했고 택시 운전사에게 바가지를 썼으며, 콜로세움 앞에서 산 필름이 엉터리여서 모처럼의 기념사진이 엉망이 되어버린 언짢은 일을 겪기도 했지만, 그래도 로마는 미워할 수 없는 매력을 간직한 '영원의 도시', 사랑할만한 가치 있는 알뜰한 도시임에 틀림없다.(RO-MA를 거꾸로 읽으면 AMOR, 즉 라틴말로 사랑을 의미하지 않는가!)

■ 로마의 가도街道

고대 로마인들의 건축 기술은 대단했던 것 같다. '모든 길이 로마로 통한다.'는 옛말도 있지만, 로마 가도街道역시 옛스러운대로 대단한 것이었다. 이탈리아의 라디오 방송에서 가끔 이런 아나운스먼트를 듣게 된다.

'연휴인 탓으로 고속도로는 몹시 붐비고 있으니 집정관執政官가도를 되도록이면 이용해 주십시오.'

스토라구 · 콘소라레(집정관가도란 아피아Appia, 프라미니아, 카시아Cassia 가도 등 로마로 뻗친 열여섯 남짓한 대로를 말한다.) 이 길은 로마 제정 시에 집정관이었던 아피우스, 프라미니우스, 카시우스 등 남자가 만든 도로인데 가도(Via)가 여성 명사이기 때문에 그 위에 붙는 형용사형의 변화를 해서 이탈리아어로 '비아 · 아피아(Via Appia Nuova)'가 된다. 케네디 공항이니 드골 공항 등 명성 높은 누군가를 기념한다느니 보다는 직접 만든 사람의 이름을 붙인 것이 마음에 든다. 특히 아피우스 집정관의 경우는 직접 사재私財를 털어서 만든 것이니 말이다.

물론 오늘날에는 옛 그대로 이 길을 사용하고 있는 것은 아니다. 고대 로마 시대의 포장은 크고 넙적한 돌을 깔았던 것인데, 2천년이 지나고 보니 이곳저곳 울퉁불퉁해졌다. 특히 집정관 가도의 대부분은 제정帝政시대에 충분히 보강되었다고는 하지만 실은 제정 이전의 시대인 서기 기원전에 따라서는 2천 3백여 년의 오랜 역사를 지닌 옛길들이다.

오늘날 이탈리아인들은 이 위에 아스팔트를 덮어씌운 채 그대로 사용하고 있다. 약간 울퉁불퉁 하다해도 기반 공사가 잘 되어 있으므로 가끔 땜질만 하면 되기 때문에 시종 수리 공사를 계속해야 하는 고소도로보다는 훨씬 유지가 덜 드는 도로인 것이다.

도로 폭도 넓힐 필요가 없다. 애초에 만들 당시부터 아무리 노폭이 좁은 곳일망정 앞지르기가 가능하도록 3차선으로 만들어 놓았으니 놀랄 만하다.

모든 집정과 가도를 합치면 전장 30만 킬로나 되는 이 '로마가도'가 덜 유명해지게 된 것은 이탈리아는 물론 유럽 각국에 고속도로망이 확장되면서부터이니 이로서도 옛 로마인의 예지를 가히 짐작할 수가 있다.

레오나르도 다빈치에의 감격

밀라노의 산타마리아 데레 그라치에에서 레오나르도의 「최후의 만찬」을 보았을 때 그야말로 지성과 감성의 완전한 통일을 이룩한 고전적 예술의 최후의 완성자임을 실감했다. 몸 또한 가뿐해짐을 느꼈다.

■ 미술 가운데 가장 우위優位는 회화다

방안으로 한 걸음 내딛자 마주 보이는 벽면 가득히 폭 30여 피트의 그림 속에 성만찬이 전개된다. 장壯인지 쾌快인지 뭐라고 형언키 어렵다. 레오나르도가 조각이나 음악이나 시보다도 회화가 예술 가운데 우위에 있음을 논했을 때 회화란 일거에 전체를 파악하고 모든 언어의 상위를 넘어, 모든 시대를 뛰어넘어 직접적으로 만인에게 어필됨을 과시한 바 있는데 이 그림을 보니 과연이라는 생각이 든다. 시간적으로 전개된 드라마를 하나의 순간으로 표출한 화면, 이 화면을 처음으로 상세하게 기술記述하고 분석하면서 해석한 고전적인 문장은 봇시에 의해 이룩되었고, 이 기술을 널리 소개한 것은 괴테였다. 그러니까 레오나르도는 괴테 덕분에 유럽 전역에 널리 알려지기 시작한 것이다.

그 이후의 그림은 그리스도께서 '너희들 가운데 나를 팔려고 하는 자 있다.'라고 말씀하신 순간을 묘사한 것으로 해석되고 있는데, 다만 그 순간만을 이 화면은 담고 있는 것 같지 않다. 최후의 만찬이라고 하는 가장 침통한 극 전체를 깡그리 표현하고 있는 듯싶다. 그리스도를 비롯하여 열두 제자의 표정은 물론 몸 전체가, 특히 손이 극적으로 말하고 있는 것 같았다. 그리스도의 말씀과 제자들의 말소리가 화면을 통해 들려오는 것 같다.

내일의 운명을 예견할 수 없어 안타까운 제자들은 그리스도를 위로하고 화기애애하게 만찬을 시작했고, 이 정경을 바라보면서 예수께서는 조용히 속삭이듯 아까 그 한 마디를 말씀하시자, 창졸간에 그처럼 온화했던 방안 분위기는 일변하여 싸늘해지고 긴장이 감돌면서 그 다음 순간 소란해진다. 레오나르도의 그림 한 장에서 이와 같은 극적 과정의 전체를 모두 감득할 수 있다. 하나의 공간적 화면에서 시간적인 전경까지 표현된 이 놀라움! 문득 시간적으로 전개되는 교향곡을 순간적으로 표상表象했다고 하는 모차르트를 연상하면서 천재적 예술가의 천부적天賦的 재능에 새삼 감복되었다.

■ 살아서 숨을 쉬는 「최후의 만찬」

화면을 더 자세히 들여다보면서 작품을 음미했다. 화면을 동일한 순간의 포착이라기보다는 그리스도를 중심으로 한 파문이 좌우로 차츰 번져가는 듯한 느낌이었다. 그리스도 좌우에 있는 세 사람의 무리와 양단兩端의 세 사람과는 시추에이션이 전혀 다르다. 그리스도 왼쪽에 있는 유다와 그 등 뒤에 있는 베드로의 표정(믿기 어려운 스승의 말을 확인하려는 듯한 영롱한 표정)은 사뭇 살아있는 듯도 하다.

그 밖에 야곱, 빌립보, 시몬 등의 음울한 침묵 속에 방 안은 창연히 어두워지고, 주님의 배후에 있는 창에는 사양의 잔조殘照가 새어 들어오고 있다.

괴테의 유명한 이 만찬 그림의 해설에 의하면, 입구는 본시 벽화의 옆쪽에 있었다고 한다. 실내에 들어오면 정면에 승원장의 식탁이 있고, 그 양쪽에는 수도승의 식탁이 나란히 놓여 있다. 자리에 앉아 뒤돌아다보면 거기에는 예수 화 사도들이 똑같이 앉아 있다. 방의 구조에 맞추어 완전한 원근법에 의해 벌써 화면으로서가 아니라 입체적인 실체가 돼버렸다. 완전히 과학적으로 계산되어 있는데다가 엄숙함, 삼엄함, 장엄함이 곁들여져서 더욱 짙은 박진감과 교훈성마저 풍겨준다. 그리하여 종교적 분위기 속에 정밀성靜謐性이 감돈다. 절로 손 모아 기도를 했다.

■ 우피치 미술관의 장관

그 이튿날 우피치uffizi 미술관을 관람하기 위해 '르네상스의 꽃' 피렌체에 도착했다. 시성詩聖 단테의 동상이 보이는 산타 크로체 광장이 바라보이는 호텔에 여장을 풀었다. 13세기 후반기에 단테가 이곳에서 유명한 「신곡神曲」을 썼고, 패트라르카, 복카치오 등이 활약했다. 또한 마키아벨리가 「군주론君主論」을 쓴 곳이기도 하다. 따라서 오늘의 이탈리아 문호들에 의해 잘 닦여진 토스카나 말을 사용하는 것을 이 지방 사람들은 큰 자랑으로 여기고 있는 듯했다. 간단히 샤워를 마치고 이 세계적인 미술관을 찾았다.

제1실에서 치마 뷔 등의 마돈나 상像을 보고 이곳에 오기를 잘했다는 만족감을 만끽했다.

이 화랑의 세 마돈나상은 뭐라 말할 수 없는 위엄과 장중함이 충만해 있는 듯싶다. 유럽의 숱한 화랑을 편력하는 동안 나는 은연 중 르네상스기보다는 그 이전 작품에 깊은 관심을 쏟게 되었다. 아마도 소박하고 어딘지 생경生硬한 듯한 분위기에서 풍기는 엄숙함 등에서 오는 매력 탓인지도 모른다. 그런 생경 감 없이 이런 엄숙성은 이룩되기 어려우리라.

많은 마리아상을 보았지만 후대의 작품일수록 성모는 인간적이고 평범한 어머니다운, 화가의 애인의 초상화와도 같은 친근미를 느낀다. 그런데 이 화랑의 성모 마리아 상들은 접근하기 힘든 엄숙성이 스며 있다.

마리아 숭배의 역사적 과정을 익히 알 수는 없지만 아마도 이 작품이 제작된 시기가 성모 숭배의 고조기高潮期가 아니었나 하는 생각이 든다. 이들 그림을 보면 마리아가 주신主神이고 그리스도는 한낱 마리아의 아들일 뿐이라는 느낌이다.

이 화랑에서도 나의 관심은 레오나르도의 작품에 쏠렸다. 「수태고지受胎告知」와 「삼왕 예재三王禮拜」는 퍽 감격적이었다.

「수태고지」는 한때 레오나르도의 작품이냐 모작이냐 하는 진작 여부眞作與否 논쟁이 있었던 것인데, 결국 그의 젊은 시절의 것으로 낙착된 작품으로 그만큼 레오나르도적인 성격의 농도가 짙지 않은 나이브한 작품이다. 그러기에 더욱 청순하고 무구無垢하며, 애착이 가는 작품이다.

레오나르도의 대작은 역시 「삼왕 예배」다. 전 화면에 다갈색으로 짙게 깔린 베다의 색조가 무겁고 이상한 분위기를 자아낸다. 거기에다 대담한 검은 선이 한층 심중한 기분을 불러일으킨다. 이는 미술전집에 나오는 복사사진에선 도저히 맛볼 수 없는 강한 무드다.

런던의 내셔널 갤러리에서 본 암굴暗窟의 성모聖母는 작품 전체가 기묘한 푸른빛을 기조로 한 톤으로 마치 물속과도 같은 느낌으로 현실적 세계와는 유리된 환상을 양출釀出한다.

낱낱의 형상의 색깔에 의해서가 아니라 전체를 지배하는 색조에 의해서 독자적인 분위기를 창출하는 신기神技를 아마도 레오나르도는 지니고 있었던 것 같다.

「삼왕 예배」는 교회의 제작 의뢰로 비롯되었으나 결국 미완성인 채로 끝난 작품이다. 레오나르도의 작품에는 미완성품이 많으나 특히 이 작품은 미완성도가 높다.

■ 피렌체라는 도시

'유럽문화의 수도'를 자처하면서 제9차 세계시인대회를 유치한 피렌체는 아르노 강 양안兩岸에 펼쳐진 인구 50만의 아담한 도시다.

아펜니노 산맥 한 기슭에 자리 잡은 이 도시는 기원 전 1세기 경 로마인들에 의해 세워졌으나 도시로서의 면모를 갖추게 된 것은 11세기이며 15세기에 이르러 그 문화가 최성기를 맞았다. 당시 자유 도시였던 피렌체는 로마 법황의 권위와 신성 로마 황제 등 두 권력의 균형

속에 있었는데, 은행가 메디치의 영향 하에 도시의 번영을 이룩하면서 토스카나 대공국으로 발전하기에 이른다. 특히 이 도시는 르네상스의 요람으로서 유럽 예술의 원천이기도 했다.

1860년 피렌체와 토스카나 지방은 이탈리아 황국에 합병되어 1865년부터 1871년까지 왕국의 수도가 피렌체로 옮겨졌는데, 최근 이 도시는 세계 문화 · 예술의 중심지로서의 면모를 되찾기에 안간 힘을 쓰고 있으며 제법 그러한 지도적 역할을 감당해 나가고 있어 보인다. 이번 대회 유치도 그러한 노력의 일환으로 볼 수 있다.

피렌체는 수 세기에 걸친 찬란한 역사의 문화 예술 유산을 고즈넉이 간직하고 있다.

르네상스의 아버지라고 일컫는 A. 단테와 페트랄카, 보카치오 등의 대 문호, 이탈리아 회화의 아버지 치마부에와 지오토, 중세기 건축 · 조각의 쇄신자刷新者 아르노르포, 그리고 만능의 천재 레오나르도 다빈치와 미켈란젤로 등 일일이 열거하기 어려울 정도의 예술 거장들이 바로 피렌체 출신들이다.

특히 불후의 미술 작품 소장으로는 질량 면에서 세계 제일의 도시다. 컬렉션 선택에 있어 세계 어느 미술관과도 견줄 수 없는 우피치 '황금시대'의 회화를 망라한 피티 궁전의 일곱 개의 미술관(특히 파라티나 갤러리가 유명하다.), 르네상스 조각을 거의 모아 놓은 발제로 박물관, 은세공 박물관 등 세계 어느 곳에서도 찾아볼 수 없는 진귀한 미술품으로 채워진 도시다.

뿐만 아니라, 도시 전체가 예술의 향취로 가득하다. 모자이크 장식으로 화려한 세례당(단테가 세례 받은 곳이라 해서 더욱 유명하다), 우뚝 솟은 미려한 두오모 대성당, 귀중한 프레스코화가 있는 중세교회, 그리고 근교에는 예토루리아 문화의 풍부한 유산이 즐비하다.

■ 단테와 보카치오

이 도시에서 단테가 현대 이탈리아어를 낳았고, 페트랄카와 보카치오가 근대 문화를 확립했으며 휴머니즘이 잉태되었다. 그뿐인가, 마키아벨리가 근대 정치과학을 낳고, 구이차르디니가 근대역사학의 길을 정착시켰으며, 르네상스의 기운이 움터 유럽, 아니 온 세계를 '암흑'으로부터 구출해낸 '꽃의 도시', '영광의 도시'이기도 하다.

그 옛날의 영광을 되찾기 위해 이 도시에는 외국인을 위한 문화센터가 많이 마련되어 있고, 전문 분야별로 여러 가지 박물관(민속 · 문화인류학 · 고고학 · 천문 · 지질 · 화석 · 석세공 박물관 등)과 각종 고문서관古文書관館, 귀중 자료관 등이 속속 세워지고 있다. 가히 '세계 예술의 본향本鄕이라 이를 만하다.

일 년 내내 이 도시에서는 세계 각국 사람들의 문화적 여망에 부응하는 숱한 문화 행사가 행하여진다. 새로운 무대 예술을 배경으로 하여 현대 멜로드라마를 낳은 이 도시는 '피렌체 연극제'가 열리고 지난달에는 '피렌체 5월 음악제'가 개최되기도 했다. 그리고 마술전은 물론 민속의 상전 등 헤아리기 힘들 만큼 숱한 문화 예술행사가 접종한다.

피렌체가 고급 수공예의 중심지임은 널리 알려진 사실이지만, 이 방면에 남다른 관심을 가진 주영하 박사는 폰테 베끼오시장에서 아이디어 상품을 수집하기도 하고 사진으로 취재하기도 했는데, 약삭빠른 상인들이 혹시 산업 스파이가 아닌가 하고 경계의 눈으로 지켜보기로 했다. 외국인들이 너무 많이 밀려오기 때문에 이곳 시민들은 남다른 경계를 하고 있어 보이기도 했다.

■ 엄숙한 성모상聖母像

피렌체는 분명히 '아름다운 고도古都'임에 틀림없다. 산보하다보면 이처럼 즐거운 도시도 드물다는 생각이 든다. 각종 자료를 얻기가 쉽고, 웬만한 곳은 걸어서 다닐 수가 있어 또한 좋다. 그러니까 사람의 치수에 꼭 알맞은 도시라고나 할까…….

또한 도시 한복판을 시원스레 강줄기가 흐르고 주위에는 아담한 구릉이 첩첩하고 그 사이에 중세풍의 탑들이 올연히 높이를 다투는, 차분한, 그림 같은 삶의 여항이다. 그런데도 어딘가 거칠어 보이기도 하고 또한 관능적인 짜릿함이 온몸을 감싸는 듯한 그런 도시다(바다가 안 보이는 도시인데도).

그리고 걸어가다 보면 도처에 미술관이 있어 예술 속에 금새 탐닉하기도 하고 세속적인 것을 잊고 몰아沒我의 경지에 들기로 하고 휴식할 수 있는 그런 공간이 많아서 또한 좋다.

특히 우피치 미술관에서 받았던 감격은 지금도 잊을 길이 없다. 진열실에 들어가자마자 정면으로 보이는 치마부에, 두치오, 지오토 등 세 거장의 마돈나 상 앞에서 나는 그 장중한 위엄에 압도되어 한동안 멍청히 서 있었다. 이상하게도 무겁기 그지없었던 몸이 마치 하늘에 떠 있는 듯 가뿐해졌다. 나와 똑같은 췌장 부위에 암이 생겨 그 엄청난 부富로도 고치지 못했던 스티브 잡스와 나를 비유하여 부유富裕와 부유浮遊의 차이라고 보는 까닭을 알 것만 같다.

나는 여러 화랑을 돌면서 어느 사이엔가 르네상스시기보다는 르네상스 전기의 작품에 더욱 깊이 끌리게 되었다. 그 매력은 소박하고 생경한 엄숙성에서 오는 것인 듯싶었다.

많은 화가들이 성모상을 그렸지만 대개 인간적인 어머니 상이다. 그저 부드럽고 아름다울 따름이다. 심지어는 화가의 애인의 초상화 같기도 하다. 그러나 우피치의 세 성모는 감히 근접하기 힘든 엄숙함이 거기에 깃들여 있다. 마리아가 주신主神이고 그리스도는 한낱 '아이'에 지나지 않는 것처럼 보인다. 성모마리아 숭배의 역사적 과정을 잘 모르지만 아마도 이 시대는 마리아 숭배의 절정기였는지도 모를 일이다.

다음 전시실에서 처음으로 S. 보티첼리의 유화를 보고 명화란 실제로 보아야만 제대로 느낄 수 있음을 실감했다. 그 동안 복제로 여러 번 보았지만 감탄할 만할 정도는 아니었는데, 막상 원작 앞에 서서 보니 비로소 그 깊은 아름다움에 심취된다. 레오나르도 다빈치의 「수태고지受胎告知」, 파엘로의 「레오 10세」, 미켈란젤로의 「성가족聖家族」 등도 마찬가지였다.

베끼오 광장에서 산마르코까지는 도보로 10여 분이면 충분하지만 마차를 탔다. 고도의 정취를 즐기고 싶었기 때문이다. 산마르코 2층 벽면에 그려진 안젤리코의 「수태고지受胎告知」는 정말 일품이었다. 여러 미술관에서 '고지'를 보았지만 이 벽화는 정말 감동적이다.

안젤리코의 작품은 구도가 단순할수록 좋아 보인다. '고지'의 작가로서 안젤리코가 가장 적합하다는 생각마저 든다. 그의 작품은 일반적으로 담채색이고 평면적이다. 그의 작품을 들여다보면 투명하리만큼 청정한 순수함, 모든 정열로부터 자유로워진 내면성 같은 것을 느낀다. 이는 어쩌면 소박하고 경건한 심정의 소산인 것인지도 모른다. 청결하기 이를 데 없는 수도원 안뜰에 핀 순백의 화초 같은 그런 느낌이다.

세속적인 오예를 모르는 동녀의 아름다움이다. 가련한 서정시적 풍정이라고나 할까. 안젤리코의 그림은 미술관 안에서 보다는 이처럼 수도원의 정밀靜謐한 승방에 놓고 보아야 제 맛이 나기 때문에 여기에 그대로 둔 것인지도 모른다.

그의 작품은 너무나도 순수하기 때문에 담백하고 애련함마저 느낀다. 이 화가는 심각한 고민이나 회의 같은 것을 경험하지 못한 게 아닐까? 작품을 깊이 감상할수록 그런 생각이 든다. 과연 오염을 모르는 '천동적천사天童的天使'다.

안젤리코는 68세까지 주로 이곳 피렌체에서 살았다고 하는데, 그의 작품에 어떤 발전이 있었는지 잘 모르지만, 그의 회화를 보고 느낀 인상은 일생 동안 큰 변화 없이 살았던 것 같다. 그만큼 동녀적인 순수함과 선량함, 그리고 겸허함을 감득하게 된다. 그는 영원의 서정시인 이었던 것 같은 느낌이 든다. 아픈 데가 아무는 것도 같았다.

■ 피 흘리는 그리스도

산마르코 수도원은 'Cell'이라는 명칭에 어울리는, 조그마한 창이 하나 있을 뿐 사방이 벽으로 둘러싸인 독방들로 즐비하다. 안젤리코가 그린 십자가의 그리스도 상이 한 독방에 걸려 있다. 이 독방에서 피를 흘리고 있는 그리스도를 우러르며 고행을 했던 수도사들의 의식을 헤아려 본다. 우리의 원죄를 대속하신 주님 감사합니다.

'사보나로오라 운동'이 온 피렌체를 진동시켰던 것은 메디치의 대로렌쏘 시대인데, 이 시기는 피렌체에 있어서의 르네상스의 고조기였다. 보티첼리가 화필을 던질 만큼 심각한 감동을 받았다고 하는데 새삼 르네상스의 의미를 생각하게 한다. 보편적인 종교 개혁으로 발전하지 않았던 '일시 발작적인 것'이었다고 하더라도 그러한 발작을 가능하게 할 수 있었던 가능성을 당시 피렌체의 분위기는 지니고 있었던 것 같다.

단테 시절부터 르네상스 절정기에 이르기까지 피렌체의 예술가들은 곧잘 죽음의 문제에 대해 고뇌했고, 따라서 어딘가 깊은 우수가 있고 엄숙성이 깃들어 있다. 권력과 영광의 절정에 있었던 대 로렌쏘에게도 인간의 어쩔 수 없는 궁극적인 운명에 대한 시적 감흥이 절절했던 것이다. 당시 피렌체의 호화롭고 향락 적인 생활 속에서 그가 인생의 허무를 영탄하는 시를 적잖이 노래했던 것은 한낱 유희 기분은 아니었을 것이다.

얼핏 생각하기에 '르네상스' 하면 매일 매일이 축제의 연속이었던 화사한 시대로만 연상하기 쉽지만 마키아벨리의 '피렌체 사史'를 읽어 보면 화려함의 그늘에는 우수가 가득해 있음을 알 수 있다. 이것이 르네상스, 더군다나 '꽃의 도시'라고 일컬었던 피렌체였던가 하고 충격마저 느끼게 된다. 그 무렵에도 전쟁과 당쟁이 연속적으로 일어났던 것이다. 안젤리코 등의 회화가 베네치아파와는 달리 색체가 간소하고 화려하지 않을뿐더러 선이 엄격하여 어딘가 강건한 품격을 느끼게 하는 것은 아마도 그런 사회적인 분위기 때문이리라.

아카데미아에서 본 키리코의 반자연주의적인 작품은 신비한 환상을 불러일으키게 했다.

키리코가 마티스를 짓이겼다 해도
대수롭지 않은 일이다.
고갱의 그림은 대단하지만

그를 시인이라고 부르다니
키리코여!
당신의 건재만이 나를 미소지운다.
키리코의 말馬이
아직은 여위지 않았으니
나는 한길을 혼자서 달린다.

이 고장에 흠씬 젖은 화가들이
팔기 위해 짓이긴 화폭을
요란스레 늘어놓은 화랑,
그런 곳들을 누비며
서성대는 것도 싫지는 않다.

졸시 〈키리코여!〉에서

■ 두오모와 세례당

다음으로 두오모Duomo에 들렀다. 〈산타 마리아 델 피오레—꽃의 성 마리아〉—이름에서부터 아름다운 비전을 불러일으킨다. 두오모(성당)를 마주보면 조그마한 팔각으로 된 세례당이 있다. 본시 이 건물이 두오모였다는데, 피렌체가 크게 융성하자 이곳을 세례당으로만 사용하게 하고 본당을 새로 짓게 한 것이다.

13세기에 아르노포의 세계에 의해 착수되어 피사노, 조토 등의 역대 거장들에 의해 15세기에 이르러서야 완성되었다고 하니 이 세례당과 두오모와의 대비는 피렌체라는 도시의 발전사의 축도라고 말할 수도 있을 것 같다.

두오모 완성의 마지막 단계에세 대원개大圓蓋를 세우는 난제를 해결한 부르네레스키의 천재에 새삼 놀라움을 금할 수 없다. 미켈란젤로도 로마의 성 베드로 대원개大圓蓋를 여기서 터득했다고 한다.

두오모는 분홍색 · 녹색 · 백색 등 세 가지 빛깔의 대리석을 조화 있게 붙여놓았기 때문에 너무나도 화려하여 성당으로서의 장엄함이 좀 덜해 보인다.

단테가 세례를 받은 것으로도 유명한 세례당은 또한 기베르티가 만든 부조浮彫의 청동문으로도 유명하다.

두오모와 나란히 조토의 종루가 우뚝 서 있다. 퍽 단조로운 탑이지만 조토의 회화 작품과 마찬가지로 소박, 간결하며 어떤 시인의 표현처럼 이탈리아적 미소를 보는듯한 그런 느낌이다. 영국의 어떤 시인은 '내가 본 것 중, 가장 찬탄할 만한 탑'이라고 노래했던 이 고층탑은 두오모와 더불어 피렌체의 트레이드마크가 되어 버렸다. 아무튼 피렌체는 도시 전체가 예술 작품이요, 박물관 같은 느낌이다. 다시 오길 잘했다. 우피치여 고맙다.

예술적 영감의 고장

■ 정 넘친 작풍

피렌체 못지 않게 베네치아는 미술의 보고다. 산마르코 미술관을 비롯하여 두칼레, 코레르, 아카데미아 등 숱한 미술관이 산재해 있는데, 그 중에서도 14~15세기의 베네치아파 미술의 총 콜렉션인 아카데미아 미술관의 규모는 대단하다.

이튿날, 나는 아침 일찍 아카데미아 화랑을 관람했다. 여기서 비로소 베네치아에서 태어난 창작품을 처음 대하는 것 같은 느낌이었다. 지오르지오네, 티치아노, 틴토레토 베로네제, 베리니 형제 등, 베네치아파의 전모를 보면서 미술사상 피렌체파와의 현저한 성격적, 유형적 사위점을 이해하게 되었다.

피렌체파의 선화적인 성격에 비해 베네치아파의 그림은 한결 색채적인 데가 있다. 이는 한갓 기법상의 상위만이 아닌 그 배후에 깔린 심성적 성격의 차이 같은 것도 있어 보인다. 전자는 지적 · 과학적인 심성임에 비하여 후자는 훨씬 정의적이다. 피렌체의 화가들은 과학자적인 기질이 있어 과학자를 겸한 화가도 있었지만 베네치아의 화가들에게는 그런 객관성이 별로 없어 보이며 대체로 주정적이다.

베네치아는 해상 왕국으로 본시 '모험자'의 나라였다. 이 나라의 총독은 무장적이어서 피렌체의 메디치처럼 계수에 밝은 합리적인 사고의 소유자가 아니었다. 모험가는 축적자가 아니라 향락자인 것이다.

여기서 본 베네치아파의 작품들은 일반적으로 어둡고 무거워 보이는 색조였는데, 본래는 호화찬란했다고 하는데, 베네치아와 함께 작품도 노쇠화한 것 같다.

나는 그 동안 전형적으로 티치아노와 베로네제의 작품을 통해 베네치아파의 특성을 상상해 왔으나 이번에 이곳에 와 그 생각이 잘못이었음을 깨닫게 됐다. 어느 유파건 역사적 생성과 다양함이 있으므로 하나의 유형으로 못 박아 틀에 넣을 수는 없을 것 같다.

베네치아의 화풍은 확실히 남방 바로크의 전형이긴 하지만, 나는 이들 화가의 작품 못지 않게 그들의 작품을 통해 '영광의 시대'의 베네치아 생활과 상황을 생생히 느끼게 되었다는 점에 더 흥미를 느꼈다. 장대한 화면, 풍만한 색채, 구도의 화려함 등이 화가들의 개성이기에 앞서 이시대의 베네치아 그 자체였으리라는 생각이 든다.

아카데미아 소장품에는 화가의 내적 동기나 의미가 별로 없어 보인다. 그보다는 오히려 정치적 또는 사회적인 선전물로서의 뜻이 강해 보인다. 실제로 그들의 작품에는 베네치아 제례나 행사, 그리고 행렬, 외국사신의 도착 광경 등 베네치아 공공적 주제가 지배적이라는 인상을 받게 된다. 교회의 교화적인 화면에서 도시 생활의 풍속화로 바뀌고 있다. 예술 작품을 통해서 그들은 공공적 애국심을 선양시키려 했던 것 같다.

아카데미아에서 나와 선착장 옆 벤치에 앉아 유난히도 운치 있어 보이는 운하에 도취되어 있는데 영국인풍의 한 화가가 스케치에 여념이 없었다. 옆에서는 부인이 독서를 즐기고 있었다. 런던에서 본 조셉 터너와 제임스 휘슬러가 그린 '베니스' 풍경화가 머리에 떠올랐다. 그 생각 때문에 그 화가가 영국인으로 보였는지도 모른다. 외국인이 그리는 베네치아는 대개가 질푸르거나 황혼 속의 뭉게구름 등 강렬한 색조들이다.

타는 듯 강렬한 풍경은 '옛날의 베네치아'이고 지금은 구름과 바다도 퇴색되어 있는 듯싶다. 터너나 휘슬러 시대에는 이 도시가 문인, 예술가들이 운집하던 중심지였지만, 오늘날과 같이 예술가가 기초奇峭한 이데아를 좇은 시대에는 베네치아 같은 도시는 이제 통속적인 관광의 도시일 따름이다.

40여 년 전 세계시인대회에 참석차 조병화 시인과 함께 이 고장에 왔던 때가 문득 생각난다. 그때 강가에 앉아 있었던 조 사백은 생각에 잠겨 있다가 문득 화구와 화필을 꺼내더니 내 옆얼굴을 스케치해 주었다. 그 날의 호젓한 풍경과 함께 길이 잊지 못할 추억거리를 하나 더 간직하게 된 셈이다.

■ 문호文豪들도 매혹되어

베네치아는 미술의 도시일 뿐만이 아니라 문학의 도시이기도 하다. 영국의 세계적 문호 셰익스피어의 「베니스의 상인」을 비롯하여, 전술한 토마스 만의 「베네치아에서의 죽음」, 그리고 에즈라 파운드에 이르기까지 이 도시를 배경으로 한 문학 작품은 헤아리기 어려울 정도로 많다. 그러니까 베네치아에 온 문인이면 누구나 이 도시를 소재로 하여 작품을 쓰고 싶고, 또 으레 써 왔을 만큼 이 도시는 시인이나 소설가를 매료시키는 그 무엇이 있다고 하겠다.

『르몽드』 지에서는 얼마 전 이 도시가 준 문학적 인스피레이션이 어떠했던가에 대해, 그리고 어떠어떠한 시인 작가들이 이 베네치아에 와서 '매혹의 절정'을 안고 갔고, 무엇을 어떻게 보았던가를 심층 분석해서 특집으로 다룬 바 있다. 이 고장을 다녀간 시인, 작가들이 거의 다 관광객으로 왔거나 아니면 관광 안내서에서 암시를 받고 상상의 날개를 피고는 했었으리라.

위의 잡지에 의하면 이곳 베네치아에서 문학적 영감을 얻은 사람으로 괴테, 푸시킨, 데오필트 고띠에, 조르쥬 상드, 바이런, 마르셀 프루스트, 보리스 파스테르나크, 메어리 매커디, D.H.로렌스, 어네스트 헤밍웨이 등을 들 수 있다.

에즈라 파운드는 영국에서 정신병을 고치려고 요양 차 이 도시에 왔다가 체류 중 사망했으며, F.니체는 이 고장에서 정신병을 얻어 고향으로 되돌아가기도 했다. 그 당시 니체가 머물렀던 집은 지금 시립 카지노란 커다란 표지판에 가려 있어 초라하다.

산마르코 성당이나 대궁전의 돌과 대리석 등에서 누구나 황혼의 절정감을 느낀다. 「베네치아의 들」을 쓴 존 러스킨은 그의 이 저서에서 이런 말을 했다.

……우리세계를 변화시켜 온 최근의 몇 해는, 베네치아로서는 과

거 5백 년 동안 겪어 온 시련보다 더 가혹했을 것이다. 베네치아의 겉 모습은 너무나도 매혹적이어서 여행자는 최초의 현란함이 소멸되지 않고 있는 이 도시를 떠나기에 앞서 그 원형에 겸허의 눈을 떴다가 깊은 황폐감 때문에 눈을 감을 것이다.

환상적인 물속 도시水中都市, 베네치아

■ 「우리의 바다」 지중해

지중해를 고대 로마 사람들은 '우리의 바다'라고 불렀다. 대형 삼단 조의 가례선으로 지중해 연안 제국을 차례차례 정복해 나갔던 그들이니까 지중해가 아마도 그들의 내해처럼 여겨졌을 것이다. 하지만 그뿐만은 아닌 무서운 대자연, 적대하는 바다로서가 아닌 무엇인가 친근미를 갖게 하는 그런 의미도 거기에는 내포되어 있어 보인다.

고대 로마인들이 본격적인 활약을 시작하기 몇 세기 전, 이미 지중해 연안 각지에 식민지를 건설하고 있었던 고대 그리스인들은 해양민족이었다. 지중해를 '포도 빛깔의 바다'라고 노래했던 것은 그들의 시인 호메로스다.

서기 5세기에 서로마제국이 무너지고 유럽은 오랜 세월 동안 중세시대에 접어들게 되는데, 8세기경부터 이미 이탈리아 상선은 지중해에서 종횡무진 활약을 하기 시작했다. 베네치아, 제노바, 피사, 아마르피 등 네 공화국의 상선은 사라센 해적의 습격을 받아 가면서도 오리엔트 유럽 제국간의 교역을 활발히 전개했다. 지금도 이탈리아 해군의 군기에는 홍 · 백 · 녹의 국기 한가운데에 이 네 공화국 문장이 붙여져 있다. 바다를 두려워하지 않았던 선조들의 용기를 기리기 위해서라고 한다.

「베네치아에서 죽다」에서 토마스 만은, "베네치아에는 바다로 가야 한다."라고 했다. 그 충고에 따라 나는 이 도시를 키오지아에서 연락선을 타고 갔는데, 토마스 만 말마따나 베네치아는 정말 '환상적인 미녀' 같은 도시임을 실감했다.

배가 가까워짐에 따라 높은 탑이 보이고 이어 엷은 장밋빛에 빛나는 두칼레궁전 둥근 지붕의 둔중한 산마르코 사원이 눈에 들어온다. 종소리가 파도를 타고 은은히 들려온다. 오랜 항해 끝에 이렇게 아름다운 광경을 바라보며 입항했던 옛 베네치아인의 벅찬 감회를 이해할 듯싶다. 또한 오리엔트 사람들이 유럽을 방문했을 때, 맨 먼저 시야에 들어오는 광경이 바로 이 잔잔한 파도 위의 도시다. 얼마나 다행한 일이었던가.

하지만 나의 두 번째 베네치아 방문은 세계시인대회에 참석했던 일행과 함께 아펜니노 산맥을 넘어 보로냐를 거쳐 유럽 굴지의 곡창지대인 광대무변한 평야를 가로 질러 차를 탄 채 건너갔다.

■ 믿을 수 없는 아름다운 여인

산타 루치아 베네치아 역 근처 호텔에 우선 여장을 풀고 우리 일행은 곧 라구나 주상洲上의 '물속의 도시' 베네치아를 수상水上 버스 바포레토Vaporetto로 산마르코 광장에 이르렀다. 15개의 운하, 그리고 4백여 개의 다리로 이룩된 베네치아는 하늘빛이 물에 비쳐 미묘한 빛의 반사로 토마스 만이 묘사한 것처럼 '믿을 수 없는 미녀'같은 알 수 없는 매력이 있다.

이 도시에 와서도 룸메이트가 된 주영하 박사도 이 도시는 "언제 와 봐도 새롭게 느껴진다."고 찬탄했다.

문명 도시 가운데 차 한 대도 달리지 않는 유일한 이 도시는 아무런 부담 없이 거닐 수가 있고 또한 그 때문에 옛 도시의 면모를 고즈넉이 지니고 있다. 그리고 이 물의 도시에는 중세 르네상스 이래, 동양과 서양의 만남의 자리로서 이를 버무린 독특한 예술을 잉태시켰다.

'세계에서 가장 아름다운 광장'이라고 이곳 사람들이 자랑하는 산 마르코 광장은 '푸른 하늘에 장식된 대살롱'같은 몽환적인 분위기가 감돈다. 17세기의 카날레토가 그린 산 마르코 광장 그림과 조금도 다름없는 옛 그대로 간직되어 있는 고풍스런 이 광장은 주열柱列의 회랑回廊에 둘러 싸여 있는데, 카페 테라스에서 악사들이 연주하는 음악을 들으며 커피 한 잔을 마시면 8천리라(한화로 약 5천원)의 커피 값이 아깝지 않을 정도로 로맨틱한 무드에 젖는다.

비둘기 떼로 요란한 광장 서북쪽에는 15세기 말에 세워졌다는 종탑이 있고, 그 왼쪽에는 2인상이 치는 시계탑이 있다.

산마르코 사원은 로마네스크와 비잔틴양식을 혼합한 건축물이지만 다섯 개 지붕圓蓋은 모두가 동방적이다. 11~15세기에 걸쳐 건조된 역사로 복음 전도자 마르코(마가)의 유골이 봉납된 성당이다. 정면에는 동방적인 이치가 있고 상부에는 모자이크화가 있으며, 테라스에는 기원전 3세기에 만들어졌다는 네 개의 금동제 말이 있다.

천정의 돔에는 13세기에 제작된 베네치아 비잔틴풍의 모자이크가 휘황하고 황금과 칠보로 장식된 황금의 제단[pala a oro]은 어둠속에서도 눈부시다.

산마르코 사원 오른쪽에는 베네치아에는 가장 훌륭한 건조물인 두칼레 궁전이 있고 궁전 대회의실에는 틴토레토작인 세계 최대의 유채화 「천국(22×7미터)」이 있다. 궁전 뒤쪽에는 운하 건너에 '포찌pozzi'라는 이름의 감옥이 있고, 그 유명한 '한숨의 다리'로 건너갈 수 있다. 하지만 옛날에는 국사범들이 이 다리를 건너가면 평생토록 햇빛을 못보게 된 그런 슬픔의 다리이기도 했다.

산마르코 광장에서 골목길을 굽어돌아 북쪽으로 한참을 가면 유명한 리알토 다리에 이른다. 1592년에 건조된 길이 48미터, 폭 22미터의 이아치형 다리는 광장 포스터에 으레 나오는 베네치아의 트레이드마크이기도 한데, 위쪽에는 점포가 늘어서 있고, 다리를 건너면 과일, 야채가게가 이채롭다.

나는 이름 모를 이 고장 과일을 이것저것 사먹으며 시장을 섭렵했다.

리알토 다리 밑에서 수채화를 몇 장 그렸다. 그리고는 그 옆 카페에서 빨간 리본 달린 모자를 쓰고 노란색 줄무늬셔츠를 이은 곤도라 사공과 담소하며 이 지방산 와인을 즐겼다. 귀로에는 지름길을 택하지 않고 S자 모양의 카날그란테(대운하)를 따라 완행 바포레토를 타고 유명한 산타 마리아 델라 살루테 교회, 레쪼니코, 카 포스카리, 코르네르스핀네리, 페사로 궁전 등을 감상하며 유유히 흘러 내려 갔다.

「최후의 만찬」의 감동과 이탈리안 스파게티

■ 실감實感나는 명화名畵

다가올 운명을 전혀 알지 못하는 제자들은 화기애애하게 만찬을 즐기고 있는데, 그리스도는 조용히 중얼거리듯 한 말을 던진다. 창졸간에 장내는 숙연해지고 제자들은 자기 귀를 의심한다. 얼어붙은 듯 긴장된 침묵이 흐른다.

그 다음 순간 장내의 공기는 진동하면서 소란해진다. 세기의 명화 「최후의 만찬」은 바로 그 다음 순간을 포착한 것이리라. 이 화면을 통해 이 극적인 과정의 전체를 느낄 수가 있다. 하나의 공간적인 화면에 시간적인 온 경과가 이렇게도 잘 표현될 수 있을까. 시간적으로 전개되는 교향곡을 순간적으로 표출했다고 하는 모차르트와는 역逆이 되는 천재성을 감독케 된다.

실화実画을 자세히 들여다보니 화면은 동일한 순간만이 아니라 예수 그리스도를 중심으로 한 파문이 좌우로 확대되어 옮아가는 듯한 그런 느낌이다.

예수의 주변에 있는 좌우 제각기 세 사람의 무리와 량단兩端의 무리(역시 각 세 사람)는 그 '시추에이션'이 사뭇 다르다. 스승을 향하여 좌측에 있는 유다는 놀란 듯 스승의 눈치를 살피고 있으며 유다의 배후에서 요한의 어깨에 손을 얹고 있는 베드로는 요한에게 믿기지 않는 스승의 말씀을 헤아려 보고 있는 듯이 보인다. 그 왼쪽의 안드레는 다만 전율하고 있고 다음 자리의 두 사람은 벌떡 일어섰다. 예수 그리스도 오른쪽에 있는 야곱과 빌립보는 진솔하게 감정을 표백하고 있는데, 오른쪽 끝의 마태 등 세 사람은 회의에 빠져 있는 듯 하고 오른쪽 끝의 시몬은 침통한 모습이다.

이처럼 격동하는 파동을 중심으로 하여 의연히 앉아있는 그리스도는 다만 체념과 우수憂愁 속에 조용히 두 팔을 탁자 위에 벌리고 있다. 제자들의 물음에 대해 다만 묵묵히 체념의 손을 펼치고 있을 따름이다.

이 만찬도의 화면에서는 그리스도의 말씀은 혼잣말처럼 조용히 중얼거리는 듯싶다. 무심코 식사하고 있다는 자에게는 들리지도 않을 만큼 낮은 목소리인 것 같다. 준열함이나 노여움은 전혀 없고 제자들의 빗발치는 물음에도 묵묵부답했음이 화면에서 충분히 간취된다.

복음서에는 예수께서 대답한 것으로 기록되어 있지만, 이 그림에서처럼 묵묵할 뿐 대답을 하지 않았다고 보는 편이 전후 사정으로 보아 합리적이며 심리적으로도 타당성이 있다. 대답하지 못하는 스승을 둘러싸고 제자들은 우울한 침묵을 지켜본다. 주님의 등 뒤 창문을 통해 사양斜陽의 잔조殘照가 흘러 들어온다. 방 안에는 이미 황혼이 깃들고 있다.

괴테의 유명한 이 만찬도의 기술에 의하면 입구는 본시 벽화의 측면에 있었다는 것이다. 방 안에 들어오면 정면에 쾌원장僧院長의 식탁이 놓여있고 그 양쪽에 수도승들의 식탁이 즐비해 있다. 자리에 앉아 뒤돌아보면 거기에는 예수 그리스도와 사도들이 만찬 식탁에 앉아있다. 방안의 구조에 맞춘 완전한 원근법에 의해 화면이 아닌 입체적인 실체가 되어 있다. 완전히 과학적으로 계산되어 있는데다가 엄숙함, 삼엄함, 장엄함 등을 지니면서 이를 대하고 있는 자에게 다가서는 박진감, 실용적, 교훈성을 이 그림은 지니고 있다. 그리하여 거기에는 희극 정극적定極的으로는 종교적인 분위기를 지닌 정밀성靜謐性이 지배하고 있다. 미적인 구도의 통일성이나 긴밀성 역시 완벽하다.

■ 스파게티도 여러 가지

나는 다시 밀라노 시대에 들어와 브레라 미술관에 들렀다. 15~18세기에 걸친 롬마르드디아파의 그림이 거의 망라되어 있다. 만테리아의 「죽어가는 그리스도」는 과연 명화였다. 기묘한 구도와 생생한 박진력이 있어 매우 강한 인상을 받았다.

미술관을 나와 그 근처에 있는 스칼라 극장 겉 모양을 구경한 후 레오나르도 다빈치 기념상을 지나 갈레리아 비토리오 에마누엘레의 레스토랑에 앉아 '밀라네재 스파게티(밀라노풍風의 스파게티)'를 주문했으나 웨이터는 고개를 갸웃거리면서 "어떤 스파게티지요?"라고 다시 물었다. 내 이탈리아어 발음이 좋지 않나 싶어 다시 '밀라네재 스파게티'라고 큰 소리로 말했으나 웨이터는 알 수 없다는 듯이 어깨를 으쓱해 보이더니 영어를 말하는 웨이터를 대신 보냈다.

나는 스파게티에 미트 소스를 친 것을 달라고 말했더니 그제서야 납득이 간 듯 "아, 스파게티 보로네제(보로냐 풍)말이군요." 하며 우리가 한국에서 흔히 먹는 스파게티를 가져다주었다. 나중에 안 일이지만 이탈리아에는 스파게티의 종류가 엄청나게 많다. 단테나 미켈란젤로의 이름은 몰라도 스파게티나 마카로니를 모르는 한국인은 거의 없을 것이다. 이탈리아하면 '오 쏘레미오'나 '스파게티'를 누구나 먼저 연상하게 된다.

하지만 스파게티가 어떠한 역사를 지니고 있고 얼마만큼 사람들에게 애호되고 어떠한 요리법이 있으며 그 종류가 얼마나 되는지에 대해서 아는 사람은 그리 많지 않다. 그건 한국 사람에 한限한 얘기는 아니다. 이탈리아 이외의 나라에서는 대체로 이 유명한 이탈리아 요리에 대해 무지한 편이다. 이런 얘기가 있다. 영국의 BBC 방송이 만우절날 스위스의 루가노 지방의 봄 풍경을 취재한 프로에서 스파게티가 주렁주렁 늘어진 과수원을 방영했다. 이튿날 BBC 방송 교환대는 시청자들로부터 스파게티나무를 어떻게 구입할 수 있는가, 그 나무가 영국에서도 자랄 수 있는가 등 문의가 쇄도해서 교환양이 진땀을 뺐다고 한다.

이곳 레스토랑에서 배운 것이므로 정확한 것인지는 잘 모르겠지만, 이탈리아에서는 국수 종류를 총칭하며 파스타라고 하고 굵고 가운데 구멍이 뚫린 것을 마케로니(우리나라에서는 마카로니), 가는 것을 스파게티라고 한다는 것이다. 이를 세분하면 페토치네, 타리아타리, 토르테리아니, 라비오리, 카네로니, 라자니아 등 수십가지가 된다. 여기에 요리법에 따라 그 명칭이 세분된다. 이탈리아를 여행하면서 스파게티 맛에 반한 바이런은 그의 시에서 '사랑의 묘약'이라고 표현했다고 하는데, 그 후 영국에서는 스파게티 온 토스트가 별미로 애호되기에 이르렀다고 한다. 뒤이어 미국에서는 로스트 스파게티가 유행되고, 그 밖의 나라에서도 다투어 가며 스파게티 요리를 자기나라 미각에 맞게 개조해 나가고 있다.

나폴레타노

■ 아푼다멘트 에라스티코

'나폴레타노'라고 하면 스파게티나 피자의 나폴리풍(스타일)만을 말하는게 아니다. 태양을 즐기며 느긋하고 여유 있게 인생을 영위하는 나폴리 기질 등도 포함하는 말이다.

나폴리는 겨울에도 춥지 않고 일 년 내내 온화한 날씨가 계속 된다. 따라서 값이 비싼 겨울옷을 준비할 필요도 없고 야채, 과일이 풍성하므로 애써 돈 벌 필요가 없고 적당히 살며 인생을 즐긴다.

해안 도로를 걷다 보면 남정네들은 끼리끼리 모여 친구를 기다리며 카페에서 잡담을 나누는 광경을 흔히 볼 수 있다. 아홉시의 약속인데도 제 시간에 모이지를 않는다. 1시간 만에 두어 사람, 두 시간이 지나도 서너 명, 다 모일 때까지 그들은 몇 시간이고 기다리며 얘기의 꽃을 피운다. 이따금 시계를 보는 녀석이 있기는 하지만 아무도 신경질이나

화를 내지 않는다.

이와 같은 분위기는 여행자들에게는 물론, 밀라노와 같은 북부의 공업도시에서 온 같은 이탈리아 사람들에게도 이색적인 모양인지 나폴리 사람들의 인생관을 적절히 나타내는 일화가 여러 가지 있다. 밀라노에서 관광차 여행은 사랑이 길모퉁이에서 햇빛을 쬐면서 지나가는 행인들을 쳐다보고 있는 나폴리 사람에게는 "편히 앉아있지만 말고 일을 좀 하시오."라고 말을 걸었다는 것이다.

나폴리 사람이 "일은 해서 무엇합니까?"고 물으니 밀라노사람이 "돈을 벌면 나처럼 여름에는 피서를, 겨울에는 피한을 위한 바캉스를 즐길 수 잊지 않소?" 하면서 제법 거드름까지 피웠다는 것인데, 여기에 대한 나폴리 사람의 대답이 걸작이었다. "당신은 일 년에 고작 한두 번 바캉스에 만족하는 모양인데 나는 일 년 열두 달을 모두 기후 좋은 나폴리에서 지내고 있으니 일 년 내내 바캉스라오."

이처럼 느긋한 나폴레타노는 여유로워 누군가는 '느림의 미학' 운운하며 치켜 올리기도 하지만, 약속 시간을 너무나도 지키지 않는 나폴리타노는 겪어보지 않고는 실감이 나지 않으리라.

나는 안델모 교수의 소개로 한국에 유학 오고 싶어 하는 한 여대생을 기다리고 있었다. 1시간까지는 그래도 주위의 아름다운 풍광 때문에 시간가는 줄을 몰랐다. 하지만 두 시간이 지나자 슬그머니 화가 났다. 그리고 얼마동안 더 기다리다 나는 시아닌 시 한편을 즉흥적으로 써서 메모판에 놓고 나왔다. 그녀가 이해하든 못하든 상관치 않고…… (그녀는 한글 공부를 1년 남짓 했다니까).

사람들은 붐비지만
기다리는 사람은 오지 않는다.
코리안 타임보다 한결 심하구나
Apundamento Erastico
지쳐버린 히스테리아

피아세타 테라스에서
멀리를 바라본다
산타 키에라 성당 너머
멀리 멀리
더 더욱 멀리

그녀는 오지 않고
마음은 돌아 섰다

풍경이 지척인 듯 잡히는데……

그 이튿날 그녀는 불가피한 사정이 있었다고 극구 변명했지만, 나는 그 유학지망생을 돕지 않았다. 지금 생각하면 지나치게 옹졸했다고 후회되긴 하지만 나폴레타노를 그 당시에는 이해하지 못했었다.

나폴리 사람들을 만나려면 정말 느긋한 마음가짐 없이는 어렵다. 그들은 조금도 죄책감 같은 것을 느끼지 않는다. 천하태평이다.

1시간 쯤 기다리는 것은 예사다. 오랜 동안 기다릴 수 있는 인내심이 없다면 나폴레타노와 사귈 자격이 없다. 그들 간에도 '느긋한 기다림의 자세'로 나폴리아노 타임을 인내해야 한다는 뜻의 '아푼다멘토 에라스티코'란 말이 있을 정도다.

나폴리타노는 잡초처럼 질기기로도 유명하다. 역사적으로 볼 때에도 나폴리는 적군이 공격해 오면 저항을 하지 않고 순순히 백기를 들고 항복하고 만다, 필사적인 레지스텀스 같은 것은 생각할 수조차 없다.

적군이 입성하기 전에 왕은 항상 이스키아 섬으로 피신하여 사태를 관광한다. 나폴리 시민들 역시 저항은 않지만 은근히 사보타루를 하면서 정복자가 자멸하기만을 기다린다. 나폴리를 점령했던 스페인인도 프랑스인도 제물에 지쳐 스스로 물러나 버렸다.

나폴리인에게 있어 이데올로기란 빛나는 햇빛, 푸른 바다, 맛있는 스파케티와 그들에게는 주의주장 보다는 인간의 개인적 매력이 이탈리아의 저명한 시인 에드와도 필립보가 지적했듯이 "나폴리의 기적과 비밀은 기대와 실패를 조종할 수 있는 능력과 고통을 기도로 극복하는 힘과, 그리고 말없이 천천히 일고 있는 혁명의 열병에 있다."는 말을 실감할 수 있다.

나폴리 대학에서 볼 일을 끝내고 로마로 돌아가려고 나를 돌보아주던 여학생에게 나폴리로 가려면 어떻게 해야 하느냐고 물었다. 그녀는 내가 묻는 말에는 대답하지 않고 딴전을 부렸다.

"시뇨리아, 이 좋은 고장을 두고 어디로 떠나세요. 역보다도 유명한 피자집이나 제라도(아이스크림) 가게를 알려달라면 일러드리죠. 노자가 모자라시면 제가 한턱 낼 수도 있어요."

"누가 나폴레타노가 아니랄까봐, 쯧쯧."

얄밉게 굴어도 밉지 않은 게 나폴레타노의 매력이다.

위험 많은 관광 왕국

■ 첫 번째 도난 사고

이탈리아에서의 도난 사고는 비단 나폴리 등 남부 이탈리아에 한하지 않는다. 정예 도적들이 외국 관광객이 많은 로마로 원정 오기 때문에 로마에서 대형 도난사고가 잦다.

80년 후반의 얘기다. 내가 운영하던 문예지의 동인들을 인솔하고 유럽문학기행을 하던 중이었다. 해외 자유 여행이 허용 된지 얼마 안 되어서 일이었으니까, 모두들 들떠 있었다.

단원들이 많기 때문에 로마에서도 관광버스를 대절했다. 바티칸을 돌아 옛 올림픽 경기장, 콜로세움을 주유하면서 한껏 로마에 매료된 회원들은 카라카라 욕장 근처의 레스토랑에서 이탈리아의 명물 스파게티를 먹으면서 담소하고 있었다. 이탈리아 정식 요리에 있어서는 스파게티란 스프 정도에 해당한다. 그 후의 코스로 고기와 생선이 으레 나온다. 거기에다 에스프리소나 비엔나커피와 과일, 디저트까지 '풀 코스'를 모두 마치고 나니 1시간 반이나 걸렸다.

몇몇 회원이 먼저 일어나 버스에 올라탔다. 그리고는 비명소리가 들려왔다.

"아니 내 카메라가 없어졌어, 비싼 건데……."

"내 녹음기도 없네, 어쩌지……."

여성 회원들의 비명에 가까운 울부짖음이었다.

모두들 버스로 뛰어 갔다. 가방을 도난당한 회원은 패스포드까지 분실되기도 했다.

"독일에서의 버스 관광여행 때는 이런 일이 없었는데……." 하며 버스를 비운 채 운전수, 안내양 할 것 없이 점심을 같이 한 것을 탓해 보았지만 사후약방문이었던 기억이 새롭다.

■ 두 번째 P와 Q

이장은 십수 년 전의 나의 쓰라린 체험기다. 따라서 나는 이탈리아, 특히 로마에 들릴 때마다 긴장을 하게 된다. 영국 한 친구가 영국여행에서는 '플리스……'와 '엑스 큐스 미' 등 P와 Q에 유의해야 하지만 이탈리아에서는(특히 남성들은) '핌프(Pimp, 뚜쟁)'와 '프로스티튜트(Prostitute, 매춘녀)'의 P를, 그리고 '퀴어(Qveer, 변태 성욕자)'의 Q를 조심해야 한다는 말을 늘 명심하게 된다.

피렌체에서의 세미나에 참석하기 위해 로마에 도착했을 때의 일이다. 토리토네의 한 페시온네(여관)에서 숙박한 다음 아침 식사를 마치고 산책을 하고 있었다. 이 거리는 번화가지만 이른 아침이어서 인기척이 드물었다.

'이탈리아 여성은 모두 마돈나이고 남정네는 모두 테너가수 같더라.' 고 어느 신문기자가 말했듯이 특히 로마나 밀라노 여성들에게는 미인이 많다. 머리칼도 검고 키나 몸짓도 동양인에 가까워 친근감을 느낀다. 실은 그런 미인이 지나 가기를 기대하고 산보 길에 나섰는지도 모른다.

그런데 한 젊은이가 미나 카를 타고 유창한 미국식 영어로 나를 불렀다.

"일본인인가요?"

아니라고 손을 저었더니

"그럼 한국인이군요. 지금 영국항공사에 가는 길인데, 혹시 어느 쪽인지 아세요?"

요즘에는 우리나라도 일본인 못지않게 로마를 많이 찾고 있기 때문에 대개 이렇게 묻게 마련이다.

나그네이기 때문에 잘 모른다고 대답했으나 오랜만에 미국식 영어를 들으니 우선 반가워 방심한 게 잘못이었다.

"한국분인 줄 알았어요. 일본인보다 골격도 크고, 더 핸섬하니까요?" 라고 칭찬을 한 다음 공군에 복무할 때 오산 기자에 1년가량 있었다고 반가워하면서 어디를 가느냐고 내게 물었다. 오산에 근무했었다는 바람에 나는 더욱 방심해 버렸다.

나도 대한항공에 들릴 일이 있어서 어쩌다가 그만 동승하게 되고야 말았다. 어렵사리 두 항공회사를 찾았으나 휴일인지 문이 굳게 닫혀 있었다. 이 젊은이는 이 근처 올림픽 항공 터미널 지하에 그리스티(■)를 파는 곳이 있는데, 전형적인 그리스 미인이 서비스한다면서 들렀다가자고 제의했다. 티하면 영국이나 중국 아니면 세이론인데 그리스 티는 처음 들어보았지만, 그리스 미인이 있다는 바람에 호기심이 생긴 게 잘못이었다.

티룸에 들어가자 정말 그리스적 분위기의 미인들 셋이 우리를 반갑게 맞이해 주었다. 모두 허연 가슴이 다 들여다보이는 요염한 블라우스에 미니스커트 차림이었다.

그 순간, '아차 여기는 티룸이 아니로구나.' 하고 두려움이 앞섰다.

물론 처음에는 티잔이 탁자에 놓였다. 하지만 차를 미처 마시기도 전에 샴페인 한 병이 놓였다.

"노 샴페인, 노, 노."

하고 나는 큰 소리로 말했으나 순간 '퐁' 하고 마개가 천정높이 치솟았다. 기왕 그렇게 된 거, 한국인의 체면이 있지 않고 'OK' 하고야 말았다. 또 실수를 한 것이다.

풍만한 앞가슴에 압도되어서였는지 나도 잘 모르겠다.

"이런 미녀들하고는 할 수 없지요. 나도 한 병……."

하며 젊은이는 또 한 병의 샴페인을 터뜨렸다.

이렇게 해서 이 날 대낮인데도 톡톡히 바가지를 쓰고 내색도 못한 채 그 녀석의 미니 차로 호텔까지 돌아왔다. 녀석은 나를 내려놓고 "땡큐."하고 떠나면서 명함 한 장을 내게 건네주었다.

녀석이 떠난 다음에 명함을 보니 이름이 George Chakiris 이었다. 순간 나는 고소苦笑를 금치 못했다. 당시 유명했던 미국의 그리스계 스타였으니 말이다.

나는 억지로 자위하기로 마음먹었다. 그래야만 내 마음이 편할 것 같아서였다. P에는 넘어갔지만 Q에는 넘어가지 않았으니 말이다. 그리고 이 녀석의 유머 감각도 사주기로 했다. 명함에 적힌 전화번호를 눌러보았으나 예상했던 대로 불통이었다. 하지만 이번 여행은 아무런 걱정도 없고 그저 마음 편하고 자유롭기만 하다.

로미오와 줄리엣, 그리고 코모 호반湖畔

명작통 원형의 모색

로마 시내에 흩어진 숱한 관관官館, 사탑寺塔, 분천噴泉, 폐허廢墟 등 수 천년의 유적 가운데 피아싸 · 바르베르니라는 이름의 광장은 안데르센의 즉흥시인卽興詩人 탓인지 문학하는 나로서는 가장 친근감을 느끼는 고장이다.

「즉흥시인卽興詩人」을 읽고 주인공 안토니오에게서 느끼는 친근미와 그 문장의 매력은 몰론 이번 유럽 지난번의 문학 기행보다 미술 기행을 위주로 한만큼 이탈리아의 자연과 고적이 풍윤하게 묘사되어 있고, 이와 같은 이탈리아적인 것이 안토니오의 감회 속에 버무려져서 생활 속에 용태되어 있음을 느끼게 된다.

「즉흥시인卽興詩人」에 나오는 고장을 발 딛을 때마다 묘한 감회에 사로잡힌 것은 아마도 나만은 아니었으리라. 축제를 구경시키려고 안토니오를 데리고 갔던 그의 어머니가 그만 마차에 깔려 비참한 최후를 보냈다는 젠싸노 거리를 일부러 찾아본 것도 이 작품의 감동 탓이었다고 생각된다.

코모로 가는 길에 베로나를 찾은 것도 이 때문이다. 셰익스피어가 베로나를 배경으로 하여 로미오와 줄리엣을 썼기에 이 고장 사람들은 서둘러 줄리엣의 집을 작품의 내용에 따라 지었다. 로미오와 줄리엣이 애타게 사랑을 속삭이던 베란다도 설치하고 그 밑에는 동상을 세워놓았다. 이처럼 이탈리아에는 유적과 폐허가 그대로 보존되어 있다.

이런 곳을 보면서 나는 이상하게도 왠지 관대해짐을 느낀다. 그리고 몬내 학정 말기의 불륜不倫, 압체壓剃와 호사豪奢의 활화도活畵圖를 연상하기도 한다. 「쿼바디스」에 묘사된 것과 같은 피비린내 나는 비인간적인 숱한 비극을 생각하면 가슴 아프기도 하다.

하지만 부앙건곤 모두가 흩어진 한 조각 꿈이고 보면 누구를 이제 탓한들 듯 무엇하랴. '칼로 흥한 자는 칼로 멸망하느니라. 세계의 군국주의는 기필코 쿨굴세오처럼 폐허가 되리니, 인간은 저 사악의 날로 가득 찼도다. 생명을 스스로 지켜야 하는 시대가 바야흐로 왔도다.'

십자가의 시대는 이미 지났으며 희생의 피 흘림도 이젠 그만이다는 「쿼버디소」의 한 구절과 아름다울 미美자가 희생양이 큰 것에서 고안된 것을 문득 생각해보면서 아름다움의 의미를 새삼 음미해 본다.

괴테도 「이탈리아 기행」에서 이탈리아의 영광과 그 그루터기, 그리고 그 원형에 대해 많은 얘기를 하고 있다. 괴테는 일찍이 '원형'을 직관한 거장이다. 쉼터는 이를 '이념'이라고 꼬집었지만 괴테는 '경험'이라고 항변했었다. 괴테는 이 기행문에서 레오나르도를 예찬하기도 했지만, 그의 눈은 '원형'을 보지 못했고, 다만 기계를 '직관'했을 따름이라고 지적했다. 즉 레오나르도의 '눈'은 '뇌'으로 사유하는 것이었다고 본 것이다. 괴테는 이탈리아에서 '원형'보기를 배웠지만, 레오나르도는 '원형'을 제대로 보지 못하고 '살아 있는 기계'를 만들어 냈다는 것이다.

레오나르도의 눈은 '손으로 보는 눈'이다. 그로부터는 갈릴레오가 나왔지만, 괴테에 있어서는 그건 '한계가 되는 벽'이었다. 이는 괴테적 우주의 한계이기도 하다.

■ 「무도회舞蹈會의 수첩」과 코모

주영하 박사에게서 들은 흘러간 명화名畵 「무도회의 수첩」의 줄거리를 간추리면 다음과 같다.

추색秋色이 짙어가는 11월, 코모 소수가 우뚝 서 있는 고색창연한 저택은 안개에 뒤덮여 있었다. 이 집 주인인 크리스챤느(분장배우는 바리 벨)의 아름다운 얼굴에는 고적감이 깃들어 있었다. 그녀는 얼마 전 남편을 여의었던 것이다. 남편이 남기고 간 유품과 함께 자기가 지녔던 옛날의 소지품을 정리하다가 우연히 한권의 수첩을 발견한다. 그 수첩은 그녀가 열여섯 살 때. 처음으로 사교계에 발을 내딛었던 기념품이었다. 그 수첩 속에는 옛날 그녀와 더불어 무도회에서 춤추었던 젊은이들의 이름이 적혀 있었다. 그들은 모두가 그녀에게 뜨거운 사랑을 고백했던 사람들이다. 아름다운 옛 추억에 사로잡힌 그녀는 수첩을 더듬어 옛날의 연인들을 찾기로 결심한다.

크리스챤느가 제일 먼저 찾아간 곳이 G.앙드레의 집이었다. 하지만 앙드레는 그녀를 너무나도 사모하던 나머지 고민 끝에 미쳐 죽어버렸다는 사실을 알게 된다.

다음으로 크리스챤느가 찾은 사람은 P.베르디에, 변호사 지망생이었던 그는 지금은 어느 나이트클럽 지배인으로 뒷구멍으로는 나쁜 짓을 하고 있었다. 오랜만에 크리스챤느를 만난 그 옛 정열이 다시 불타오르기 시작했으나 그의 범죄가 탄로되어 형사에게 체포된다.

다음, 크리스챤느는 알프스산으로 올라갔다. 거기에는 옛날의 시인이었던 E.일반인 실연의 상처를 못 이겨 등산안내인이 돼있었다. 지나간 옛정이 그들로 하여금 새 삶을 약속한 순간, 눈사태로 다시 헤어지지 않으면 안된다.

다음으로 크리스챤느는 수도원을 찾는다. 거기에는 아동들에게 음악을 가르치고 있는 노승 알랭이 살고 있었다. 그는 젊었을 때 피아노의 천재였으나 실연 끝에 속세를 버리고 수도원에 들어온 것이다.

알랭과 작별한 그녀는 어느 지대의 허름한 아파트에서 살고 있는 의사 테일리를 찾는다. 그는 주정뱅이인 어느 여배우와 동거생활을 하면서 엉터리 약을 밀매하고 있었다. 환회에 찬 그는 돌연 고질병이 발작되어 발광하고 만다.

크리스챤느는 이어 시골 촌장을 하는 정치가 지망생 프랑소와를 찾았으나 그날이 마침 자기집 하녀와 결혼하는 날이었다.

이렇게 전전하다가 젊은 날의 꿈을 상실한 크리스챤느는 다시 코모호반의 집으로 돌아온다. 그곳에서 자크라는 청년을 만난다. 자크는 수첩의 마지막 이름 거라르의 아들이다. 과거를 회상하며 지금까지 자기가 한 행동이 얼마나 어리석은가를 깨닫게 된 크리스챤느는 지금까지 느끼지 못했던 모성애가 싹트게 된다.

인생의 허무함과 무상을 그린 이 영화가 파노라마처럼 내 눈 앞을 스치고 지나간다.

하지만 그 이튿날 아침 코모 호반에 이르자 옛 영화의 정밀한 장면과는 너무나도 판이한 잡답한 관광도시 풍경이다. 하지만 병마로 할퀸 내 스스로의 모습은 돌이켜볼 기회를 가질 수 있었다. 화사했던 옛 '수첩'을 되새겨 보면서…….

「사람인人」자 형으로 된 장장 50km의 호수를 쾌속선으로 누비면서 그런대로 옛 정취를 조금은 맛볼 수가 있었다. 호반과 산복에 점재點在한 별장들은 너무나도 아름다웠다. 그 중 나폴레옹의 옛 별장은 유난히도 돋보였다.

유럽 문명의 원류, 그리스

■ 아름다움의 파악

라스코의 동굴 벽화를 보면서 구석기 시대 사람들도 어떠한 형태나 색채가 아름답다는 것을 알고 있었으리라는 생각이 들었다. 인간이 아름다움을 향수하고 이를 깊이 느낄 수 있게 된 것은 이처럼 아득한 옛날로부터였으리라.

하지만 뛰어난 예술 작품을 숱하게 창조해 낸 고대 그리스 시대에도 미에 대한 사상이 사상 자체로서 자각적인 모습을 보인 것은 후기에 이르러서부터였다.

소크라테스는 미를 선과 같은 차원에서 파악했다. 플라톤은 궁극의 절대적 존재로서 '이데아idea'를 상정想定하고 가장 순수하고 고귀한 미라는 것도 결국 이데아 이외에 아무 것도 아니라고 주장했다. 꽃이 예쁘고, 자연 풍경이나 인체가 아름다운 것은 감각적, 현상적 미이고 이데아의 반영이기 때문이라고 그는 덧붙였다.

그 무렵에도 예술이라는 개념이 성립되지 못했다. 본시 인공적인 기술을 뜻했던 영어의 'Art'나 독일어 'kunst'가 협의狹義의 예술의 의미로 쓰이게 된 것은 18세기 경 부터이고, 하나의 개념으로 성립되기에 이른 것은 19세기 초엽 괴테의 예술 이상주의 풍조가 풍미하고 난 다음 부터였다.

동양에서 '예술'이란 말이 쓰인 것은 후한서의 〈백가예술百家藝術〉에서 비롯된 것이지만 우리나라에서 서양의 'art'라는 개념으로 사용되기에 이른 것은 아마도 개화기 이후였던 것 같다.

전술한 바와 같이 그리스 시대에는 숱한 아름다운 예술작품을 만들어냈지만 예술이라는 개념은 없었고, 후대의 르네상스 시대에도 마찬가지였다. 다만 그리스 시대에는 플라톤에 의해 미메시스(모방)의 테크네(기술)이라는 개념이 지적되기는 했다. 즉 플라톤은 미를 다루는 예술이라는 개념을 자연이나 현상을 모방하는 기술이라고 여겼다.

플라톤의 생각으로는 자연미, 현상미는 이데아의 반영이며 모방인데, 자연미와 현상미를 모방하는 예술은 그러니까 모방의 모방으로 파악했던 것이다. 이와 같은 생각은 그리스적 실재론에 조응하면서 그리스 일반에 공통되는 사상이다.

이와 같은 자연미와 예술미와의 가치 관계는 시대에 따라 다르다. 각 시대에 예술 사상의 성격을 아는 데 하나의 기준이 되고 있다.

플라톤이 최고의 가치로 여기는 것은 로고스[知性]으로, 파토스[情欲]에 빠지는 것을 혐오했다. 이를 단적으로 나타낸 것이 '시인詩人 추방'의 사상이리라.

아리스토텔레스에 이르면 미에 대한 사고思考에 적잖은 변화를 일으킨다. 보다 실제적으로 바뀐다. 그는 「시학詩學」에서 제작 면에 있어서는 플라톤과 마찬가지로 모방의 이론을 받아들였으나, 향수享受면에 있어서는 정신을 특정한 정서의 압박으로부터 해방시키는 정화淨化작용으로서의 카타르시스catharsis의 이론을 마련했다.

비록 예술이라는 개념을 파악하지는 못했지만 미의식에 눈뜨기 시작한 것은 그리스의 미에 관심을 가진 이들의 동경이 구체화되면서 부터다.

■ 아크로폴리스

공항에서 버스를 타고 아테네 시내로 들어오다 보면 오른쪽에 묵직한 바위산이 보인다. 산이라기보다는 언덕이라고 말하는 것이 좋겠다. 그 언덕 위에 파르테논 신전이 보인다.

이 신전을 흔히 '대리석으로 응결된 그리스 정신'이라고 찬양한다.

그 옛날 그리스는 독립된 여러 도시 국가로 나뉘어져 서로 전쟁을 일삼아 왔다. 아테네도 그런 도시 국가의 하나였다. 아크로폴리스는 잦은 전투에 대비한 요새였다. 하지만 평화시에는 신을 받드는 신전을 구실을 했다. 시민의 신앙 중심지였다.

따라서 주변에는 극장도 있고, 나라의 정치를 의논하는 건물, 미술 작품을 전시하는 장소도 마련되어 있었다.

아크로폴리스에 우뚝 솟은 파르테논은 아테네 수호신인 아테네를 모신 신전으로 지금으로부터 2천4백여 년 전에 세워진 건물이다.

그 무렵 아테네에는 왕 대신에 시민들이 선출한 지도자가 다스리고 있었다. 아테네에는 '백성의 모임'이라는 것이 있었고 거기서 누구나 자유롭게 의견을 개진할 수가 있었다. 많은 시민들이 못마땅해 하는 자는 10년간 국외로 추방되기도 하는데, 이 같은 결정은 투표에 의해서 확정된다.

이와 같은 제도는 얼핏 오늘날의 민주주의 사회와 비슷하지만, 한 가지 크게 다른 점이 있다. 그것은 아테네에서 거주하는 모든 주민들이 이러한 권리를 누릴 수 있는 것은 아니다. 아테네에는 인구의 반 이상이 노예였는데, 이들에게는 그 같은 권리가 없었다. 또한 여성이나 하류층의 자유 시민에게도 정치적 권리는 주워지지 않았다.

아크로폴리스에 올라가려면 서쪽에 마련된 대리석 계단을 이용해야 한다. 이 계단을 오르면 아크로폴리스 입구의 문 앞에 이른다. 문이라지만 지금은 거의 파괴되어 기둥과 부서진 벽만이 남아 있어 문이라는 느낌도 안 든다.

이 기둥을 지나면 울퉁불퉁한 바위 산 위에 파르테논이 짙푸른 하늘을 배경으로 웅자를 들어낸다.

파르테논은 돌을 세 단을 쌓아올린 기단基壇 위에 우람한 원주를 세우고 그 위에 지붕을 얹었는데, 지붕은 현재 남아 있지 않다.

이집트의 칼낙 신전이 위압적인 느낌을 준 데 비해 파르테논은 밝고 정돈되어 보이지만 이집트의 신전처럼 신비스럽지는 않고 이성적이다.

파르테논 신전을 만든 조각가는 피디아스라고 한다. 그는 그리스 시민의 존경을 받았었다고 한다. 하지만 이 위대한 조각품은 그 사람이 만든 것은 아니다.

완성된 조각은 아름답지만 대리석을 정성스레 깎아내던 사람들의 모습은 어떠했을까.

돌을 다듬는 일은 힘겨운 공정이다. 더군다나 단단한 대리석을 깎는 일은 더더욱 어렵다. 돌가루를 뒤집어쓰고 온 몸에 땀이 흠뻑 벤 일꾼들은 예술가라기보다는 석수장이요, 노동자였던 것이다.

그리스 시민들은 기능공들을 존경하지는 않았고 오히려 천시했다. 노예에 준한다고까지 생각했다.

노예들은 인간이지만 인간의 모습을 한 기계, 인간의 탈을 쓴 도구에 지나지 않았다. 그리스 시민들은 노예들을 미를 창조하기 위한 도구로서는 아꼈지만 인간으로서는 사랑하지 않았던 것이다. 걸작의 그늘에 가려진 이름 없는 예술가들을 생각하면서 어쩐지 개운찮은 기분으로 언덕을 내려왔다.

Ⅲ

아펜니노에서 알프스까지

산 정상에 올라 산줄기와 까마득히 보이는 마을을 굽어보면
세상에서 도토리 키재기 하듯 살아온 삶이, 내 꼬락서니가
새삼 우스꽝스러워진다.

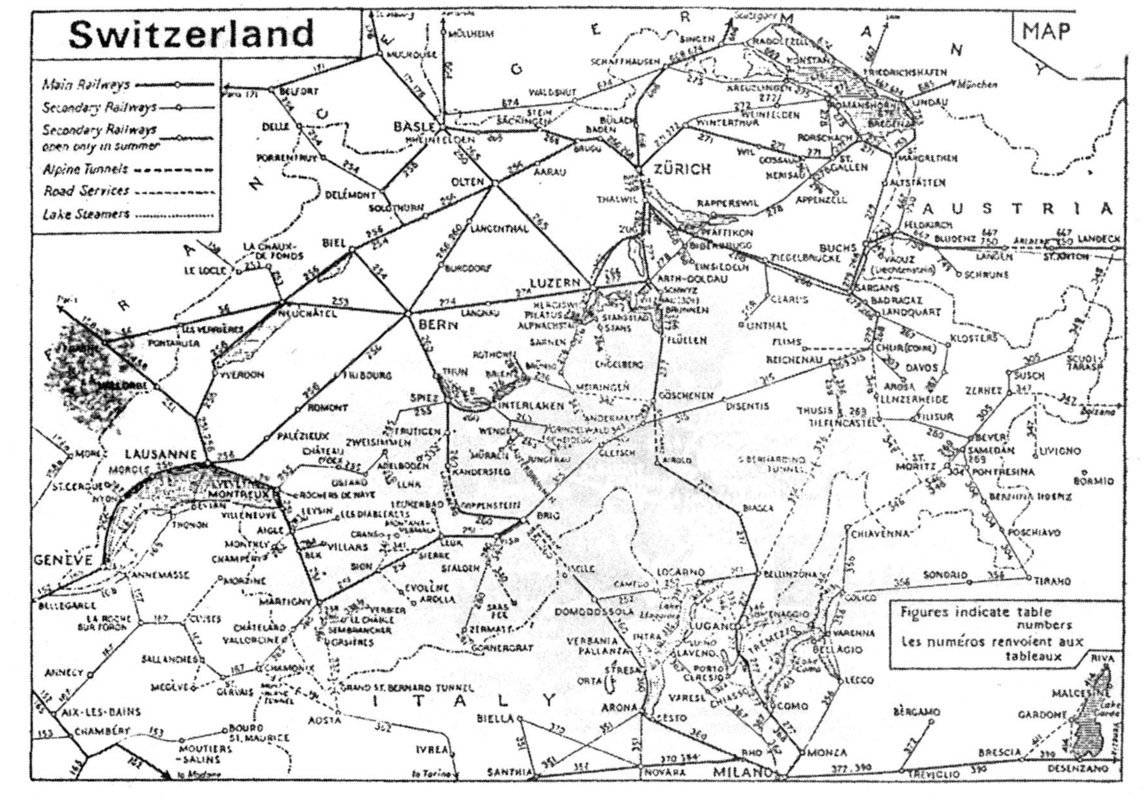
Switzerland
MAP
Main Railways
Secondary Railways
Secondary Railways open only in summer
Alpine Tunnels
Road Services
Lake Steamers
Figures indicate table numbers
Les numéros renvoient aux tableaux
GERMANY
FRANCE
AUSTRIA
ITALY
BASLE
ZÜRICH
LUZERN
BERN
LAUSANNE
GENÈVE
MILANO
BIEL
OLTEN
NEUCHÂTEL
INTERLAKEN
LUGANO
LOCARNO
BELLINZONA
DOMODOSSOLA
BRIG
CHUR
BUCHS
SCHAFFHAUSEN
WINTERTHUR
ST. GALLEN
MONTREUX
SPIEZ
FRIBOURG
YVERDON
LANDECK
COMO
AOSTA

알프스 준령을 넘어

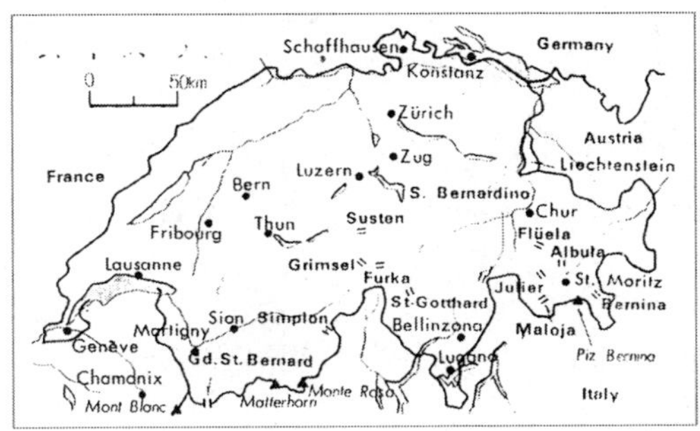

■ 분간 못한 국경國境

스폴짜성城 광장에서 열린 '오레라 아리아의 밤'(밀라노에서는 여름철에 피서여행을 떠나지 못한 시민들을 위해 거의 매일 밤 이곳에서 시민 위안 예술제를 연다)을 구경하고 나니 열시가 넘었다. 곧장 중앙역으로 달렸다. 이 도시에서 하룻밤 더 자느니보다는 기차를 타고 북이탈리아의 아무 도시에서나 내려 새 도시를 즐기고 싶었다.

국내 매표소에 들려 이탈리아 제일 북쪽도시 키아소행 차표를 끊었다. 키아소에 도착한 것은 12시가 조금 지나서였다.

그런데 이상하게도 역무원과 경찰관의 복장이 전혀 달랐다. 검문소 통관소 등이 눈에 띄었으나, 아무런 조사도 받지 않고 역을 빠져 나왔기 때문에 호텔에 들어설 때까지 나는 국경을 넘어 스위스로 들어 왔다는 사실을 전혀 알지 못했다(국내선 창구에서 국내 규격의 차표를

샀기 때문에).

밤이 이슥한 탓으로 역 구내는 거의 텅 비어 있어 호텔을 예약할 수도 없었다. 그때서야 너무 당돌한 짓을 했구나 하고 후회했으나 이미 늦었다. 벤치에 누워 밤을 지샐까 했으나 이탈리아와는 달리 밤기운이 싸늘하여 견디기 힘들 것 같아, 인기척 없는 시골 마을을 10여 분간 헤매다가 가까스로 현관에 불이 켜진 펜시오네(여관)를 찾아냈다. 얼마나 반가웠던지 나도 모르게 환성을 질렀다.

프론트에는 백발이 성성한 노인이 졸고 있다가 문소리에 놀라 벌떡 일어났다. 빈 방이 있느냐고 물었더니 나를 위아래로 훑어보더니 패스포오드를 보여 달라고 퉁명스레 내뱉듯이 말하더니 초인종을 눌렀다. 한참만에 약 20대의 한 젊은이가 나타나, 내 여권을 뒤적거리더니, 왜 입국 비자가 없느냐고 따져 물었다. 한국과 스위스는 비자 협정이 체결되어 비자 없이 입국 할 수 있다고 했더니(아시아에서는 일본, 한국을 제외하고는 입국사증을 필요로 한다.) 내 직업란을 본 다음 그제서야 안심한 듯 방 열쇠를 건네주었다.

새벽 6시경에 눈을 떴다. 일찌감치 호텔을 빠져나와 조그마한 이 전원도시를 30분 남짓 동안 산책한 다음 쥬리히행 열차를 탔다. 시발점인 탓인지 차속은 거의 텅 비어 있었다.

호반湖畔의 미도美都 루가노에서 내려 아름다운 호수가의 산책로를 거닐면서 눈 덮인 알프스의 연봉을 바라보며 호젓한 여수旅愁에 잠겼다. 이탈리아어 지구의 칸톤 티치노를 구성하는 이 고장은 이형적으로도 스위스 남부라기보다는 이탈리아 북부 같은 느낌이 든다.

■ 눈보라의 다리

다시 기차를 타고 아이로로에서 내렸다. 산 고타르도 고개를 버스로 넘고 싶어서였다. 기차로는 터널을 통해 10여 분이면 지나치는 산이지만, 옛날 이 길은 '눈보라의 다리'라고 불리어지던 험로險路였다. 이 험한 고곡양장九曲羊腸길을 처음으로 통과한 것은 13세기에 이르러서이며 오늘의 하이위에는 1980년에야 완성된 것이다.

중세 이래로 알프스 북방의 나라들은 이 길을 따라 번성했고, 이 노선을 통해 남정구南政歐의, 그리고 동방의 문물을 수용受容했던 것이다. 하지만 그 옛날 나그네들은 지금의 나처럼 알프스의 경관景觀에 심취하면서 이 고개를 넘지는 못했을 것이다. 이 험준한 지역을 아슬아슬한 마음으로 급히 통과했을 것이다.

이 고갯길은 7, 8, 9월 3개월 동안에만 차가 다닐 수 있다고 한다. 그리고 해마다 눈사태 등으로 도로가 붕괴되므로 엄청난 보수비가 든다는 것이다. 버스는 초대형이었지만 운전기사 혼자만 타고 있었다. 운전기사가 안내를 겸하고 있었다. 게다가 버스에는 화물차까지 연결되어 곡예 하듯 단애斷崖의 비탈길을 굽이돌아 시종 손에 땀을 쥐게 했다.

도중 비바람이 몰아쳐 한동안 버스는 움직이지 못했다. 폭우가 지나간 후 구름은 자욱히 심산계곡에 잠기고 우리들을 태운 버스는 안개 속으로 깊이 빠져 들어갔다.

산악 버스의 기착지인 안델마트에서 다시 기차를 타고 인터라켄행 열차로 갈아타기 위해 루쎄른에서 내렸다.

■ 중세中世의 사적지史跡地

산 고타르도 루트가 개통된 13세기 이래 이 도시는 알프스의 남북을 연결하는 주요지점으로 번영하게 되었다. 종교개혁의 거센 바람이 불었을 무렵, 루쎄른은 가톨릭 레지스탕의 본거지였고, 또한 로마 교황의 사절의 활동 무대이기도 하여 구교舊教의 심장 도시 구실을 담당하기도 했다. 이러한 역사를 지닌 이 도시는 그 때문인지 현대적 도시인데도 어쩐지 중세풍의 분위기가 물씬 풍긴다.

중앙역을 나오면 피어발드스슈태터재에라는 긴 이름의 호수와 이 호수로 흘러들어 오는 로이스 강 하구가 아름답게 펼쳐져 한 폭의 그림을 방불케 한다.

하구河口의 두 번째 다리 카펠교의 풍경은 독일 관광포스터에 으레 나오는 명물로 지붕이 있는 특이한 나무로 만든 다리다. 1333년에 완성되었다는 이 다리에는 루쎄른의 역사를 담은 110면의 판화(16세기초에 그려진 것이라고 함)가 철괘되어 있고 중간에 '팔각八角의 수탑水塔, Wasserturm'이 있어 이곳 풍경을 더욱 고풍스럽게 해주고 있다.

시내 관광을 뒤로 미룬 나는 쉴러의 희곡, 그리고 롯시니의 오페라로 유명한 빌헬름 텔의 전설이 깃든 퀴쎈나흐트Küssennacht를 찾기로 했다. '키쓰의 밤'이라는 지명부터가 로맨틱하다.

이 전설이 사실史實인지 아닌지는 분명치 않으나 이곳 주민들은 사실史實이라고 확신하고 있다. 슈테타 호수를 따라 30여분쯤 북상하면 전형적인 독일풍의 아담한 마을 퀴쎈나흐트 어귀에 이른다. 여기서 빌헬름 텔이 게슬러를 활로 사살했다고 하며 이를 기념하는 분수와 텔의 동상이 세워져 있다.

여기서 아르트 시로 가는 국도 2호선을 따라 10분쯤 달리면 텔이 개슬러를 격퇴시켰다는 사적史跡이 있고, 여기에는 '텔의 예배당Tellskapelle'이 세워져 있다. 오랜만에 나 아닌, 나를 걱정하는 가족들을 위해 기도를 드렸다.

'꿈의 알프스'에 오르다

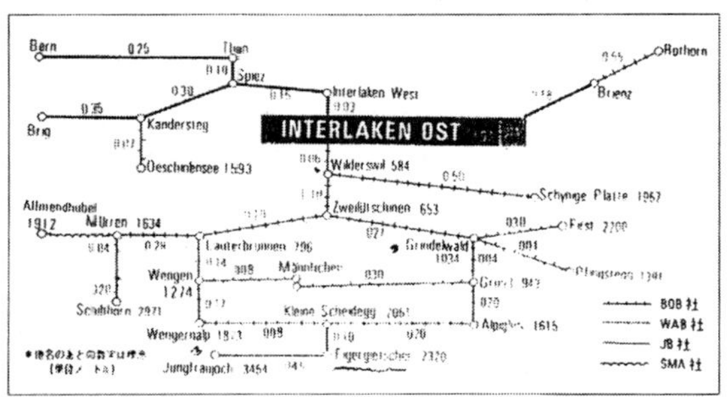

■ 알프스를 향한 길

루쎄른에서 인터라켄까지는 베르너 오버란트[高地]를 굽이도는 완행 열차를 탔다. 시골 역에 설 때마다 여객은 바뀌고 차장은 오르내리는 손님들에게 일일이 아는 체를 하다 차 속에서도 대부분이 아는 사람들인 듯 정겹게 인사를 나눈다.

호수와 알프스 초원, 준초한 산들, 이러한 대자연들이 놀라운 조화를 이루면서 한없이 전개된다.

알프스 여행의 기점이 되는 인터라켄에 도착한 것은 해가 질 무렵이었다. 등산 열차가 출발하는 오스트(동부)역에서 그린델발트 행 등산 전차(BOB)를 탔다. 인터라켄은 평지의 리쏘트(휴양지)이기 때문에 기왕이면 깊은 산 속에서 일박하고 싶었기 때문이다.

전차는 투운과 브리엔즈 두 호수에 끼어 있는 평야(Interlaken은 독일어로 두 호수 사이라는 뜻)를 한참 달리다가 첫 간이역 빌더스빌에 도착한다. 이 역에서 동쪽으로 가면 시니게 플라테 산정행山頂行 전차가 출발한다. 인터라켄까지 왔지만 시간의 여유가 없는 사람들은 시니게플라테에서 알프스를 멀리서 전망할 수 있다.

빌더스빌에서 12킬로쯤 달리면 쓰바이뤼츠치넨에 도착한다. 이 마을 이름은 '두 계곡'이란 뜻인데, 오른쪽에는 바이스 뤼츠치넨(하얀 계곡), 왼쪽에는 슈바르츠 뤼츠치넨(검은 계곡)이 있다. 이곳에서 오른쪽으로 가면 라우타부루넨 계곡 쪽이고, 왼쪽으로 가면 그린델발트에 이른다.

내가 탄 전차는 왼쪽으로 굽이 돌아 뤼츠첸탈, 부르크라우엔넨, 슈벤디 산을 누비며 약 40분 만에 그린델발트 역에 도착했다.

역전에 있는 무인無人 호텔예약 안내소에서 전화로 전망이 좋은벨이어 에덴 호텔 방을 하나 얻을 수 있었다. 이곳에서도 내가 시인이라는 것을 밝힌 덕택으로 아이가호른 산이 정면으로 바라보이는 방을 얻을 수 있었다.

그린델발트는 해발 1천백 미터에 자리한 마을로 아이거호른, 슈레크호른, 베터호른 등 해발 4천여 미터 이상 되는 거봉巨峰의 대암벽大岩壁을 우러르며 그 뒤에 짙푸른 목초 지대가 펼쳐진 그림 같은 산중 휴양지다. 등산, 트레킹, 스키 등을 즐기려는 관광객들이 사계절 동안 끊이지 않는 베르너 오버란트의 중심 지역이다.

마을 광장에는 어둠이 내렸는데도 민속의상을 입은 무희들이 관광객들을 위해 여러 가지 민속 무용을 보여주고, 틈틈이 사진 모델 노릇을 해주고 있었다. 남을 위해 봉사하는 여인의 모습은 아름답다. 천사 같다.

■ 「욕망이란 이름의 전차電車」

새벽녘에 눈이 떴다. 창밖에는 비바람이 세차게 몰아치고 있었다. 몇 년 전에도 이곳까지 왔다가 악천후 때문에 등산을 포기한 적이 있는데, 오늘도 틀렸구나 싶어 호텔 식당에 내려가 아침 식사를 하며 웨이트리스에게 푸념을 했더니, 오늘 아침 일기예보를 들었는데, 정상 쪽은 쾌청하다고 일러주며 올라가 보라고 했다.

웨이트리스의 말에 용기를 내고 나는 클라이네 샤이덱 행 전차를 탔다. 날씨 탓인지 전차 속은 거의 텅 비어 있었다. 해발 2천백여 미터나 되는 클라이네 샤이덱 역에 내리니 비는 멎었고, 안개가 자욱하여 지척을 분간하기가 어려웠다.

라우터브룬넨과 베겐 쪽에서 온 관광객들이 역전 광장에서 우리를 환영하듯 긴 나팔을 불고 있는 목동들과 교대로 사진을 찍기도 하고 짙게 안개가 드리웠는데도 구름 위에 떠 있는 듯한 별장을 배경으로 하여 셔터를 누르고 있었다.

이윽고 융프라우 전차가 역 구내에 들어왔다. 유난히도 차창이 넓은 소형 전차였다. 높이 올라갈수록 차츰 안개가 걷히기 시작했다. 아이거그래쳐까지는 푸른 초원을 달리는가 했더니, 돌연 암흑의 터널로 들어가 융프라우요호까지의 40분간은 완전히 폐쇄된 세계를 지루하게 달려야 한다. 도중 아이거반트와 아이스메어 역에서 잠깐 外氣가 들어올 정도다 아이거반트에서는 아이거의 '갯빛 죽음의 세계'를, 아이스메어에서는 문자 그대로 '얼음의 바다' 같은 빙하를 암벽을 뚫은 창문을 통해 볼 수 있다. 대단한 장관이다.

경사 리도에, 암석 중에서도 단단하기로 이름난 화강암질의 영벽永壁

을 수평 아닌 수직 방향으로 7킬로나 뚫은 이 철로는 1896년에 기공되었는데 스위스인이 자연에 도전하려는 이 엄청난 집념과 의지가 마침내 '죽음의 빙벽'을 뚫고 16년만인 1912년에야 융프라우 정상에 '욕망이라는 이름의 전차'를 올려놓게 했던 것이다.

이 철도의 방식은 아프트Apt 식으로 궤문軌間 한 복판에 톱니바퀴를 물 수 있도록 일선요철一線凹凸 강철궤도가 설치되어 양 바퀴와 함께 중간에 특별히 설치된 치차가 이 일선요철강철 궤도를 물면서 올라가기 때문에 급경사인데도 전차가 밑으로 미끄러지지 않는다.

■ 얼음의 궁전, 융프라우

인터라켄에서 융프라우 요호까지 철도를 놓는데 24년 남짓이 걸렸다니 이는 한 세대에 걸친 스위스인의 장한 집념과 열의의 결정結晶이라 할 수 있다.

드디어 나는 세계에서 가장 높은 역 융프라우 요호에 도착했다.

역사驛舍 위 '베르크하우스[山舍]' 테라스에서 장장長長 22킬로나 되는 아레치 빙하를 부감하니 가슴이 확 트였다. 웨이트리스의 말대로 산정은 구름 한 점 없는 쾌청한 날씨였다.

얼음 자동차, 얼음 시계조각 등이 있는 '얼음의 궁전'을 구경한 후 하우스 바깥으로 나왔다.

해발 3500미터, 약간 현기증이 났으나 심호흡을 하고 나니 괜찮았다. 융프라우, 묀쉬, 아이거 등의 웅자雄姿를 보기 위해 무릎 위까지 파묻히는 눈 속을 한참 걸어 올라갔다.

'꿈의 알프스'에 드디어 발을 디뎠다는 감격에 눈물이 핑 돌았다. 늘 함께 오자던 사람의 얼굴이 아물거렸다.

나는 이곳 스위스에 와서 새삼스레 '풍경'이라는 것을 생각해 보게 된다. 풍경에는 인간이란 필요 없는 성 싶다. 인간이 무용지물無用之物인 것이 풍경인 듯싶다. 알프스와 같은 초월적인 풍경에 있어서는 특히 그러하다. 이런 데서는 다만 '순수한 풍경'을 느낄 따름이다. 인간의 존재란 아무래도 좋은 그런 풍경은 필연적으로 적요寂寥하다. 그런 풍경은 고독 속의 아름다움이다.

이 고장에는 이런 속담이 있다. '사랑은 시간이 지나가게 만든다. 시간은 사랑이 지나가게 만든다.'

■ 꿈의 알프스

이러한 풍경 속에서의 인간은 정말이지 하잘 것 없는 미물에 지나지 않는 것 같다. 이와 같은 위관기경偉觀奇景, 이처럼 아름답고 청징한 대자연 앞에서는 인공적人工的 예술이란 하잘것없을 것만 같다. 이런 정감으로는 예술적 창작 의욕이 오히려 쇠잔해질 것도 같다.

과문인 탓인지는 몰라도 스위스에서는 위대한 예술가가 별로 나오지 않은 것 같다. 학생 시절에 읽은 『켈러』 등에게서 특별히 스위스스런 작가로서의 독자성이나 필연성 같은 것은 조금도 느낄 수 없었다. 알프스를 안고 있는 나라의 작가로서는 고준高峻한 맛이 없는 작가였다. 평생 알프스를 등지고 낮은 지대에서 안주하며 산 작가다. 그의 작품에서 알프스는 결코 미화된 자랑스런 산으로 묘사되지 않았다.

알프스에 감동되고 매혹된 자들은 도리어 외국인이었다. 세계 최초의 알펜 클럽을 만든 것도 영국인들이었으니 말이다.

예술은 경우에 따라서는 자연보다도 위대하지만, 이 엄청난 알프스를 알프스 이상으로 예술화한 사람은 이제껏 없었던 것 같다.

나의 알프스에 대한 이미지는 화가 세간치니와 연관된다. 내가 산을 좋아하고 더군다나 겨울 산을 좋아하기 때문에 알프스를 곧잘 그리는 그의 그림을 좋아하게 된 것이다. 그가 그린 알프스는 산악이라기보다 창공이었다. 먼 지평선에 울퉁불퉁한 산파山波 위에 한없이 펼쳐진 투명한 하늘이었다. 아마도 알프스를 그대로 형상화할 자신이 없었나 보다. 알프스를 보고 새삼스레 세간치니의 화폭에 담긴 의미를 감득하게 되는 것 같다. 자연은 위대하고 과시 최고의 예술작품이다.

일찍이 플라톤도 "모든 아름다움에는 사랑이 있다."고 했고, 필립스 브룩스도 "시간이 지나면 슬픔은 사라진다. 하지만 우리가 슬픔에서 벗어나고 싶지 않는 까닭은 슬픔이 사랑과 밀접한 관계가 있기 때문이다. 슬픔을 지우면 사랑도 함께 지워질까 두려운 것."이라고 말했다.

사랑하는 마음은 예술 하는 마음이다. 사랑에 빠지면 시간이 너무나도 빨리 흘러가고, 사랑하던 시간들이 지나고 돌이켜 생각하면 그립고 괴로워지기도 한다. 시간은 사랑의 괴로움을 치유하는 묘약이기도 하다. 또한 우리가 무엇이든 아름답게 느끼고 싶다면 그 안에 사랑을 넣으면 된다. 문학이든 음악이든 미술이든 간에 모든 예술 작품이 아름답고 감동적인 까닭은 예술가가 표현하는 대상에 아름다움을 불어넣기 때문이다. 아름다움에는 사랑이 깃들어 있는 것이기 때문이리라. 인간만사도 사람의 경우로 이와 마찬가지다.

스위스의 멋과 맛

내가 처음 스위스에 발을 디딘 것은 1976년 런던 펜 대회에 가는 도중 잠깐 스친 것이 처음이었고, 곤욕을 치렀던 첫 입국을 보상받을 심정으로 그 이듬해 정식사증을 받고 들어와 느긋하게 이 나라에서만 열흘 남짓을 보낸 적이 있다.

첫 날밤을 지센 취리히의 호텔 알프스는 나의 꿈을 현실로 바꾸어 놓은 보금자리였다.

버스에서 내려 현관 쪽을 보니 미국, 영국 등 몇 나라 국기와 함께 태극기가 펄럭이고 있었다. 지난해 입국이 까다로워 약소국민의 아픔이 눈 녹듯 녹아내리면서 눈물이 핑 돌았다. 수일 전에 예약을 해놓았기 때문에 미리 준비해 놓았던 것이다. 지금 같아서는 대수로운 일이 아니지만 그 당시만 해도 좀처럼 상상하기 어려웠던 '사건'이었다.

매 호텔마다 이 같은 배려를 해주지 않았지만 예술가에 대한 예우, 마음으로부터 관광객을 환명하려고 하는 스위스 국민들의 기분의 일단은 도처에서 확인할 수 있었다. 그러기에 오늘의 관광대국이 된 것이리라.

이튿날 카메라를 메고 호반까지 걸어갔다. 이 도시는 이상하리만큼 카메라에 담을 풍경이 숱하다. 카메라를 대면 어느 풍경이나 완벽한 구도다. 즉 모두 피사체로서의 조건을 옹글게 갖추고 있는 것이다.

한 간호원이 환자를 실은 수레를 끌고 있는 광경이 눈에 띄었다. 나중에 인화해보니 화단의 빛깔의 한배도 놀랍거니와 화단 전체가 꽃으로 만들어진 채 시계였다.

취리히 공과대학은 유럽의 대학 중에서도 손꼽히는 명문대학이지만 교문 입구에 양면에 남녀 쌍방의 나상裸像이 세워져 있다. 이 동상 사이로 잡아본 사진은 그대로 예술사진이었다. 하다못해 간판을 찍어도 기하학적 그림이다.

특히 대작곡가 바그너가 거주했다고 호수 동쪽의 에샤 하우스근처는 그지없이 아름답다.

호수 주변의 공원에 가면 카메라를 어디에다 갖다 대도 사진틀에 딱 맞는 한 폭의 아름다운 그림이다. 노어는 백조, 호수를 누비는 범선, 그리고 컬러풀한 지붕의 주택가, 골목길로 접어들면 마로니에의 숲 등 명미한 산을 배경으로 한 스위스만의 풍경을 제네바(주네브)로 가면 그 더욱 내 눈 속에 들어 박친다.

레망호심의 대분수, 물살을 가르고 저공비행하는 이름 모를 물새들 아찔한 비키니 수영복의 차림의 미녀들이 넘치는 해수욕장, 국제색 짙은 뉴엔 관계의 건물들 모두가 황홀한 피사체다.

그렇다고 도시가 화사한 것도 아니다. 이들 대도시에서는 카바레조차 찾기 힘들다. 여느 나라 같으면 이런 환락가를 만들어 관광객들의 호주머니를 털려고 꾀하는데, 이곳은 경치다 친절로 승부하려는 듯싶다.

조그마한 카페에 들어가도 인테리어가 멋지다. 웨이트리스의 친절이 머물어져 절로 와인이라도 마시고 싶어진다.

최근에도 시인 그룹을 인솔하게 쥐리히에 들렀을 때 이 선술집에 들린 적이 있는데, 한 얌전한 여류시인은 비술집의 분위기와 술에 한껏 취해 바로 강물 속으로 뛰어드는 소동까지 벌어지기도 했다. 그만큼 이 고장은 소박하면서도 매력적이다.

이런 음식점에서 먹는 음식 맛은 스위스 특유의 것은 아니지만 감칠맛이 난다. 바로 로맨틱한 분위기 때문일 것이다.

스위스는 독일, 프랑스, 이탈리아 3국의 이민에 의해 이루어진 독립국이므로 스위스만의 요리라기보다는 독일어 지역에서는 독일 요리, 파룽스어 지역에서는 프랑스 요리라는 식으로 구분되어 있어 보인다.

내가 스위스 여행 중 즐겨 먹었던 것은 '거얼라쉬Cuilasch'라는 헝가리풍의 요리와 '녹센슈반츠Ochsen Schwanz'라는 쇠꼬리 스프인데, 전자는 우리의 전골의 비슷한 것이었고, 쇠꼬리 스프는 우리의 꼬리곰탕 맛이 나서 좋았다. 그러고 보면 오랜 익혀온 미각은 못 버리나 보다.

지금도 내가 찍은 풍경사진을 보며 스위스를 생각할 때마다 이 두 가지 맛이 떠올라 어떤 때는 전율 같은 것을 느끼기도 한다. 스위스의 그 맛.

주네브와 레망호

■ 루쏘의 고향

스위스 최대의 호수인 레망호lac léman에서 흐르는 론느 강가에 자리한 국제도시 주네브(이 도시는 프랑스어권이기 때문에 프랑스어로 불러야 한다.)는 기원전 1세기경 시저가 이곳에 이미 번영하고 있던 도시를 차지하여 로마의 정치 · 종교의 중심지로 삼았다고 한다.

『가리아 재기裁記』에 기록되어 있고 19세기에는 칼뱅Calvin이 엄정한 '신정神政정치'를 편 프로테스탄드의 근거지로서의 역사를 지니고 있으며 현재 국제적십자 등 각종 유엔기구 등이 많아 국제외교의 장이 되고 있다.

프랑스와 접경해 있고, 나폴레옹 시대에는 이 지역 프랑스 통치 아래 있었기 때문에 프랑스풍의 분위기가 물씬 풍긴다. 지금도 주네브 공항의 이부는 프랑스 영토라고 한다.

주네브는 칼방(우리는 흔히 영어식으로 칼빈이라고 부르고 있다.) 이외에도 장 자끄 루쏘의 고향으로도 유명하다. 18세기의 계몽사상을 대표하는 프랑스의 문인 겸 사상가인 루쏘의 생가는 론느강 건너 구시가지에 있다.

루쏘는 사상가일 뿐 아니라 음악가로서도 유명하다는 사실을 이곳에 와서 처음 알게 되었다. 그의 작품 가운데 오페라 「마을의 점쟁이La devia du Village」는 액작으로 널리 알려져 있다. 파리 근교 퐁텐느브로 궁전에서는 루이 15세의 어전御前 공연을 했고 이듬해 오페라 극장에서 상연되어 대호평을 받기도 했다는 것이다.

1761년에 발표된 유명한 「신 엘로이즈」는 19세기에 낭만주의를 불지핀 선구적 소설로서 유명하다. 그는 뒤이어 대표작 『에밀』과 『사회계약론』을 발간하여 새로운 교육의 아버지로 추앙받게 되었다. 이상의 작품은 모두 이 고장에서 창작된 명작들이다.

하지만 『에밀』이 가톨릭 교회의 비판을 크게 받았고, 이어 체포영장까지 발부되어 부득이 루쏘는 고향을 몰래 떠나 파리로 잠입하여 「참회록」, 「고독한 산 책자의 꿈」 등 우리에게 익숙한 명작을 집필하였으나, 끝내 고향으로 돌아오지 못하고 파리 근교 에르농빌에서 한 많은 생을 마쳤다.

그의 유품과 자필원고 등은 주네브대학 도서관에 잘 전시 또는 보관되어 있고, 그를 기리는 '데스 마스크(death mask)'도 있다.

또한 그가 자랐던 촌느 강변에는 루쏘의 좌상이 있고 론느강과 레망호 하근에 있는 섬은 루쏘 섬으로 명명되어 이 고장 사람들의 자랑거리로 삼고 있다.

아름다운 주변 경치를 안고 있는 짙푸른 레망호의 중앙에 위치한 문화도시 로잔느는 영국의 시성詩聖, 조지 고돈 바이런과 깊은 인연이 있다.

바이런은 케임브리지 대학 재학 시절에 시집 『게으름의 나날들Hours of Idleness』을 냈으나 비평가의 악평에 반발하여 영국 시인과 「스코트랜드의 비평가」라는 풍자시를 내어 더욱 난처해진 끝에 스위스 등 중남부 유럽으로 긴 여행을 떠났다.

1811년 영국으로 돌아와 그 이듬해에 유명한 『차이드 하롤드의 순례Childe Harold's Pilgrimge』 1 · 2권을 출간하여 대호평을 받아 일약 유명해졌다. 사교계에도 드나들었고 뭇 여성들에게 인기를 독차지했다. 하지만 그를 시새워하는 무리들이 스캔들을 터뜨리는 바람에 바이런은 조국을 떠난 뒤 영영 귀국하지 않았다.

바이런은 다시 주네브로 되돌아온 후, 우울증을 해소하기 위해 스위스, 이탈리아 각지를 편력하면서 퇴폐적인 나날을 보냈다. 이때 그의 대표작인 『돈 주앙Don Juan』을 쓰기 시작했으나, 이 작품은 미완未完으로 끝나고야 말았다.

바이런은 영국 낭만주의를 대표하는 시인으로서 우리나라에도 널리 알려지고 그의 시가 많은 젊은이들에게 애송되고 있는데 특히 스위스 알프스와 라인강 등을 묘사한 작품들은 영국 낭만주의의 최고 작품으로 손꼽히고 있다.

스위스의 풍광을 사랑했던 그는 레망 호의 정경을 많이 묘사했으며, 특히 『시용의 죄수The Paisouer of Chillon, 1816』라는 명미한 스위스 알프스와 레망 호반을 찬탄한 시를 지어 시용 성을 일약 유명하게 만들었다.

시용 성은 몽트뢰Montreavx 남쪽 2.5㎞ 쯤에 위치하고 있다. 이 도시에서 시용 성행 버스가 빈번히 왕복하고 있다. 이 도시는 주네브 동쪽 레망 호반에 있고 주네브에서 철도로 로잔을 거쳐(환승해야 함) 1시간 남짓이면 갈 수 있다.

레망 호에 돌출해 있는 시용성은 11세기 이내의 옛 성으로 지하에 유명한 감방이 있다. 바이런의 시 「시용의 조수」의 주인공인 주네브의 승려 뽀니빠르는 이 지하 감방의 다섯 번째에 묶여 있었다. 그는 영주에게 반항한 죄로 이곳에 투옥되었다고 한다. 이 감방을 방문했던 바이런이 세 번째 기둥에 낙서한 자욱이 지금도 그대로 남아 있다. 내 상처를 많이 아물게 한 바이런의 시가 새삼 머리에 떠오른다.

중세 도시에서 산마을로

■ 회화적인 도시 베른

스위스의 수도가 어디냐고 묻는다면, 유럽 여행을 해본 이들도 아마 쉽게 대답하지 못하리라. '쥬리히? 주네브(제네바)?' 하고 망설이게 되는 경우가 많다. 물론 스위스에서 이 두 도시가 제일 많이 알려져 있고 거대 도시임에도 틀림이 없다.

하지만 스위스의 수도는 베른이다. 스위스만이 아니라 이 같은 작은 수도는 다른 나라의 경우에도 많다. 가령 호주의 수도를 시드니나 멜버른을 생각하는데 실은 캔버라인 것이다. 행정시도를 따로 정하게 된 우리나라의 경우, 참고할만한 사항이다. 우리는 수도하면 대도시를 연상하게 되는데, 행정 수도에 대한 개념이 바뀌어져 가고 있는 점이 다행이다.

베른은 스위스의 연방 수도라고 하지만 '서울'로서의 권위, 자부심,

화려함, 특전, 그리고 약동하는 모습도 볼 수 없다. 오히려 그 정반대의 분위기다.

여러 차례 스위스를 다녀간 나 같은 사람에게 만약 스위스의 살?? 한 도시를 고르라면 단연 베른이다. 왜냐하면 이 도시는 쥬리히나 주네브에 없는 옛스러운, 즉 중세적인 무드가 감돌고 있기 때문이다. 아마도 이 도시의 연원이 12세기를 거슬러 올라가고, 또 선불리 현대화하지 않았기 때문이다.

서쪽을 제외한 3면이 아르Aare강에 의해 고즈넉이, 다소곳이 감싸여져 있어 마치 반도형으로 되어 있고 경사진 언덕에 단계적으로 발달되어 있는 지형적 조건은 이 도시가 중세 시대의 원형을 되도록 그대로 보존하려는 강한 의욕과 노력이 있어 왔음을 느끼게 한다.

따라서 이 도시에서 바라보는 중세풍의 풍광은 매우 회화적이며, 하나하나의 아름다움 이라기보다는 전체적인 조화 속의 호젓하고 아늑한 미관이다.

도시 안의 하나하나의 옛것에도 신경을 게을리 하지 않고 있어 시내 도처에 그 숱한 분수는 항상 중세적인 분위기를 내뿜고 있어 나그네의 회고의 정을 북돋아 주고 여수旅愁에 젖게 한다.

그러니까 베른은 중세 시대의 '모뉴멘트의 도시'라기 보다는 '거리 전체가 모뉴멘트'라고 표현하는 것이 좋을 것이다. 이처럼 이 도시가 중세적이고 회화적일 수 있는 또 하나의 요인은 알테 슈타트(옛 시가지)가 잘 보존되어 있다는 점도 들 수 있다. 분수가 많은 고색창연할 옛 거리를 마차를 타고 주유하면서 흰 눈 덮인 융프라우의 연봉을 멀리 조망하는 것은 정말 여기서만 맛볼 수 있는 멋이다.

■ 상상을 초월하는 풍광

베른이 스위스를 대표하는 수도라면 채르마트(Zermat, '쩨르마트'에 가까운 발음이다.)의 마타호른 또한 스위스를 대표하는 산봉오리다. 이곳까지는 베른이나 주네브에서는 열차로 비스프Wisp나 브릭Bnig에서 등산 열차로 갈아타면 갈수 있다. TEE나 특급열차는 비스프에 정차하지 않는 경우가 많으므로 유의해야 한다. 등산열차의 시발점이 브릭이므로 등산객이 붐비는 시즌에는 브릭에서 출발하는 것이 안전하다.

브릭에서 채르마트까지는 전차로 1시간 40분 남짓 걸린다. 한 시간에 한번 정도 열차가 출발한다. 1등과 2등이 있지만 신혼여행이 아닌 한 2등으로 충분하다. 차창으로 이곳 발리스Wallis 알프스를 넋 잃고 조망하다보면 어느새 종착역에 이른다.

발리스 알프스의 매력을 구성하는 것은 론느 강에서 갈라져 나와 준령을 가로지른 니콜라이 계곡을 에워싼 4천여 미터의 거봉군巨峰群과 그 깊숙이에 조용하게 둥지를 튼 채르마트 산마을과의 하모니일 것이다.

특히 스위스 관광포스터에 으레 나오는 뾰족한 마타호른Matterhorn의 매력은 어느 알프스 산봉보다 명미하다. 이 마타호른을 비롯하여 몬테로사, 리스캄 등 거봉군을 바라보면 누구나 유럽 알프스의 대표적인 존재임을 실감하게 될 것이다. 상상을 초월하는 풍경이라고 해도 과언이 아니리라.

■ 산 마을 정취

마타호른의 특징 있는 산 모습이 가까워지자 이내 종점인 채르마트

역에 도착했다. 역전 광장에는 호텔 이름을 붙인 마차(겨울에는 썰매마차로 바뀐다.)가 즐비해 있다.

나는 호텔 예약을 하지 않고 왔기 때문에 역사 오른쪽에 있는 투어리스트 오피스에 들렀다. 벽면에는 호텔 예약 상황을 알려주는 게시판이 있어, 싸구려 산장을 골라 쪽지를 들고 묵을 곳을 찾아 나섰다. 마을은 역 건물 오른쪽으로 길게 뻗어 있다. 산마을은 어디고 걸어서 갈 수 있는 거리다.

골목길을 비집고 들어가 쉽사리 여관을 찾아 들었다. 다행히 마타호른이 바라다 보이는 방이었다.

이 마을은 19세기까지는 알프스의 조그마한 궁촌에 불과했는데 오늘날에는 알프스의 근거지로 가장 이름난 고장이다. 여장을 풀고 다시 오른쪽으로 메인스트리트인 오르막길을 따라갔다. 웅혼한 마타호를 전경이 우러러 보였다. 주변에는 그 옛날 한촌寒村의 모습이 그대로 남아 있다. 리프트(또는 로프웨이)가 오르내리는 광경만 지워버린다면 원시적 풍광이다.

근처에 산악박물관이 있다. 스위스 알프스에는 3개의 산악군이 있음을 여기서 비로소 알게 되었다. 베르너 오버란트Berner Oberland 산군山群－그 기지는 그린넨발트, 빌리스Wallis 산군－그 기지는 이곳 채르마트, 그리고 엔가딘Engadin 산군－그 중심은 산모리츠 등이다.

이 세 간악 기지 중 아무래도 이곳 채르마트가 호젓하면 서로 호화롭고 그러면서도 심산궁곡답고 산마을다운 분위기가 물씬 나는 관광피서지 같다. 이곳에는 여름만이 아니라 겨울에도 스키, 스케이트 동호인들이 끊이지를 않는다고 한다. 작은 규모지만 호텔로 고급스럽다. 유락 시설도 많다.

마타호른의 추억

■ 마타호른, 얼어붙은 음악

가벼운 등산 장비를 하고 역 건물 왼쪽에 있는 등산 전차역으로 발걸음을 재촉했다. 산정에 이르는 세 가지 코스가 있었다. 먼저 고르나그라드 왕복차를 탔다. 19세기 말에 완성되었다고 하는 이 전차는 산마을을 내려다보면서 침엽수 숲을 뚫고 지나 짙푸른 초원을 거쳐 약 40분 만에 종점에 도착했다.

고르나 그라드에서 다시 슈토크호른까지 로프웨이로 올라가면 전망대가 있으나 다음 코스를 위해 이곳에서 느긋하게 360도의 파노라마를 즐기고 이어 리펠 알프 노선을 택하여 이번에도 도보로 오르기로 했다.

이 코스는 가장 멋있는 각도에서 마타호른을 멀리 조망할 수 있어 오기를 잘했다고 생각했다. 여기서 스네가로 오르는 리프트도 있는데, 나는 줄곧 상쾌한 공기를 마시며 등산을 즐겼다.

빙켈마텐까지 가서 마타호른 밑에 가기 위해 슈바르체까지 로프웨이를 올라가는 도중 푸리에서 갈아타고 약 15분 만에 해발 2천5백여 미터까지 올라 왔다. 채르마트는 점점 작아져 안보이기 시작하고 대신 마타호른이 눈앞을 가로막는 듯 머리를 짓누르는 듯 숨이 가빠진다. 세타를 걸쳤는데도 춥고 눈보라도 쳐서 앞 풍경이 잘 안 보여 기경을 느긋하게 감상할 겨를도 없이 다시 내려오다가 그래도 아쉬워서 채르마트 전차역의 세 정거장 먼저 쯤에서 간이역에 내렸다.

역에서 조금 걸어가니 "아!" 하고 소리를 지를 만큼 또렷한 마타호른의 그야말로 '위관偉觀'이 내 앞에 나타났다는 것이 아닌가. 한포기 명화名畵다.

아, 그 어떤 산과로 견주기 힘든 이른바 '무류無類의 아름다움'(어느 시인이 이렇게 노래한 바 있다)—이 풍경은 또렷하지만 이곳도 역시 스므레 했다. 아! 얼어붙은 음악 같은 분위기여!

상상을 뛰어넘는 풍경, 이 같은 장관은 아마도 유럽 어디에도 존재하지 않으리라. 고맙다, 너를 볼 수 있는 이 축복, 고맙다.

하지만 너무나도 추워 역 쪽으로 뛰어가다 보니 채르마트까지 내려가는 등산로 표시가 보였다. 전차 시간도 아직 멀었고, 해서 걸어 내려가기로 했다.

한참 동안 뛰듯이 내려갔더니 차츰 추위가 가시고 주위의 아름다움이 느껴지기 시작했다. 이상하게도 한 굽이를 돌아내려갈 때마다 주변의 빛깔이 바뀐다. 어떤 때는 초록색(그 초록도 옅거나 또는 짙게), 어떤 때는 노랑색, 또 어떤 때는 분홍색이다. 빨간빛으로도 바뀐다. 피어있는 꽃과 나뭇잎의 빛깔이 마치 칠면조처럼 바뀌는 것이 아닌가.

■ 못 잊을 산장의 여인

추위가 가시자 천천히 걷기 시작했다. 군데군데 산장이 눈에 띄기 시작했다. 호텔이나 레스토랑들이었다. 신기하게 두리번거리고 있는 나를 보더니 레스토랑의 베란다에서 스위스 민속 옷을 걸친 한 아가씨가 나를 큰 소리로 부른다.

"헤이 미스터… 무쉬… 안따!"

나는 일본인으로 안 모양이다.

때마침 목도 마르고 해서 베란다로 올라갔다.

"안따 니혼징?"

나는 싱긋 웃으면서 고개를 저었다.

"영어해요?" (Then can speak English?)

나는 고개를 끄덕였고, 커피 한잔을 곧 주문했다. 이곳에서도 마타호른이 선명하다.

아가씨가 주방에 들어갈 동안 나는 이 예봉銳峰 마타호른 웅혼한 씩씩한 남자의 기상이다.

그동안 사진으로 이 거봉 또는 예봉을 보았지만, 실제로 보니 전혀 다른 느낌이다. 사진 속의 마타호른은 한낱 정물에 불과했다. 그러나 여기서 다시 실물을 보니 아름답다기 보다는 경외감警畏感이라고나 할까 놀랍고 두렵다는 느낌이다. 같은 산봉인데도 산마을에서 본 것과 정상에서 본 것과, 지금 여기에서 보는 것과는 많이 다르다. 아마도 빛의 가감加減에 의한, 빛의 요술 탓일지도 모르지만 기묘하고 신기하다.

아가씨가 커피 잔을 가지고 왔다. 서비스라며 과자도 가져 왔다. 손님은 나 혼자 뿐이었고 주방에도 여느 사람이 없는 것 같다.

"옆에 앉아도 좋아요?"

"네 물론이지요, 웰컴 빌콤멘"

"독일어도 하시는군요!"

"조금은요, 하지만 한국말을 더 잘해요."

"아, 한국인시군요. 요즘 한국 분이 이곳에 자주 오지요."

"직업은요? 화가시지요?"

내가 베레모를 쓰고 있어서 그렇게 본 모양이다.

"조금 그리기는 하지만, 난 시인이에요."

"그럴 줄 알았지요. 어쩐지 첫인상이 무척 센티멘탈하게 보이더라니 로맨틱해 보였지요."

"맞아요. 하지만 현실감각이 좀 모자라는 로맨티시스트죠."

그녀는 그동안 말이 마려웠다는 듯이, 마치 옛 지기知己를 오랜만에 만난 것처럼 거침없이 호들갑을 떨었다.

"그렇담, 영어나 독일어로 쓴 시 한편 암송할 수 있으세요?"

나는 인스브룩의 비교문학회의에서 낭송했던 독일어로 쓴 시 한편 「Rhein Wein」가 공교롭게도 포켓 속에 있어서 나대신 읽어 달라고 부탁했다.

붉은 와인 속에
가득한 당신의 슬픔
하얀 와인 속에
떠오르는 당신의 외로움

라인 강변 한 모서리에

쓸쓸히 서성이며
뭘 마실까! 내 사랑
그 어느 술잔에
와인을 부을까

지긋이 술잔에
입술을 댈 때마다
흔들리는 와인 속의
그대 얼굴

그대 잔속에 부어
뜨거운 입술을 적셔 보나니

사뭇 심각한 표정으로 읽고 나더니 몇 대목을 연거푸 반복한다.

"Deine Volle Tiaunigkeit… Oh meine Liehei!
Deine Glas füllt, in des die heissen
Lippen tauchem"

"분더바(놀라워요.). 그대 잔 속에 나를 부어 뜨거운 입술을 적셔 보지 않으시렵니까!"

볼에 홍조를 띄우며 사뭇 신파조다.

나는 커피 한 잔만 마시고 그냥 가기엔 미안해서 와인과 간단한 안주를 시켰다. 이윽고 이탈리아 와인과 피자가 식탁에 놓였다. 그리고 깐쏘네가 은은히 들리기 시작했다. 아, 마타호른과 함께 얼어붙은 음악이여!

“이탈리아 사람이군요, 아가씨”

“네, 저쪽 계곡을 넘어가면 이탈리아예요. 삐에몬테지요. 건강이 좋지 않아, 언니 내외의 휴가 중에 가게를 지키고 있던 참이지요. 참 이 와인을 이탈리아 특산품으로 발바레스코라고 하지요.”

“라인 와인이나 보르도 와인은 많이 마셨지만 이건 난생 처음인데…….”

“프랑스의 보르도나 부르고뉴, 그리고 독일의 라인, 모젤 못지않게 이탈리아는 피에몬테와 토스카나가 있지요. 이 술은 우리 작은 아버지가 손수 빚은 건데 작년에 ‘와인맨 오브 더 이어’로 뽑혔지요.”라고 집안 자랑을 하기 시작한다. 자기도 대학생인데 휴학 중이라는 신상 소개도 늘어놓고 이렇게 얘기를 나누는 동안에 우리는 취기가 돌았고, 잘 맞지 않는 깐쏘네 리듬을 무시하고 한 두 박자를 죽여 가며 브루스를 함께 추기도 했다.

나는 술김에 마타호른을 배경삼아 베란다 난간에 기대앉은 그녀의 모습을 스케치해 주었다.

“어쩐지…….”

하며 그녀는 탄식하듯 말했다.

“이런 대자연 앞에서면 나도 한낱 풍경일 뿐이지…….”

“당신도 이제 시인이 됐구먼…….”

우리는 홍건히 술에 취했고, 나는 해가 질 무렵에야 정신을 차리고 그녀가 준 써치 라이트를 켜고 밤이 이슥해서야 산마을로 돌아올 수 있었다.

‘매혹의 산길을 내려가게 해주시고, 또한 이 같은 만남의 축복을 주신 하나님이시여 감사하고 감사하나이다.’라고 기도를 되풀이하면서…….

엔가딘과 세간티니

■ 국어가 없는 나라

채르마트는 독일어권인데도 이탈리아, 스페인 등 라틴계 사람들이 슈퍼나 호텔, 레스토랑 등에서 일하는 종업원들이 많이 눈에 띈다. 언어는 물론 용모, 몸놀림, 표정 등을 보면 쉽게 분간할 수 있다. 스위스 노동력 부족으로 부득이 저임금 외국인을 고용하고 있어 보인다.

스위스는 본시 국어가 따로 없고 인접해 있는 독일, 프랑스, 이탈리아 3개국 사람들이 모여 한 나라를 이룩하고 제각기 모국어를 사용해 왔다. 따라서 3개 언어 지구로 나뉘어져 잇다. 독일어 지구가 가장 넓고 그 다음 프랑스, 이탈리아어 지구는 남부의 2할 정도다.

같은 나라이면서 통일된 언어가 없다는 것은 매우 불편한 일일 것 같은데, 스위스 국민들은 이 점에 대해 별로 신경을 쓰지 않는다. 인도나 인도네시아, 필리핀, 말레이시아 등 다언어국가들은 하나의 국어 만들기에 적지 않게 신경을 쓰는 것과는 대조적이다.

채르마트는 독일어권이지만 바로 계곡 넘어 치나르는 프랑스어권이고 남쪽으로 30여 킬로미터만 가면 이탈리아권이다.

스위스는 3대 산악군의 하나인 엔가딘Engadin은 독일어권인데 지방명은 흔히 프랑스어로 그리송Gnison이라고 부른다. 하지만 독일계는 그라우뷘덴Gnaubünden, 로만쉬어계는 Grishun이라고 각각 부른다.

독 · 프 · 이 3국어 외에 로마니쉬어계도 스위스에는 극소수 있으니까 이 나라에서는 이들 4개 국어에 국제어는 영어까지 통용되고 있다.

이처럼 지역에 다라 한 개 언어가 두루 사용되지만 지식인들은 보통 2, 3개국을 능통하게 구사한다.

다보스Davos, 산 모리츠St. Moriz 등 세계적으로 유명한 휴양지가 있는 그리송 지역은 150남짓한 계곡으로 나뉘어진 복잡한 지형 탓으로 아직도 옛날의 생활양식이나 관습이 뿌리 깊게 남아 있다.

로마시대에는 이 지역을 로마의 영토(레치아州)였던 데다가 고봉과 깊은 계곡으로 차단되어 오랫동안 외부와 차단한 생활을 해왔기 때문에 스위스에서도 가장 보수성이 강하고 라틴어에 가까운 로만쉬어Romansch를 고수하고 있다.

■ 엔가딘 주변, 그 공백의 허허로움

엔가딘은 백여 킬로미터에 이루는 계곡과 그 주변에 4천여 미터 거봉들이 솟아 있으나 발리나 베르너 오버란트에 비하면 가파르거나 거칠어 보이지도 않고 정밀만이 감돈다. 바로 앞장에서 말한 세간티니segamtini적 풍경이다. 허허로운 기묘한 공백의 풍경이다. 그가 그린 알프스는 엔가딘의 준초라지 않은 산의 이랑과 그 위에 으레 한 없이 펼쳐진 파란 하늘이었고, 부드러운 햇빛, 숲에 감싸여진 산과 호수, 마을, 마을사람 뿐이었다. 그는 U자형의 계곡이 있는 한촌에서 평생을 보내면서 주로 풍경만을 그린 것 같다. 한가로운 목가적 분위기를 좋아하는 나그네에게는 한껏 여정旅情을 불러 일으킬만한 고장이다.

이 고장의 주도州都인 산 모리츠에는 세간티니 미술관이 있다. 세간티니는 1858년 이탈리아 아르코에서 태어나 밀라노 아카데미에서 수업을 한 뒤, 이내 이곳으로 와서 평생 알프스 풍경을 그리며 살았고, 그림을 제작하는 도중에 죽었다.

진열된 많은 그의 작품에는 그 나름의 사상과 인간 감정이 잘 표현되어 있고, 독특한 빛의 표현이 인상적이다.

그의 명작 〈알프스의 한낮〉이 소장되어 있었고, 특히 3부작 〈생성 · 존재 · 소멸〉은 어딘지 동양적 · 불교적 분위기를 느낄 수 있어 감동적이었다.

■ 비경 탐방 실패의 아쉬움

나는 산 모리츠 같은 붐비는 관광지는 별로 좋아하지를 않는다. 그래서 호텔 주인에게 어디 비경이 없느냐고 물었다. 그의 말에 의하면 크레스타와 유후를 추천했다. 스위스 사람들에게도 별로 알려져 있지 않은 비경秘境이라는 것이다.

산 모리츠에서 직선거리로 30킬로미터 밖에는 안 되지만 거봉과 계곡이 가로막고 있어 등산객이 아니면 이곳에서는 가기 힘들다고 만류했다.

"가볼 수 있는 다른 방법이 없을까요?"

하고 손님 접대에 바쁜 그를 붙잡고 늘어졌다.

"대단하시군요. 어지간하면 포기하실 텐데……."

여행저널리스트라고 내 직업의 하나(?)를 밝혔더니, 일을 다 마치고 나서야 지도를 펴놓고 자세히 설명을 해주었다.

그의 설명에 의하면 스위스 궁곡의 한촌寒村이지만 스위스에서보다도 이탈리아 북부 밀라노에서 시발하는 것이 더 편리하다고 한다. 밀라노 북쪽이라면 코모 호에 가본 적이 있다고 했더니 바로 그 호수의 환을 끼고 가는 코스가 제일 편하다는 것이다. 밀라노에서 잘해야 사흘은 걸린다고 하니 유럽에 그렇게 가기 힘든 곳이 아직도 있다는 게 신기하기도 했다. 아무래도 이번 여정에서는 불가능한 것 같다. 아쉽지만 다음 이탈리아 북부에 들릴 기회가 있을 때로 미룰 수밖에 없었다.

감사하고픈 명미한 풍광

■ 알프스 등반의 상징, 몽 블랑

샤모니Chamonix는 프랑스의 산마을이고 몽 블랑Mont Blanc 역시 대부분 프랑스 영토 안에 있는 산악임에는 틀림없지만, 그 일부가 스위스 영영이고 스위스 주네브에서 가는 것이 제일 지름길이고 예시 코스이기 때문에 대개 스위스 알프스 관광 코스에 넣게 마련이다.

스위스 발리스의 채르마트가 마타호른의 등반역사로 말해지는 것과 마찬가지로 샤모니란 마을의 역사도 몽블랑의 역사를 통해 이야기하고 있다.

'알프스의 개조開祖' 또는 '근대 등산의 아버지'라고도 일컫는 드 쏘뉴르는 스위스 사람이다. 주네브의 명 가문 출신으로 1760년 처음으로 샤모니를 방문하여 몽 블랑 등반을 하는 최초의 등반인에게 거액의 상금을 내걸었다.

드 쏘슈르는 어릴 적부터 산 속의 동식물에 대해 깊은 관심을 가졌었고 자라서 식물학자가 되어 심산의 식물 채집을 즐겨했다고 한다. 남성적 채르마트에 이어 몽 블랑에 가본 다음, 특히 '알프스의 여왕'이라고 부르는 몽 블랑을 먼저 "1720년 과학의 이름으로 꼭 정복하겠다."고 결심하고, 그 동안 길을 개척할 자를 거금을 내걸어 구했던 것이다.

하지만 샤모니의 등산객들조차도 몽 블랑은 '도저히 정복할 수 없는 미지의 산'이라고 외경의 눈으로 바라볼 따름이었다.

거액의 상금에도 불구하고 아무도 시도조차 하지 않았었던 그런데 그로부터 26년 후인 1786년에야 그 꿈이 이루어졌다. 샤모니에 살고 있던 수정水晶채굴을 하는 쟈크 바르마와 의사 가브리에르 파카르에 의해서 해발 4807미터의 몽 블랑 첫 등정이 정복된 것이다.

이 등반 성공은 1953년 세계의 최고봉인 에베레스트 첫 등정시와 마찬가지로 세계의 톱뉴스로 센세이션을 일으켰다. 이처럼 몽 블랑의 정복을 세계 등반사의 개막을 뜻하는 것이고, 이를 계기로 하여 스포츠로서의 등반이 활발해진 것이다.

그로부터 2년 후 드 쏘슈르 자신도 바르마의 안내로 몽 블랑 등정에 성공하여 평생 소원을 이루어냈다. 현재 샤모니의 카지노장 앞에 있는 동산은 몽 블랑을 우러르는 드 쏘슈르와 산 정상을 가리키는 바르마의 기념상이다.

쏘슈르의 소망 성취 덕분에 한촌寒村 샤모니는 차츰 '프랑스의 산악 수도'로 불리게 되었고, 1853년에는 최초의 스케이트장이 마련되었으며, 1923년에는 동계올림픽이 개최됨으로써 날로 번창해지고 유명해져 왔다.

몽 블랑 산경은 '인간이 도저히 만들어 낼 수 없는 절경'으로 '숨이

멋을 절경'으로 형용될 정도로 명미하다. '에귀유 뒤 미디' 전망대에서 360도의 파노라마, 그 조감적鳥瞰的 전망을 바라보면 이 형용이 결코 과장이 아님을 실감하게 된다.

옛 사람들은 목숨을 걸고 모험했던 정상 전망대(3840미터)까지 로프웨이로 불과 30분 소요되는데, 바로 올라가면 적응이 잘 안되므로, 중간역인 플랑 데 세기유Plan des Aiguilles에서 샤모니의 침봉군針峰群을 조망하면서 한동안 고도에 적응한 다음 역으로 옮겨가야 된다.

알프스 산맥은 지중해의 남부 프랑스에 가까운 해안 알프스에서 비롯하여 몽 블랑과 스위스의 3대 알프스를 거쳐 오스트리아의 수도 빈 근처에 이르기까지 활의 굽은 모양처럼 폭 200여 킬로미터, 길이 1200여 킬로미터나 뻗쳐 있는 대 산맥이다.

스위스를 생각할 때 처음에 나는 세간티니의 그림 같은 알프스를 머리에 떠올렸었다. 하지만 1200여 킬로미터를 다 돌고 난 다음 나는 '감사하다.'라는 말 밖에 할 수 없었다.

먼저 이처럼 '숨을 멈추게 할 산용'을 창조해내신 조물주 하나님을 외경하고 감사드리며 그 다음으로는 내가 이를 볼 수 있게 되었다는 영광과 감사의 기념이다. 그리고 또한 평화롭고 풍광이 면미하기 이를 데 없는 이 작은 산악국이 이 세상에 존재하고 있다는 사실에 대한 감사이기도 하다. 특히 알피니스트들이 이 나리를 '지상의 천국'이라고 감사할 만하다('천국'이란 표현은 좀 과장되기도 하지만.).

"나는 살아났다!"

고 목청이 터져라 소리 질렀다.

새삼스레 살아있음에 대한 고마움을 느낀다. 감사하다.

티치노와 두 비경秘境

산 모리츠에서 호텔 주인에게서 들었던 크레스타 · 유후 등 이른바 두 '비경'을 가본 것은 그로부터 몇 년 후의 일이다. 호텔 주인의 말을 액면 그대로 받아들일 수도 없고, 또한 여정旅程이 따로 있었는데 다시 이탈리아로 남하할 수도 없었기 때문에 다행히 그로부터 몇 년 후에 공교롭게도 베네치아와 밀라노에 가볼 기회가 생겨서 그 '비경'이라는 곳을 찾아가기로 했다.

■ 스위스 속의 이탈리아

이탈리아의 국경을 넘어서면 티치노Ticino, 스위스의 이탈리아어 지구다. 도처에 암봉岩峰과 빙하가 뒤덮힌 발리스 · 채르마트 · 그리손에 비하면 이 지바는 이탈리아적 분위기다. 이탈리아의 스위스 양국 사이에 걸쳐 있는 코모(거의 이탈리아 영역임) · 루가노 · 마죠레 등 세 호수도 스위스의 여느 호수와는 달리 푸른 숲으로 뒤덮인 둔탁한 청산에 둘러싸여 있다.

국제 펜클럽 회의가 열렸을 때 일찍이 가보았던 루가노에 다시 들렀다. 아름다운 루가노 호수를 끼고 있고, 특히 호반을 따라 길게 뻗어 있는 산책로는 정말 인상적이다. 사랑하고 싶은 이성과 이 길을 걸으면, 어느새 연인이 되어버린다는 그런 매혹적 산보길이다.

회의 중에는 시간이 없어서 가보지 못했던 이른바 밀수密輸박물관을 배를 타고 간드리오Gandrio로 건너가 보았다. 스위스 · 이탈리아 국경 라인이 루가노 호를 갈라놓고 있기 때문에 예부터 세관이 있었던 곳이고 바로 이 박물관이 옛 세관 · 검역소였다고 한다. 당시에는 육지보다 호상 밀수가 더 용이하기 때문에 특히 이탈리아에서 스위스로의 밀수 행위가 성행하였다고 한다.

그 당시 밀수꾼들이 어떻게 교묘히 밀수를 했던가를 일목요연하게 알 수 있도록 여러 가지 장치와 물건들, 그리고 압수했던 귀중품들이 흥미롭게 진열되어 있다.

루가노 관광을 마치고 경승지 코마 호반을 굽이돌아 케보이나, 슈피겔 고개를 넘고, 라인강의 원류인 린터 라인을 건너 아니헬스 계곡으로 들어갔다. 버스 연결도 잘 안되고 길이 가파르고 험난하여 꼬박 이틀이 걸렸다. 고생길이 사는 길을 내게 고즈넉이 일러주었다.

■ 고립된 비경

크레스터에 도착한 것은 우리나라의 말복 무렵인데 벌써 마을에도 눈이 수북히 쌓여 있었다. 크레스터는 해발 2천 미터, 유후는 2126미터, 그 위로는 마을은 물론 이가도 전혀 없다.

크레스터는 교회가 있는 마을로서는 세계 최고最高라고 한다. 이 마을의 존재가 세상에 알려지게 된 것은 극히 최근의 일이다. 아니뷀스 계곡 입구는 단애상斷崖狀의 협곡이어서 관광객이 오기에는 좀 힘들고 어려운 고장이다. 또한 마을 위쪽은 빙하가 있는 심상궁곡인 험난한 지형 탓으로 이 부락은 자연 고립되어 왔었던 것이다.

이 마을 촌로의 말에 의하며 이곳에 언제 부락이 형성되었는지 확실치는 않지만 가장 오래된 기록으로 1662년 부락일지에 보면 당시에는 이 고장이 하나의 독립된 국가의 형태를 지니고 있었다는 것이다. 이 소도립국가의 국지였던 산양기山羊旗가 지금도 마을 사무소에 펄럭이고 있다.

이 주변은 이탈리어 영역권인데 이 두 마을만은 독일어를 사용하고 있는 것도 기이하다. 또한 이 부락에는 유럽 어느 나라에도 찾아 볼 수 없는 기습奇習 두 가지가 남아 있다. 그 나라는 산양의 똥을 낙엽과 버무려져 햇빛을 말렸다가 겨울철에 땔감으로 사용하는 것이고, 다른 하나는 2층의 창과 창 사이에 '쎄엘라 발가Seela Balga, 영혼의 창문이란 뜻'라는 작은 창이 으레 있는데, 이 창문은 사용하지 않고 십자가로 못질해 닫아둔다. 그런데 가족 중 와병하여 임종이 임박하면 문짝을 활짝 열어 병자의 영혼이 하늘로 빠져 올라가게 한다는 것이다. 내가 묵었던 이 마을 유일의 호텔인 '하인츠'도 주인 내외가 기거하는 지붕 밑 다락방에는 이 '쎄엘라 발가'가 있었다.

마을 중심에는 에델바이스란 이름의 교회가 있다. 로맨틱한 이름이어서 근래에 지은 이름인줄 알았더니 목사님 말에 의하면 오랜 옛날부터 이곳에는 에델바이스가 많이 무리지어 피어있다고 한다.

이 마을에는 근래 빙벽 등반 객들이 모여들어 모처럼 호텔이 만원이었다. 빙벽을 타다가 추락하는 사고로 한 여름철에 한두 건은 꼭 있다고 한다. 커피 코너에서 만난 한 알피니스트에게 왜 위험을 무릅쓰면서 등반을 즐기느냐고 물었다. 그는 웃으면서 데포필 고체의 말을 인용했다. 그럴 듯한 명언이기에 따로 써 받았다.

"이성理性이 아무리 반대를 하더라도 산과 사람과의 이 싸움은 시적詩的이기도 하고 또한 존귀한 것이기도 하다. 위대한 사물을 본능적으로 좋아하는 대중들은 그래서 대담하고 용기 있는 등산가에 대해 존경과 박수갈채를 아끼지 않게 되는 것이다. 등산가는 맹목적인 장해障害에 대해 항변하는 인간의 의지의 상징이다. 특히 빙벽을 타는 알피니스트는 인간을 멀리하려드는 산봉오리에 인간이지의 깃발을 꽂아 인간 존엄성을 입증하는 위대한 자이다."

리히텐슈타인의 하루

■ 작은 독립국가

주리히에서 오스트리아의 인스부르크에 가는 도중, 그 길목에 있는 리히텐슈타인Liechtenstein을 방문했다. 스위스의 북스역과 오스트리아의 휄트키르히Feldkirch역 사이의 동서 10킬로미터(남북은 20여 킬로미터)에 157평방 킬로미터 밖에 안 되는 고장이지만 어엿한 한 나라[公國]다. 인구가 채 5만도 안 되는 소국이지만 한번쯤 가볼만한 곳이다.

로마 시내에 있는 바티칸 시국市國(면적 0.44평방 킬로미터), 이탈리아 중부에 있는 산 마리노 공화국(면적 61평방 킬로미터, 인구 2만여, 세계 최고最古의 소공화국), 프랑스의 코트다주루에 있는 모나코 공국(면적 1.49평방 킬로미터, 인구 4만여), 피레네 산중에 있는 안도라 공화국(면적 453평방 킬로미터, 인구 4만여) 등과 같은 극소독립국 중의 하나다.

리히텐슈타인의 역사는 12세기로 거슬러 올라갈 수 있다. 하지만 공국으로서의 역사는 셰렌베르크(Schellenbeig, 현재 공국의 북부)와 화두스(Vadus, 현재 공국의 중앙부로 수도) 등 두 공령公領이 토호土豪인 리히텐슈타인 문중에 의해 통일된 1719년부터 비롯된다.

1806년에는 신성 로마제국 직속의 공국이 되었고 1815년에는 라인동맹에 가맹했으나 나폴레옹 실각에 의해 그해에 다시 도이치란트 연방에 속해 있다가 1866년에야 완전 독립했다. 제1차 세계대전이 끝날 때까지 오스트리아와 관세, 통화 동맹을 결성했으나 대전 후 차츰 스위스와의 관계가 긴밀해져 1921년부터는 스위스 프랑을 자국 통화로 삼고 1924년에는 스위스와 관세동맹을 채결하기에 이른다. 현재 전보·우편 등 주요 국가 기구는 스위스 관리 하에 있고 외교도 스위스 정부를 통해서 이루어지고 있다.

현재 이 공국은 1921년에 채택된 헌법에 따라 입헌군주국으로 임기 4년의 15명으로 구성된 단원제의회가 있다. 1868년 이래 군비를 철수시켜 현재는 경찰관이 50명 정도 있다.

공영국어는 독일어이고 대다수가 가톨릭 신자다. 주산업은 농업, 낙농업이다. 세금은 거의 없고 주된 국가재원은 유명한 우표 발행과 충당하고 있다. 스위스와의 무역, 관광, 각국회사의 등록 수입 등으로 관광이라고는 하지만 산 마리노나 모나코에 비하면 관광국이라고 말하기는 어렵다.

샨-화두츠(Schaan-Vaduz)역을 거쳐 마이엔웰트(Maienfeld)역에서 내려 마을을 지나 약 10분가량 목장 사이로 잘 다듬어진 시골길을 걸어가면 한 목장 옆에 「알프스 소녀 하이디」로 유명한 스위스의 여류작가 요한나 슈피리를 기리기 위해 만들어진 '하이디의 샘(Heidibrannen)'이 있다.

샘은 창취하도록 닥아 오른 숲에 휩싸여 있고, 샘가에는 젖소가 풀을 뜯으며 느리게 움직이고 있고 소물이 개의 짖는 소리, 아이들이 떠드는 소리, 작품의 주인공 하이디, 페터, 그리고 할아버지가 다녔음직한 오솔길 등 요한나가 그린 목장 마을 그대로의 풍경이다.

자동차로 달리면 20분이면 공국의 끝에서 끝까지 갈 수 있는 거리이므로, 짐이 별로 없다면 느긋하게 걸어다니면 「알프스 소녀 하이디」의 목가적 분위기에 젖어들 수 있다. 도로라고는 라인강을 따라 남북의 두 길 밖에 없다.

수도라지만 화두츠(Vaduz)도 이구 3천여 명의 시골 마을이다. 마을 동쪽은 산으로 중턱에서 고성古城 화두츠가 우뚝 서 있다. 리히텐슈타인 프란츠 요셉공 일가가 살고 있는 관저다. 이 산 밑에 뻗어 있는 메인 스트리트 양족에 화두스 시가가 자리하고 있다. 산자락에는 무궁화(이곳에서는 Hyiscus라고 부른다)가 만발해 있어 너무도 반가웠다.

시 중심에는 우표수집가에게 널리 알려져 있는 화두스 우편국이 있고 국왕의 컬렉션을 전시하고 있는 미술관과 역사박물관 등이 있어 진귀한 우표 등 수집 풀을 구경할 수 있다.

■ 화두스 요리와 미녀

교회 옆, 화두츠 관광국에 가서 성이 바라보이는 민박집을 소개받았다. 이곳은 스위스, 오스트리아, 독일 등에서 관광보다는 요양차 오는 퇴직 노인들이 많이 값싸고 안락한 숙박시설들이 잘 갖추어져 있다. 쌍둥이 자매가 경영하는 2층 목조건물의 미니 호텔은 한 녘에 작은 레스토랑도 겸한 고급주택을 개조한 듯 안뜰에는 예쁜 화원도 갖추어져 있다.

여장을 풀고 레스토랑에 가서 메뉴를 보니 뭘 주문해야 좋을지 도무지 알 수 없었다. 난처한 표정을 짓자 두 아가씨가 모두 내 식탁 쪽으로 자세히 설명하며 제각기 다른 요리를 추천해 주었다. 언니는 라크레트(Raclette), 동생은 뷘드네르 후라이셰(Bündnerfleiche), 나는 망설이다 두 친절에 홀려 두 가지를 다 주문해 버렸다. 마침 몹시 배고프기도 했었다. 먼저 애피타이저로 라크레트가 나왔다. 일종의 치즈요리인데 치즈로 감자를 튀긴 것으로 소박한 맛이다. 이 요리는 반드시 화두스산 포도주와 함께 먹어야 제 맛이 난다는 언니의 말에 고만 흰 포도주 한 잔을 또 주문했다. 여행의 피로가 말끔히 풀린 듯했다. 나는 미인에게 약한 모양이다.(맑은 미소를 짓는 언니의 모습은 정말 매력적이었다.)

이윽고 두 번째 '디시'가 나왔다. 유럽에서는 고기의 가공식은 대개 돼지고기로 조리하는데 쇠고기인게 특이했다. 쇠고기 안심 부위를 '스모크'해서 말린 것을 기계로 얇게 '슬라이스'한 것인데 스프 다음 단계의 요리라고 한다. 이 요리는 포도주와 함께 마셔야 한다고 동생이 말하는 바람에 공평하게 시키는 대로 했다.

"호인(everyboby's friend)이셔라!"

와인에 거나해진 나도 말문을 열었다.

"저 벽에 걸린 이도 '호인'이라며 국왕 사진을 가리키며 웃었다.

"그럼요, 우리와 존경하고 사랑하는 호인이시죠."

나의 농조의 말에 정색을 하며 응수했다.

딴은 우체국 관광국 등 관공서는 물론 미술관, 심지어는 호텔 로비에도 국왕 내외의 사진이 걸려 있는 것을 보면 독재국가도 아닌데 어지간히 국민의 사랑을 받고 있는 모양이다.

"그런데 어느 나라 사람이세요?"

만난 지 30분이 지나서야 내 국적을 물었다. 한국인이라고 대답했더니, 한국인은 처음이라면서 둘 다 호들갑을 떨었다. 중남에 오지奧地를 탐사할 때에는 그런 말을 많이 들었는데 유럽에서는 나도 이런 말을 처음 듣는다.

한국에 대해서 아는 것이 무엇이냐고 물었더니, 이외에도 태권도라고 했다. 자매의 아저씨가 정부 경호원인데 뮌헨에서 태권도를 배웠다는 것이다. 또 뭘 더 아느냐고 물었더니 한참 생각하다가 올림픽을 개최하지 않았느냐고 반문했다. 스포츠가 얼마나 국위를 선양하고 있는 것인지 새삼 느끼게 된다.

이 민박집에서 하루를 묵고, 나는 두 미녀의 아쉬운 전송을 나누며 (언니는 역까지 나와 주었다.) 인스부르크 행 열차를 탔다. 즐거운 하루였다. 못 잊을 사람들이다.

같은 경제권인 스위스에서 입국할 때에는 전혀 국경을 분간하지 못했는데, 휄트키르치 역에서 오스트리아 인터시티 열차로 갈아탈 때에는 복장이 달라진 경찰관들이 지켜보는 가운데 한쪽 플랫폼에서 다른 쪽으로 옮겨 탔다.

뮌헨의 우수憂愁

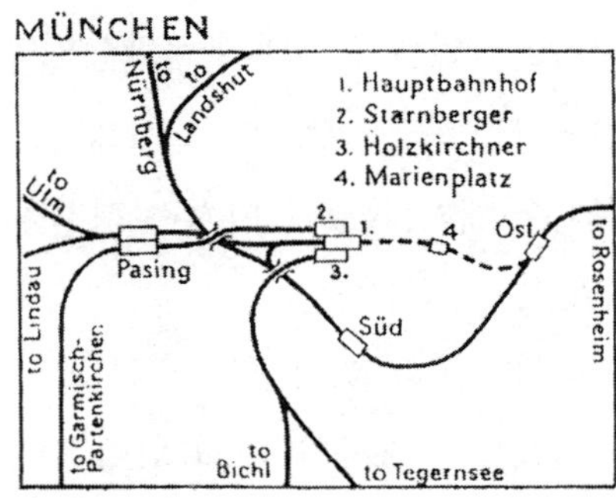

■ 히틀러의 망령

인스부르크를 거쳐 뮌헨에서 하루 묵기로 작정하고 중앙역에 내려 역사 바로 옆에 있는 카이저 호프에 짐을 풀어놓고는 정처 없이 거리를 거닐었다.

도처에 카스타니엘의 꽃향기가 그득했다. 오데온스 광장에도, 뮌헨 대학 캠퍼스에도, 마리아 교회 뜰에도, 영국공원에도, 인스부르크에서 오는 아우토반 주변에도.

뮌헨은 맥주의 고장이다. 매년 10월에 열리는 10월 축제(Okto ber fest)에는 전 세계에 많은 관광객이 모여든다. 맥주의 본거지에 왔으니 나도 또한 안 마실 수 없는 노릇이다. 호프 브로이하우스(Hop Bräuhavs)에서 생맥주 두 조끼를 단숨에 들이켰다. 히틀러의 망령이 떠오르는 고장이다.

히틀러는 한 달에 한두 번은 꼭 여기 오지 않고는 못 견뎠다고 한다. A. 발로크의 『아돌프 히틀러』에 보면 히틀러가 뮌헨에 도착했다. 그 순간, "나는 내가 알고 있는 어느 곳보다도 이 도시에 애착을 느끼게 되었다."라고 술회했다고 한다.

이것이 뮌헨의 최대의 불행이었다. 뮌헨하면 곧 히틀러를 연상하게 되니 말이다. 그래서 이 도시에서는 2005년 독일 월드컵을 계기 삼아 뮌헨, 크게는 독일의 이지지 제고提高를 위한 캠페인을 전개하기에 이르렀다.

몇 백만이라고 하는 유태인을 가스실에 쳐놓고 참살한 나치, 참살 그 자체도 중요하지만, 그 만행을 까마득히 망각해 버린 현대인, 인격이 아톰화되고 단편화된 새로운 인간상을 낳은 현상이 더 비주이라고 본 막스 피카트의 말이 떠오른다.

1913년 1월 뮌헨을 처음 찾은 한 부랑자가 정확히 20년 후 1월 30일 베를린의 수상 관저에서 독일의 새 수상 선서를 했다. 이는 역사학자 마이네케가 지적한 것처럼 합리성과 비합리성과의 균형이 깨어져, 거기에 굴러들어온 하나의 개성이 이상한 힘을 발휘하는 역사의 '우연'의 극단적인 한 희극이었다.

왜 히틀러는 태어났을까, 왜 그는 뮌헨에서 두각을 나타냈을까, 왜 이 같은 미치광이가 합리적인 독일 사람들을 광신자로 만들었을까, 그건 결국 '우연'이라는 낱말 이외에 어느 다른 표현으로도 설명 할 수 없는 돌연변이일까. 이 물음은 인간 존재 그 자체에 대한 끝없는 질문으로 이어질 수도 있다.

■ 파우스트의 두 영혼

인스부르크의 비교문학회의는 모처럼 국제문학회의가 개최되는 것을 기리기 위해 독일이 자랑하는 문호 괴테의 『파우스트』 연구 분과를 마련했다.

> "아, 두 가지 혼이 나의 가슴속에 깃들어 있다. 그 하나가 다른 하나로부터 멀어지려 한다."(1112행)

이 두 혼은 포츠담 정신과 바이말 정신으로 대표될 것 같다. 전자는 '프로이센'주의인 절대국가주의다. 그리고 후자는 독일시민 계층이 추구한 자유주의 세계 시민주의다. 그런데 미와 자유를 존중하는 바이말 정신 대신에 포츠담 정신이 고개를 들어 '보나파르트적 환영幻影'을 창출함으로써 독일의 비극이 잉태된 것이다.

괴테가 말한 두 혼의 균형이 깨어져, 그 하나가 다른 하나로부터 멀어지려 할 때 공교롭게도 히틀러가 등장한 것이다. 순간 슈트트가르의 저녁놀이 내 머리를 스치고 지나간다. 그것은 악마의 장난과도 같은 황혼이었다. 2층 창문을 통해 파우스트와 메피스토페레스가 회심의 미소를 지으면서 주홍색 불길을 헤치고 탈출하고 있는 모습이 꿈꾸듯 환상으로 아른거린다. 독일, 아니 유럽의 명암을 보는 듯싶다.

호텔로 돌아가는 도중 예술의 집, 독일박물관, 맥시밀리아노임 등을 거쳐 케니히 광장으로 나왔다. 광장 오른쪽, 아카시아 숲 사이로 고고학박물관 연구소와 음악학교가 보인다. 이 두 건물 모두 히틀러의 명령으로 지어졌고, 세계사를 바꿔놓은 유명한 뮌헨회담의 무대가 되었던 곳이기도 하다. 고요한 광장의 한 모서리, 옛 박물관에 남아있는 제2차 대전 당시의 폭격의 상흔이 『파우스트』의 두 영혼을 상징해주듯, '제3제국의 천년의 꿈'을 말해주고 있어 보인다. 명과 암이 교차하는 환영이 떠오른다.

정신착란증세가 있던 독일의 한 하사관이 알콜에 중독된 시인 어카르트, 편협증이 있는 경제학자 훼더와 단짝이 되어 맥주를 들이키며 기염을 토하던 다가 급기야는 엄청난 권력을 휘두르고 온 세계를 비극으로 몰아놓은 '우연'을 낳은 '제3제국의 발상지' 뮌헨, 호프 브로이하우스를 지나 형언하기 힘든 우수를 등에 지고 호텔로 발길을 옮긴 후, 짐을 싸들고 '히틀러의 뮌헨'에서 '괴테의 프랑크푸르트'로 달려갔다.

오스트리아와 빈나카레

■ 오스트리아라는 나라

오스트리아(Republik Österreich)는 아홉 개의 자치주로 이룩된 연방공화국이다.

일찍이 하프스부르크가家의 영지領地로서 중앙유럽에 대제국을 건설, 18, 19세기에 유럽 대륙에 군림했던 이 나라는 두 차례에 걸친 세계대전을 겪는 동안 영토가 점점 작아져서 현재는 면적이 고작 8만 4천㎢에 인구 8백만도 채 안되는 소국으로 전락하고야 말았다.

서구 제국 중 가장 동단에 위치한 이 나라는 국토의 60%가 산악 지대로서 스위스와 같이 '알프스의 나라' 또는 '도나우의 나라'로 알려져 있다.

만년설과 빙하로 눈부신 산, 험준한 계곡, 아름답고 푸른 알프스, 장취한 숲과 호수, 그리고 풍윤한 물이 유유히 흐르는 도나우 강, 그 유역의 그림 같은 농경지와 농촌 풍경. 이러한 풍광은 도시가 지니는 바로크적인 분위기와 더불어 목가적인 전통과 문화가 조화를 이루어 길손을 매료시킨다.

국민의 90%가 가톨릭 신자이고 나머지 10%가 개신교도로 유럽에서도 손꼽히는 기독교 국가인 이 나라는 독일어를 사용하지만, 독일인과는 달리 자아의식이 강하다거나 과학성과 합리성에 치우치지도 않고 스위스인처럼 계산에 빠르지도 않아 같은 게르만 민족 중에서도 가장 우미優美하고 예술적이다.

오스트리아인의 이와 같은 성격은 이 나라의 오랜 역사 속에 부단히 이어지는 동유럽 민족의 영향 탓이라고 여겨진다. 서구적 시각에서 보면 매우 촌스럽고 토속적인 동구의 풍물이 오스트리아로 침윤해 들어와 이것이 서구의 도시적인 것과 버무려져서 예술적인 서정성을 은연중에 낳게 한 것이 아닐까…

빈(비엔나)의 궁정 음악을 조용히 육성해 오면서 다른 한편으로는 티롤의 계곡 깊숙이에 요들송을 남긴 오스트리아인의 비합리성과 모순에 어쩐지 애정이 간다.

그러므로 오스트리아의 여행은 수도 빈만을 둘러보는 것으로는 흡족할 수 없다. 그렇다고 티롤의 골짜기와 시골 풍물에 젖었다 오는 것만으로도 오스트리아를 옹글게 이해할 수는 없다. 빈, 잘츠부르크, 인스부르크 등 도시의 바로크 건축물과 전아한 전원 풍경을 아울러 보고, 빈의 오페라와 티롤의 알프와 빙하 속에 잠겨 봄으로써 비로소 오스트리아라는 나라를 피부로 느낄 수 있게 된다.

■ 빈과 그 주변

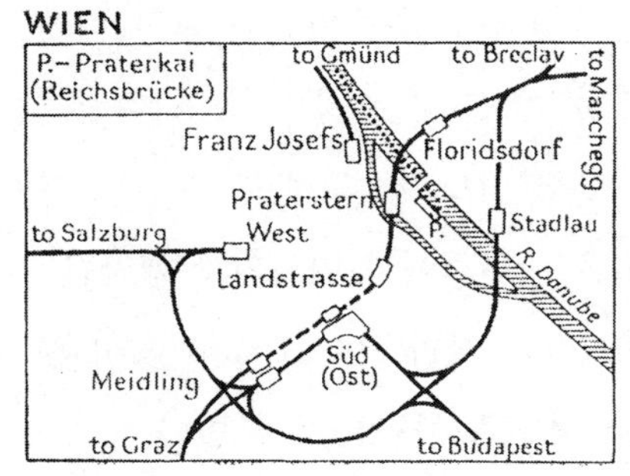

아름다운 지중해의 니스 해안에서 불룩 솟아오르기 시작한 '오이로파 알프스'는 북상함에 다라 높이를 더해 가다가 몽 블랑이 그 '피크'를 이루는데, 여기서부터 알프스는 동녘으로 방향을 돌려 스위스를 관통하여 티롤로 이어진다.

티롤에서 동쪽으로 갈수록 삼림이 무성해지는데, 그러한 웅자와는 대조적으로 그 기슭에는 푸른 융단을 깔아 놓은 듯한 목장과 숲이 펼쳐지다가 도나우강으로 잠겨 버린다.

이와 같은 알프스의 마지막 삼림 지대가 '도나우의 숲'이며 이 숲 언덕 옆에 아담하게 자라집은 도시가 바로 오스트리아의 수도 빈이다. '푸른 도나우강', '빈 숲 속의 이야기', '춤추는 회의', '음악의 수도' 등 어린 시절부터 음악, 영화, 소설 속에서 익혀 온 이 도시는 처음 발을 딛는 순간부터 친근감을 물씬 느낀다.

빈은 '건축 박물관'이기도 하고 '미술의 거리', 그리고 특히 음악의 도시로 세계적인 명성을 떨치고 있다. 빈은 미술이나 음악 애호가가 아니더라도 애환이 교차되어 일희일비一喜一悲를 교감할 수 있는 묘한 매력을 지닌 도시다.

성 슈테판 대사원, 카알 교회, 호프부르크(왕궁), 벨베데레궁, 셴부룬궁, 레오폴트궁, 아말리아궁, 황제 보물관, 미술사관, 자연사박물관, 역사 박물관, 국립 오페라 극장 등을 편력하다 보면 빈이 지닌 오묘한 맛에 한껏 매료되고 만다.

정신없이 명승지를 돌아다니다가 마시는 '빈나카페(비엔나 커피)' 맛 또한 이 도시 관광의 또 하나의 즐거움이다.

빈에는 스위스의 은행 수만큼 커피숍이 많기로 유명하다. 빈의 커피숍은 스위스에 있어서의 은행만큼 일상생활에서 중요한 위치를 차치하고 있다. 커피숍이 그렇게 많은데도 저녁나절에는 자리를 잡기가 어려울 정도로 사람들이 붐빈다.

다방에서 "빈나카페 주세요." 하고 주문하면 "여기는 커피는 모두가 빈나카페인데요……." 하고 웃어넘긴다.

처음 이 도시를 찾는 나그네를 위해 참고로 '빈나카페'의 종류를 소개하면,

- 모카(Mokka)－예사로운 블랙 커피와 별반 다를 바 없는데, 양이 적어 마치 이탈리아의 메스프레쏘와 비슷하다.
- 카프치너(Kapuziner)－커피에 '호입 크림'을 친 것으로 이탈리아의 카프치노 풍.
- 브라우너(Brauner)－커피에 소량의 밀크를 섞은 것으로 가장 일반적인 커피.
- 멜란제 미트 슐라그(Melange Mit Schlag)－커피에 생크림과 밀크를 반반씩 넣은 것.
- 오베르스 게슈프릿츠(Obers Gespritzt)－커피에 다량의 크림을 넣은 것.
- 밀히 게슈프릿츠(Milch Gespritzt)－커피에 다량의 크림을 섞은 것.

이른바 밀크 커피.

· **슈페너**(Einspänner) – 커리에 다량의 '호입크림'을 넣은 것으로 이 커피만큼은 특이한 유리잔으로 마신다. 이 커피가 우리나라에서 말하는 이른바 '비엔나커피'다.

· **모카 게슈프릿츠**(Mokka Gespritzt) – 커피에 럼 주를 섞은 것.

· **튜류키셔**(Türkischer) – 터키식 커피로 커피의 분말을 넣은 채로 끓인 것.

눈이 먼 파우스트

■ 메피스토페레스의 역할

일찍이 괴테는 『파우스트』의 「하늘 위의 서곡」에서 이렇게 노래했다.

> 신이 창조한 일체의 숭고한 만물은 천지가 창조되던 날과 똑같은 그린 장엄함을 늘 지니고 있다.

작품 속의 천사들의 노래다.

여기에 메피스토페레스(Mephistophfeles)를 등장시켜서 신에게 나아가 파우스트의 영혼을 신으로부터 앗아가 달라고 부탁하고 이에 승낙을 받는다.

만일 메피스토페레스가 이렇게 진언하지 않았더라면 신의 창조는 더 이상 전개되지 않고 '만물의 천지가 창조되던 날과 똑같은 그런 장엄함'을 늘 지닌 채 그냥 끝장나고야 말았을지도 모른다. 결국 메피스토페레스가 신의 창조를 계속시킨 계기를 만들어준 셈이다.

아놀드 토인비는 여기에서 유럽 문명사의 한 모메트를 찾았다. 즉 두 인격의 만남과 싸움, 도전과 응답-이것이야말로 문명의 동력이라고 『시련 위에 선 문명(Civilization on Trial)』에서 갈파했다. 괴테의 『파우스트』는 이런 의미에서도 유럽 문화의 출발점이 되는 것이다.

뮌헨의 빈민가에서 고독을 달래면서 『서양의 몰락』을 집필했던 슈펭글러도 역시 유럽문화를 단적으로 '파우스트' 문화라고 규정지으면서 고전 그리스·로마의 아폴론 문화와 확실히 구분 지었다. 그것은 무한의 세계를 지향하는 모든 한계를 뛰어넘으려는 '個의 魂'을 그대로 표출한 문화이며 고딕 건축으로 상징되는 수직의 문화인 것이다.

나는 남부 독일의 '슈바르트 발트(검은 숲)'에 둘러쌓인 마울브론 수도원의 첨탑을 기억한다. 그 수도원을 방문했을 때 몸을 에는 삭풍이 몰아불고 있었다. 꽁꽁 얼어붙은 샘물 뒤에 로마네스크풍의 승원이 있고, 그 본당이 있고, 바로 그 뒤편에 연필 날처럼 뾰족한 첨탑이 하늘을 찌르고 있었다. 이 같은 고딕풍의 첨탑에 파우스트가 살고 있었다. 매서운 바람 탓으로 첨탑이 매우 을씨년스럽고 스산하게 느껴졌다. 돌이켜 생각해보면 그 첨탑의 분위기야말로 유럽의 모습이 아닐까 하는 생각이 든다.

■ 유럽의 약탈

스웨덴의 작가 스벤 린드크비스트는 유럽의 역사는 '문명이란 이름의 약탈과 학살'이었다는 것이다. 세계로 유럽의 문명을 확산시킨다는 미명 아래 이 같은 만행이 자행되었다는 것이다.

다윈의 진화론이 탄생한 이후 생물학은 이른바 '적자 생존(Seavival is the fittest)'의 논리를 보편화시켰다. 이어 스펜서는 이를 사회적 진화론으로 둔갑시켜 제국주의 팽창 이념의 골격을 만들어 냈다. 이 논리에 따라 아메리칸 인디언과 인디오, 아프리카주 호주의 원주민(아보리진) 등은 '야수'이자 '열등인종'이 되어 버렸다. 퀴비에, 녹스, 골턴 등은 과학의 이름으로 이 같은 인종차별주의를 합리화시켜 버렸다. 그리하여 한동안 세계는 인종의 생물학적 팽창과정으로 둔갑했단. 독일의 라첼은 앞에서 말한 인종주의 논리에 공간이동을 결합하여 우수 민족에겐 자유로운 공간이 필요하다고 주장했다.

스페인의 역사학자 코라르는 자기 자신도 어쩔 수 없이 되어버린 만큼 마술에 홀려있었던 파우스트 속에서 오늘의 유럽의 모습을 보았다.

그는 『유럽의 약탈』에서 약탈사로 얼룩진 유럽을 비판하면서 오늘날 유럽에 결여된 것은 생명력도, 결단력도, 실천력도 아니고 다만 빛일 따름이라고 술회했다. 즉 유럽이 결여한 것은 역사를 보는 빛, 역사의 정세를 파악하는 지성과 파악력이었다는 것이다. 파우스트는 눈이 먼 장님이 되어 버린 것이다. 그리고 문득 깨달았을 때엔 유럽문명은 약탈되고 과거의 거인은 이미 아니었던 것이다.

유펭글러를 비롯해서 토인비, 코라르 등 유럽의 상대화, 왜소화를 목격한 대학자들은 한 결 같이 파우스트에게 그 운명을 뒤집어 씌웠다. 유럽은 이제 더 이상 세계사의 중심이 아니라는 것을 『파우스트』의 비유를 통해 일깨워주었다.

이제 세계사는 제각기 얘기의 꽃을 피우는 한낱 옛 이야기 거리에 불과하게 되었다. 이렇게 말하면 유럽사람들은 쉽게 동의하지 않을지 모르지만, 이런 석학들의 증언을 통해 지성들은 마치 '예리한 칼날이 눈 위에서 번뜩이는 섬뜩함'을 느끼기도 하리라. 그런 자갈이 니체 유럽인에겐 필요하다.

코라르가 말한 것처럼 유럽이 세계의 전부처럼 생각했던 착각에서 벗어나 세계의 일부에 지나지 않음을 깨달아야 할 것이다.

물론 유럽인들은 일찍이 세계의 구석구석을 돌며 식민지화하고 군림해왔다. 다른 한 편으로 보면 15세기부터 시작된 대항해 시대에 접어들면서 유럽인은 유럽을 세계의 일부에 위치해 있다는 인식과 더불어 세계를 유럽의 일부로 종속시켜버린 것이다. 이른바 대항해 시대는 그런 여행의 연속이었다.

마제란, 콜럼버스의 대 여행 장정은 고난의 연속이었지만, 그들이 발달인 곳곳을 유럽의 빛이 투사했다. 대항해 시대와는 달리 현대는 쾌적하고 빠른 여행이 가능한 시대가 되었다. 그러고 보면 내가 유럽으로 나들이하는 항공기나 공항에서 도심으로 들어올 때 탄 버스나 호텔의 엘리베이터 등 그 모두가 유럽의 파우스트적 지성이 만들어낸 소산임에 틀림없다. 그 뿐만이 아니라 자본주의도, 사회주의조차도 파우스트적 산물이 아닌가.

나는 한때 이웃집 드나들 듯 유럽을 나들이했다. 콜럼버스 시대에는 상상도 못했던 일이다. 이 같은 시간과 공간의 초극이 유럽을 세계의 전부에서 일부로 인식케 한 것이고 보면 정말이지 아이러니컬한 일이 아닐 수 없다.

커피 한잔의 상념

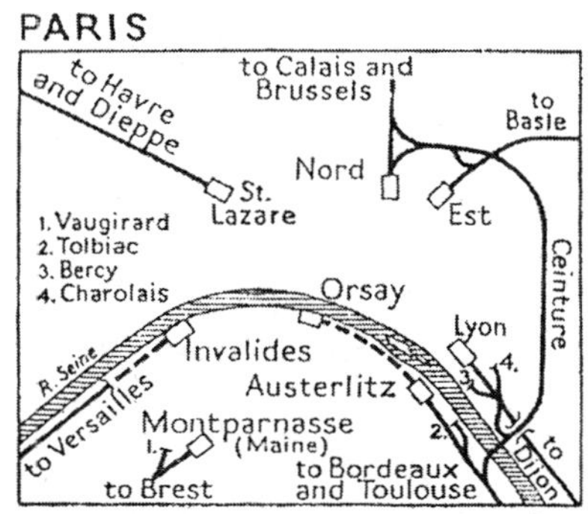

■ 두 개의 혼

파리로 가는 비행기를 탔다. 오늘따라 또 『파우스트』를 다시 떠올리며 생각에 잠긴다.

'하늘 위의 서곡'에서 괴테는 또 이렇게 노래한다.

> "천산의 가장 아름다운 별을 따려고
> 이렇게 골몰하는가 하면
> 다른 한편으로는
> 지상의 온갖 쾌락을 맛보려고 하는구나."

괴테는 당시 사람들의 지나친 욕심을 이렇게 탓했다.

그렇지만 오늘의 유럽을 이룩해낸 것은 바로 이 과다한 욕망 때문이 아닐까. 물론 인간에게는 괴테가 『파우스트』에서 말했듯이 '두개의 혼(Zwei Seelen)'이 있게 마련이긴 하지만 말이다.

나는 스튜어디스에게 연거푸 커피와 냉수를 주문하여 번갈아 마시면서 때로는 멍청하게, 또 때로는 깊은 상념에 잠기기도 했다. 나는 술을 못 마시기 때문에, 아니 안 마시기 때문에 뭔가 생각을 골똘히 할 때에는 곧잘 커피를 마신다. 내가 그 많은 여행기를 쓴 것도 거의 커피를 마시면서였다고 해도 과언이 아니다(이제 건강상 그게 불가능하게 되었지만).

다시 앞 장에서 언급한 석학들의 말을 곱씹어 보았다. 그리고 이런 생각을 해 보게도 된다.

하지만 유럽이라고 하는 토양이 비옥한 대지에서 성장하여 성숙한 공업문명의 과실은 코라르가 '약탈'이라고 지칭했듯이 낯선 땅에서 잘 자라서 차츰 새로운 종류의 과실을 영글게 했다. 나는 세계 도처에서 이를 목격하고 확인했다. 그리고 지금 나는 파리 노르(북)역 근처의 허름한 여관 방, 희미한 등불 밑에서 이 같은 현상에 대해 생각하며 묵연默然히 앉아 있다.

■ 역전의 소시민 풍경

호텔 바로 앞에는 이발소가 있다. 머리가 희끗희끗한 노인이 늘 혼자서 일하고 있다. 그 위층은 개축 중이었다. 못질하는 소리가 계속 들리고 바깥에서는 밧줄에 매달려 외벽을 칠하고 있다. 반년 전에 이곳에 들렀을 때에도 공사 중이었는데, 어지간히 오래도 끄는 공사인가 부다.

이발소 옆은 청과물 가게다. 이 가게 역시 뚱뚱한 노파의 단독 경영이다. 오렌지 한 개를 사도 '메즈시'를 되풀이하는 친절한 호들갑쟁이다. 단 그 옆에는 헝가리풍의 레스토랑이 있다. 상호도 '헝가리'다. 말이 레스토랑이 가게 한켠은 푸줏간이고, 테이블이래야 1층엔 고작 테이블 세 개 밖에 안 된다. 푸줏간에 손님이 오면 레스토랑 일은 뒤로 미루어진다. 레스토랑 손님은 대개 이웃 사람들로 단골이기 때문이다. 느긋한 퇴직 노인들은 포도주 한 잔을 시켜놓고 두어 시간 동안 마냥 앉아서 희희덕거린다. 2층에 빈자리가 있는데도 아래층 자리를 아랑곳하지 않고 차지하며 주인행세를 한다.

역전이라고는 하지만 대로변이 아닌 뒷골목이기 때문에 밤 9시쯤이면 거의 인적이 끊긴다. 이발소, 채소 가게도 8시가 지나면 문을 닫는다. 레스토랑을 자정까지 문을 안 닫지만 열시가 지나면 거의 손님이 끊긴다. 그런대로 주인은 혼자 앉아 TV를 즐긴다. 어쩌다 대형 트럭이 지나가면 책상 위의 꽃병이 흔들거릴 정도지만 주인은 TV드라마에 홀려 넋 나간 사람 같을 때가 많다. 이런 소시민들은 전혀 대항해 시대의 야망 넘치는 유럽사람들의 후예 같지가 않다.

봄인데도 파리는 '春不春'이다. 아침 일찍 일어나 커튼을 열어젖혔으나 바깥은 어슴푸레하다 개축 중인 빌딩은 오늘따라 더욱 칙칙해 보인다. 하늘은 잔뜩 찌푸려 금방 눈이라도 쏟아질 것 같다.

아침을 마친 다음 몽마르트르까지 걸어갔다. 늘 다니던 카페 드 라페에서 진한 에스프레소를 주문했다.

"오늘도요?"

하고 아가씨가 빙긋 웃으면서 물컵과 함께 가져 왔다. 으레 하는 단골 메뉴이기 때문이다.

이날 따라 나는 별로 할 일이 없어 오래 앉아 있었지만, 내가 앉아 있던 두 시간 남짓 동안 쭉 의자에 우두커니 앉아 창밖을 내다보는 손님들이 더러 있었다. 나 역시 솜털마냥 춤추며 내리는 봄눈을 멍청하게 쳐다보며 앉아 있었다. 커피 한 잔의 풍경을 만끽하고 있었는지도 모른다.

그때 또 문득 『파우스트』의 싯귀가 떠올랐다.

> 미증유의 거창한 사업을 옹글게 하려면
> 수천의 손들을 대신할 하나의 정신으로 족하다

그럴까? 글쎄 그럴는지도 모른다.

이처럼 잔뜩 찌푸린 날이 언제고 계속되지는 않을 것이다. 머지않아 구름 사이를 뚫고 한 가닥 햇빛이 몽마르트르의 석첩石疊길이 비추고, 급기야는 맑은 하늘이 펼쳐질 것이니 말이다. 그런 나를, 나의 날을 기대해보기도 한다.

■ 혼魂의 역학

파리의 신(현대)도시, 라 데 팡스에 갔다 오는 길에 샹제리제에서 내렸다. 살아있다는 증표일까. 갑자기 커피 생각이 간절했기 때문이다. 이따금 들리는 카페 라 화이엣에 들려 헤즐러 커피를 주문했다. 이 가게는 헤즐러의 향기가 독특하다.

테라스에 앉아 하늘을 우러러 보았다. 어제 보다는 하늘이 틔었지만 구름이 잔뜩 낀 서녘 하늘에 붉은 해가 뉘엿뉘엿 지고 있었다. 음산한 구름을 비집고 투사하는 불그수르죽죽한 황혼 속에 빠져드는 일몰, 이게 바로 유럽의 낙조다. 이 같은 일몰은 '몰락'의 이미지를 지닌다. 문득 슈펭글러가 말한 몰락의 의미를 되새겨 본다.

그러다가 문득 베들레헴에서 진홍眞紅의 노을이 뇌리를 스친다. 황량한 요르단 계곡을 넘고 사해死海 연안을 지나 올리브 밭 언덕을 오를 때 보았던 베들레헴의 너무나도 청징한, 붉은 노을과 파리의 불그수르죽죽한 황혼이 과연 같은 기독교 문명권이라고 말할 수 있을까.

물론 아니다. 유럽은 베들레헴에서 싹이 튼 기독교를 유럽류로 바꿔 놓은 것이다. 다마스카스에서 나는 기독교에 회심한 바울이 유대인의 박해를 받아 예루살렘으로 피신했다고 하는 작은 교회에 가본 적이 있다. 바울이 다마스카스를 가는 길목에서 회실하여 안티오키아에서 로마로 나아가 전도의 길을 걷게 된 것은 시리아 세계에서 기독교가 유럽으로 옮겨가게 되는 행보가 되게 한 것이다.

그리하여 유럽사도 바울의 기독교를 다시 서방적으로 개변하여 오늘에 이른 것이다. 서쪽 혼은 서쪽으로, 동쪽 혼은 동쪽으로 말이다.

나는 오랫동안 문명 홍망의 땅에서 무수한 사원을 살펴왔다. 그럴 때마다 바로 이들 사원에 봉안된 신들이 역사를 움직여 왔음을 수긍케 된다.

하지만 따지고 보면, 그 종교를 만들어낸 것은 바로 인간의 영혼이 아닌가. 유럽에는 유럽 혼이 있게 마련이며 이 지구상에 비록 최신 기계 문명이 유럽 내에 판친다고 하더라도 영혼의 역학力學은 그 기능을 멈추지 않을 것 같다.

그것은 일찍이 헤겔이 말한 '절대 정신'만은 아니다. 그 보다는 보다 더 땀내 나는 인간의 영위, 즉 눈물과 웃음과 우수憂愁와 희열, 그리고 애욕과 증오, 질투와 모멸 등 『파우스트』에 등장하는 메피스토페레스의 간사한 계교와도 같은 인간 문명의 밑바닥을 흐르는 생활 감정의 무한한 짜 맞춤 작업인 것이다.

샹제리제의 한 카페 테라스에서 한 잔의 커피를 마시면서 바라보는 황혼의 한 정견이 이를 조심스레 예언하고 있는 듯도 하다.

나는 지하철을 타고 노르 역에서 내려 어제와 마찬가지로 싸구려 호텔로 느린 걸음을 옮기면서 야채가게, 레스토랑 주인과 손을 흔들려 인사를 나누었다. 그들은 '약탈의 후예' 답지 않게 순진무구하고 정스럽다. 이발소는 벌써 문이 닫혀 있었다.

Ⅳ

이베리아의 빛과 그늘

하염없이 흘러왔다. 앞으로도 계속 그렇게 흐르리라.
여행이란 내게 어떤 의미가 있을 것인가.
자연 속에 고독한 나를 파묻고는 순화되어 좀 더 활발해진 정신으로
자연풍광의 변화 속에 온갖 삶의 원형을 찾아보려 하는 건가.

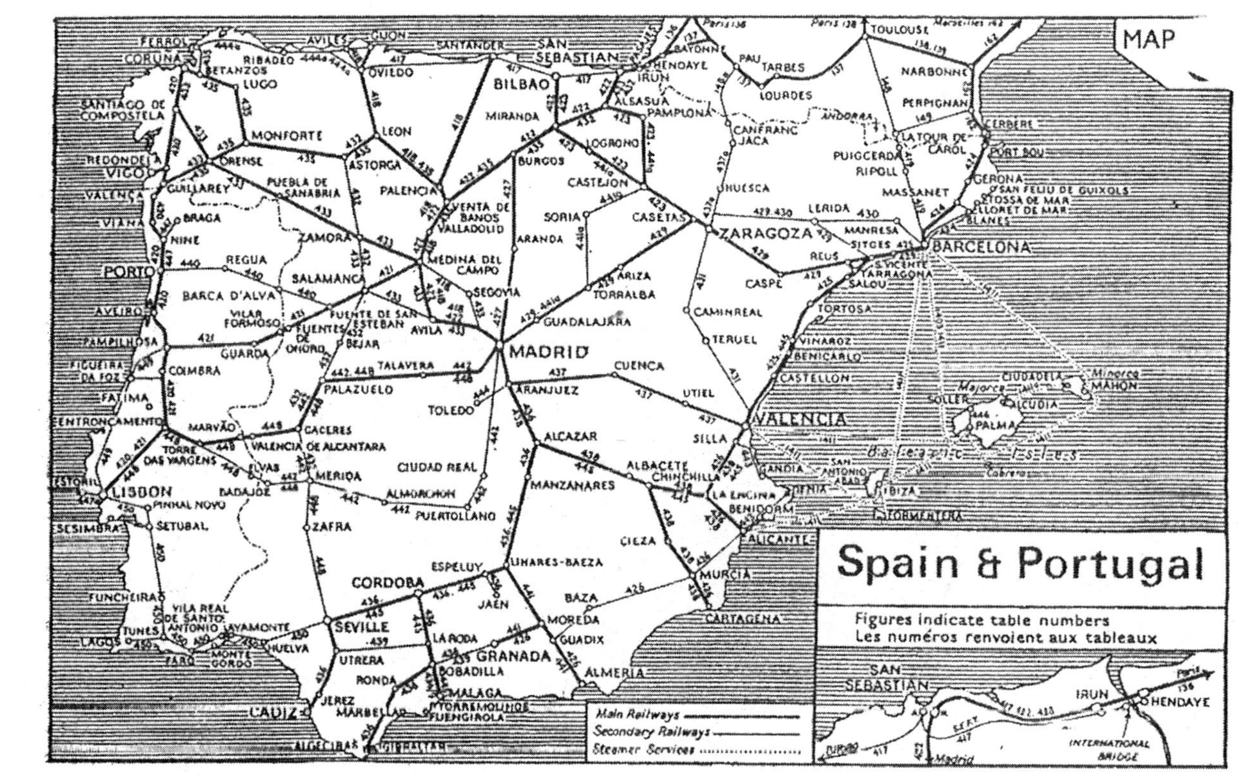
MAP
Spain & Portugal
Figures indicate table numbers
Les numéros renvoient aux tableaux
Main Railways
Secondary Railways
Steamer Services
FERROL
CORUÑA
SANTIAGO DE COMPOSTELA
REDONDELA
VIGO
VALENÇA
VIANA
PORTO
AVEIRO
PAMPILHOSA
FIGUEIRA DA FOZ
FATIMA
ENTRONCAMENTO
ESTORIL
LISBON
SESIMBRA
FUNCHEIRA
LAGOS
TUNES
FARO
CADIZ
ALGECIRAS
GIBRALTAR
AVILES
GIJON
SANTANDER
SAN SEBASTIAN
BILBAO
IRUN
HENDAYE
BAYONNE
PAU
TARBES
LOURDES
TOULOUSE
NARBONNE
PERPIGNAN
CERBERE
PORT BOU
ANDORRA
LA TOUR DE CAROL
PUIGCERDA
RIPOLL
MASSANET
GERONA
SAN FELIU DE GUIXOLS
TOSSA DE MAR
LLORET DE MAR
BLANES
BARCELONA
MANRESA
SITGES
LERIDA
HUESCA
CANFRANC
JACA
PAMPLONA
ALSASUA
ZARAGOZA
CASETAS
CASTEJON
LOGROÑO
MIRANDA
BURGOS
SORIA
ARANDA
VALLADOLID
VENTA DE BAÑOS
PALENCIA
LEON
OVIEDO
ASTORGA
MONFORTE
LUGO
BETANZOS
RIBADEO
ORENSE
GUILLAREY
PUEBLA DE SANABRIA
ZAMORA
MEDINA DEL CAMPO
SEGOVIA
SALAMANCA
BRAGA
NINE
REGUA
BARCA D'ALVA
VILAR FORMOSO
FUENTES DE OÑORO
FUENTE DE SAN ESTEBAN
AVILA
BEJAR
GUARDA
COIMBRA
MADRID
GUADALAJARA
ARIZA
TORRALBA
CASPE
REUS
TARRAGONA
SALOU
TORTOSA
VINAROZ
BENICARLO
CASTELLON
CAMINREAL
TERUEL
CUENCA
UTIEL
VALENCIA
SILLA
ARANJUEZ
TOLEDO
TALAVERA
PALAZUELO
MARVÃO
TORRE DAS VARGENS
VALENCIA DE ALCANTARA
CACERES
ELVAS
BADAJOZ
MERIDA
CIUDAD REAL
ALMORCHON
PUERTOLLANO
ALCAZAR
MANZANARES
ALBACETE
CHINCHILLA
GANDIA
DENIA
LA ENCINA
BENIDORM
ALICANTE
CIEZA
MURCIA
CARTAGENA
BAZA
MOREDA
GUADIX
ALMERIA
GRANADA
LA RODA
BOBADILLA
MALAGA
TORREMOLINOS
FUENGIROLA
MARBELLA
RONDA
JEREZ
UTRERA
SEVILLE
CORDOBA
ESPELUY
LINARES-BAEZA
JAEN
ZAFRA
HUELVA
AYAMONTE
VILA REAL DE SANTO ANTONIO
MONTE GORDO
SETUBAL
PINHAL NOVO
Majorca
Minorca
CIUDADELA
MAHON
SOLLER
ALCUDIA
PALMA
IBIZA
SAN ANTONIO ABAD
FORMENTERA
Cabrera
INTERNATIONAL BRIDGE
Madrid
Paris

열정熱情의 나라, 스페인

연인戀人 앞에서 세레나데를 연주하며 망토를 펼쳐 구혼하는 전통적 의식이 행해지는 것을 여행 중, 이따금 볼 수 있었다.

대체적으로 유럽민족은 여러 겨레의 혼혈로 이루어지고 있지만, 이러한 경향은 특히 스페인인들에게 현저하며 문화적으로나 인종적으로도 다종다양하다.

중앙아시아로부터 아프리카를 거쳐 이베리아반도 중앙부로 침입한 이베로족은 서기 기원전 4, 5세기 경, 피레네를 넘어 이동해온 켈트족과 혼혈되어 켈트 · 이베리아 인으로 버무려졌다.

이것이 오늘날 스페인인의 핵심이 된 인종적인 요소이다.

주민의 체질은 포르투갈과 마찬가지로 대개 신장이 작고 눈과 모발毛髮이 검어 마치 우리나라 사람으로 착각할 만큼 닮은 사람도 남성 가운데에는 많다.

주민들의 성격은 열정적이지만 예의를 존중하는 기사도騎士道 기풍이 남아 있어서 스페인 문화의 전형을 이루고 있는 것 같다. 이들의 성 윤리는 놀라울 정도로 엄격하고 특히 여성에 대해서는 더욱 그러한데 이는 아마도 가톨릭교의 영향 탓도 있겠지만 내 생각으로는 그보다는 오히려 이슬람교의 영향이 아닌가 여겨진다. 혼약 관계에 있어서는 신랑감에게 기사도 정신과 태도가 각별히 요구되고, 연인戀人앞에서 세레나데를 연주하며 망토를 펼쳐 구혼하는 전통적인 의식이 엄숙하며 행해지는 것을 요즘에도 쉽사리 볼 수 있다. 낙천적인 성정性情을 지닌 이들 국민은 특히 외국인들에게 친절하여 관광 자원이 빈약한데도 불구하고 유럽제일의 관광국이 되었다. 스페인 사람들의 식사 회수는 보통 네 차례나 되는데 그 가운데 가장 중요한 식사나 점심은 세시 경에 먹고, 저녁 식사는 대개 밤 열 시 경에 먹는다. 이와 같은 식사 회수와 시각은 스페인 사람들의 일상생활과 밀접한 관계가 있다. 즉 이들의 시간관념은 매우 흐릿해서 약속 시간보다 늦게 가도 크게 허물하지 않는다. 스페인의 아침은 매우 더디고 느리다. 아침 아홉시부터 열시 사이에 조반을 먹게 되고 대개 회사나 공장의 출근 시각, 각 급 학교의 등교 시간은 열시부터 열한시 사이가 된다. 오전 근무나 수업은 오후 한 시전에 끝나고 오후 근무는 서, 너 시경에 시작되어 일곱, 여덟 시경에 끝난다. 여름철에는 오수午睡시간이 따로 마련된다.

이 나라에서는 근면이 미덕美德이 아니라 생존을 위해 어쩔 수 없는 필요악必要惡으로 여기고들 있다. 딴은 그러한 노동 경시輕視의 풍조가 이 나라의 상업개발을 유럽 다른 나라에 비해 훨씬 뒤지게 만든 요인이 되어 버린 것 같다.

하지만 투우장에 가보면 그러한 나태한 이들의 성정은 깡그리 사라지고, 군중들은 대단한 열정의 덩어리로 바뀐다. 스페인을 알려면 투우를 이해하지 않으면 안 된다. 옛날 이 나라의 귀족들은 링 속에서 야생의 소를 말 위에서 찔러 죽이는 놀이가 대인기였다. 이 놀이의 목적은 귀족들에게 용기를 가르치고, 일반 서민들에게는 재미있는 구경거리를 제공해주기도 했다. 18세기 초엽 어느 날, 이 놀이를 하던 중 어느 귀족이 탄 말이 들소 뿔에 찔려 넘어지자 귀족은 말에 깔려 노한 들소 뿔 앞에서 무방비상태로 죽음만을 기다리고 있었다. 이때 이곳 마장 정비계에서 일하고 있던 일꾼이 링에 뛰어들어 쓰고 있던 넓적한 안다르시아 모자를 벗어 들소의 눈을 현혹시켜 위기에 처한 그 귀족을 구출해 냈다. 프란시스코 · 코메로라고 하는 이 일꾼은 그 후 안다르시아 모자를 이용한 들소 조종법을 더욱 세련시켜 근대 투우의 기반을 닦았다. 그리하여 이 사람은 스페인 제일의 투우사가 되고 또한 거부巨富가 되기도 했다. 그 이후 이 고장의 많은 젊은이들은 입신출세의 길로 투우사를 지망하게 되었다는 것이다.

■ 사라센 풍風의 세비리아

포르투갈에서 버스로 국경을 넘어 스페인 영토에 들어섰다. 곧게 뻗은 길, 노폭은 비좁은 편이고 교통량은 그다지 많지 않은 한산한 풍경이다.

하늘은 유난히도 푸르고 무성한 떡갈나무 숲은 사십분 남짓이나 계속된다. 군데군데 목장이 펼쳐지고 붉은 빛 황소들이 눈에 띈다. 선인장仙人掌이 길 양쪽에 무성히 자라 있어 남국의 정조情調를 물씬 풍겨준다.

한참동안 달렸는데도 마을은 보이지 않고 울긋불긋 이름 모를 꽃이 여기저기 흩어져 피어 있기는 하지만 불모不毛의 황야가 끝없이 전개된다. 자연자원이 결핍된 메마른 대지 위에 나라를 세운 스페인 사람들이 신대륙을 찾아 미지未知의 땅을 탐험하며 거친 대양의 파도를 헤치고 다녔던 까닭을 새삼스레 느낄 수 있었다.

나라의 발전에 필요한 경제적 기반이 스페인에는 결여되어 있다. 영토는 이베리아 반도의 5분의 4나 되는 광활한 땅이지만 토양土壤의 빈약함, 강우량의 불평균 등이 스페인의 역사에 세찬 리듬을 부여했다.

이윽고 논밭이 보이기 시작한다. 이베리안반도에 도작稻作을 처음으로 들여온 것은 아라비아인이고, 포토지배법을 알려준 것은 페니키아인들이라고 한다.

다시 차는 평활한 고지를 달렸다. 산록에는 한가롭고 느긋한 전원풍경이 전개된다. 산을 몇 바퀴 굽이돌더니 아늑한 도시 세빌리아에 들어섰다. 스페인 제4의 도시인 세빌리아는 유럽적인 요소와 아라비아적인 것이 버무려진 듯한 인상을 준다.

호텔에 여장을 풀고 저녁 시간이 아직 남아 있기에 근처의 과달키빌강을 따라 한참을 걸어가니 오른편에 마리아루이스 공원이 있었다. 남국의 기화 요초들이 눈부시도록 잘 가꾸어져 있었다. 공원에서 그다지 멀지 않은 곳에 있는 세빌리아 대학에 들려 보았다. 바로 '칼멘'이 일했다고 하는 누른 빛 담배 공장 자리에 세워진 대학이다. 비극의 여주인공 '칼멘' 이야기가 문득 머리를 스쳐 지나간다. 알카살 궁전, 히랄다탑 등 12세기경 이슬람 문화의 면모가 도시 일각에서 엿보인다. 백 미터나 되는 이 탑에는 계단이 없고 나선형의 완만한 경사로 된 통로가 꼭대기의 종루鐘樓까지 계속되어 있으며 옥상에서는 세빌리아의 전 시가지가 한 눈 아래 굽어보인다. 이 고장의 전성시대는 16세기로서 과달키빌 강이 신세계에의 통로였던 때였고, 콜럼버스의 항로도 여기가 기점이었다. 페루에서 반입해 왔던 황금을 저장하기 위해 만든 '황금의 탑' 외각外殼이 지금도 의연히 남아 그 옛날의 영화를 말해주는 듯 했다.

아메리카 발전 이후의 서인도 무역은 당초 이 고장 선주 길드의 독점 사업이었다고 하는데, 대형선의 출입이 불편해지자 무역 독점이 불가능하게 되어 그 후의 세빌리아는 회고懷古 취미, 짙은 역사의 도시가 되고 말았다. 거리는 사라센풍의 풍취를 삼층 건물로 두껍게 깔린 페이브멘트의 비좁은 미로迷路에 얼 섞여 고풍스런 느낌을 주는 퇴색한 도시이다. 이 도시에서 본 '세미나 · 산타' 가톨릭 행사는 정말 인상적이었다.

고도古都 그라나다를 거쳐 수도 마드리드행 버스를 탔다. 버스는 십 분 남짓 만에 시가지를 벗어나 달리기 시작했다.

오늘 따라 하늘이 유난히도 높다. 마치 우리의 시골길을 달리고 있는 것 같다. 오른 쪽에 하늘빛을 닮은 물을 가득 채운 저수지가 보인다. 여기 와서 자꾸만 우리나라와 닮은 풍물을 찾아보려는 내 심사를 나 자신도 잘 모르겠다.

보리밭과 올리브 숲이 계속 펼쳐진다. 올리브는 벌써 검은 열매를 맺고 있다. 이따금 엄청난 크기의 농가도 보인다. 아마도 대지주의 집이리라. 버스는 산 중턱의 구불구불한 길을 달린다. '피레네를 넘으면 아프리카'라는 말을 실감케 된다. 이베리아 반도는 해안 지대를 제외하면 녹지대를 별로 보기 힘들고 다갈색의 언덕과 고원이 연속된다.

말 등에 장작을 나르는 모습이 눈에 띈다. 언덕 빼기의 과수원에는 하얀 꽃이 만발해 있다.

아마도 배 밭인 것 같다. 산등성이에선 맑은 시냇물이 흘러 탐탁한 계곡을 이루고 있다. 산에 는 이름 모를 들새들이 많다. 까마귀는 우리나라 것과 거의 흡사하다.

스페인 특유의 이상한 산들의 원경遠景, 토피가 벗겨져 묘하게 주름 잡힌 이런 산용山容을 뭐라고 표현해야 좋을지 모르겠다. 산이마에는 으레 큰 바위가 뾰족이 솟아 있다. 이런 산을 몇 차례 굽이돌아 간다.

광활한 포도밭을 지나 모텔 메리야에서 점심을 먹었다. 자동차 여행을 하는 사람들이 많은 듯 식당은 초만원이다.

점심을 마치자 곧 차는 끝없는 지평선으로 주욱 그어진 듯한 일직선에 가까운 길을 달렸다.

여기가 바로 카스테리아 평원이다. 군데군데 양과 소를 그린 표지판이 길가에 세워져 있다. 방목放牧 지대이니 주의하라는 표시란다. 돈키호테의 고향이 바로 이 근처다. 옛 성터가 여기저기 흩어져 있다. 이 지방은 십자군의 무대였던 무렵 스페인 국을 구축한 뭇 영웅들이 탄생된 고장이기도 하다.

차는 이윽고 토레도 시에 도착한다. 붉은 대지에 잿빛과 노란빛으로 버무려진 듯한 이 도시는 로마인, 유태인, 무어인 등이 차례로 점령한 바 있고 그 후 11세기부터 17세기에 걸쳐 스페인의 수도이기도 했던 곳이다.

로마인들의 구축한 알칸타라교, 구불구불한 언덕길에 다닥다닥 붙은 고가, 노새 등에 많은 호리병을 늘어뜨려 놓은 모습들이 퍽 한가로워 보인다.

마드리드에 도착한 것은 저녁 무렵이었다. 가이드북에는 마드리드 인구가 2백만으로 적혀있지만 가이드 설명으로는 3백만이 넘는다고 한다. 이 도시는 표고標高 660미터의 고원 지대에 자리하고 있기 때문에 한서寒暑의 차가 심해서 여름철에는 섭씨 40도에 육박하는 무더위가 계속 되가는가 하면 겨울철에도 영하 10도까지 내려가기도 한다는 것이다.

마드리드는 그렇게 오랜 도시는 아니다. 이곳을 수도로 정한 것은 페리베 1세 때로 1561년이다. 따라서 기념물이나 건물도 16세기 이전 것은 별로 없다. 시내 한복판에는 고층 빌딩이 올연히 솟아 있고 아름다운 공원과 산보로가 많으며 숲 사이에 대리석 조각상과 벤치가 여기저기 산재해 있다. 노천카페에서 담소하는 젊은이들의 모습이 퍽 즐거워 보인다. 화단과 라틴계 나라에서 흔히 볼 수 있는 분수도 운치스럽다. 유럽 도시 가운데에서는 가장 청결한 근대 도시인 것 같다.

마드리드의 상징이 되어 있는 사자가 조용히 마차를 끄는 시베레스 광장을 지나 프라도 미술관엘 들렀다.

오른 쪽에는 국회의사당이 보인다. 모로코 전쟁 때의 전리품戰利品 대포로 만든 브론즈 사자가 입구를 지키고 있다. 좌우 양파의 투쟁이 격화되어 정국은 불안해지고 급기야는 국민전선파가 스페인 시민전쟁을 일으켰던 고장이다. 이 근처에 파레스 호텔, 리츠 호텔 등 일류 호텔이 즐비해 있는데 이 호텔은 시민전쟁 때에는 부모 잃은 아이들의 보호소였다고 하니 그 무렵의 참상을 가히 짐작할 수 있다. 프라도 미술관 왼쪽 입구 앞에 고야의 동상이 세워져 있고 그 좌대에 그의 대표작 「나체의 마야」가 새겨져 있다. 이 미술관은 스페인이 자랑하는 세계 굴지의 미술관으로 진열실이 백 두개, 진열된 명화만도 2천5백점이나 되는 어마어마한 규모이다. 그레꼬, 리베라, 베라스케스, 고야의 컬렉션이 많다.

시민전쟁 중 작품의 손상을 염려한 나머지 이 미술관 소장품 전량을 프랑스로 급거 이송했는데, 전쟁이 끝난 다음 단기간의 쥬네브 전시회를 마친 뒤 마드리드로 호송되었을 때는 어느 한 점의 작품도 손상됨이 없었다고 하니 이로서도 이곳 사람들의 예술 작품 존중심을 가히 짐작할 수 있다. 그렇기 때문에 유럽 도처에 그 숱한 예술작품들이 고즈넉이 보존되어 있는 것이리라.

유니크한 혼혈 예술

■ 흐름 바꾼 대화가들

스페인은 여느 유럽 국가들과 다르게 유럽에 위치하면서도 유럽답지 않고 스페인 사람들의 외모가 그렇듯이 다분히 동양적이다. 따라서 스페인의 문화, 예술은 동양풍이 버무려져 있는데다가 또한 지역적으로 인접한 아프리카적인 요소도 곁들여져 있다. 흔히들 '혼합문화'니 '혼혈예술'이라고 불리울만큼 매우 이질적인 다양한 문화의 유산들을 지니고 있어 이 나라 역시 이탈리아와 마찬가지로 전국토가 '박물관인 나라'이기도 하다.

1879년에 발견된 알타미라 동굴의 벽화는 구석기 시대의 것으로 선명한 동물묘사와 착색방법 등은 세안을 놀라게 했다.

8세기 이후 이슬람문화가 스페인 국토를 석권하던 때에 이슬람사원 안은 아름다운 아라베스크 문양이나 조화를 주제로 한 것은 이슬람교가 우상숭배를 금했기 때문인 것으로 해석된다.

국가통일 후, 예술 활동은 한층 활발해지고 특히 펠리페 2세는 여러 사람의 예술가를 이탈리아에 파견하는 등 대단한 후원을 아끼지 않았다.

그러나 반면에 왕실에 영입되지 못한 화가들은 불우한 형편이었다. 이들 중에는 불운의 화가 엘 그레꼬(EL Greco, 1541~1641)도 끼어 있었다. 17세기는 예술의 황금시대로 나폴리에서 활약했던 리베라(1588-1652), 종교화의 무리요(1618-1682), 수도사를 그려온 슬바랑(1598-1662), 궁정화가 벨라스케스(1590-1660) 등이 서로 재능을 다투었다.

18세기를 대표하는 고야는 초상화의 수작을 많이 남겨 놓았다. 추상화를 그린 미로와 금세기 최고의 화가인 피카소를 낳기도 했다.

스페인은 널리 알려진 이세 화기에 이외에도 위대한 대화가들을 숱하게 배출해 냈다. 루브르, 우피치와 더불어 유럽 3대 미술관의 하나로 알려진 프라도에 가보면 이를 실감할 수 있다.

「카르도 리오희의 성모」로 유명한 프란시시코 즈르바란(zurbaran), 「궁녀들」로 널리 알려진 궁정화가 디에르고 벨라스께스(Velazguez) 등 16세기의 거장들은 물론, 내가 특히 감동 받은 작품은 「성삼위일체」였다. 신비할 정도로 성스럽기도 하지만, 너무나도 스페인적인 화풍이 마음에 들었다. '근대 회화의 아버지'를 알려진 고야와 작품은 굳이 프라도 미술관까지 안(또는 못)가더라도 마드리드에 있는 고야역에라도 가보면 그의 판화작을 다수 볼 수 있다. 고야와 함께 이 나라의 양대 고전작가임을 이곳에서 와서 더욱 실감했다. 그의 작품에 반해서 나는 그의 소작이 많다는 톨레도를 일부러 다녀오기도 했다.

고야의 사후 혼미적 스페인 미술계 또 다시 영광을 가져온 '현대 미술의 아버지'인, 20세기의 거성 파블로 피카소의 작품 그 유명한 「게르니까」가 프라도에 소장되어 있고, 그가 청년기를 보낸 바르셀로나에 마련된 피카소 미술관에 많이 남아 있다. 피카소와 함께 20세기 세계 미술을 대표했던 로안 미로의 작품도 스페인 도처에서(심지어 가두에서도) 일반 시민들과 함께 숨 쉬고 역시 바르셀로나에 있는 미로 미술관에 다량 소장되어 있다.

'쉬즈 레알리룸의 귀재'로 알려진 살바도르 달리의 작품도 역시 바르셀로나의 달리 박물관에 많이 남아 있다.

■ 찬면한 건축 양식

스페인의 각지를 여행하다보면 수많은 교회와 기념조형물들을 볼 수 있다. 이러한 건축, 미술품 들은 앞에 적은 스페인의 허다한 파란의 역사와 대조하면서 감상하면 한층 더 그의 전기를 이해하는데 도움이 될 것이다.

카르타고의 쇠퇴와 더불어 로마인이 이베리아반도를 지배한 기원 3세기경 이후 건조한 타라고나, 세고비아의 수도교를 비롯, 메리다의 원형극장, 타라고나, 이타리카, 살다냐의 유적, 칸타브리아 산중에 남긴 교량 등에서 그들의 탁월한 기술을 엿볼 수 있다.

로마, 서고트에 이어서 8세기에 때 이베리아반도에 침입한 이슬람교도들도 스페인의 역사와 문화에 크게 영향을 미쳤다. 그라나다의 알함브라궁전과 성채를 필두로 코르도바의 회교사원들을 통하여 아랍건축의 전형을 엿볼 수 있다. 섬세하고 화려한 아라베스크 문양은 도리어 스페인적인 것처럼 여겨진다. 이슬람이 스페인에 남긴 건축, 미술양식에는 모사라베와 무데하르가 있다. 전자는 회교지배 하에서 살아가는 기독교도를 뜻하며 북부 스페인으로 도피한 그들은 이슬람의 기술을 습득하였기 때문에 아스투리아스에 특이한 문화를 심었다. 상, 미구엘, 데, 라, 에스카라다(레온 근교)는 그의 전형으로 알려져 있다.

한편 국토회복 후까지도 계속 스페인에 남아서 기디교 중에 회교요소를 가미한 것은 후자인 무데하르로 톨레도에서 많이 볼 수 있다. 태양의 門, 산타 마리아, 라, 브랑카, 쌍트 도메 교회의 탑 등과 고르도바의 메스키타 등 마제형馬蹄型 아취에서 그 특징을 볼 수 있고 석고나 벽돌기술을 도입한 아랍의 영향은 다대한 것이었다.

11세기 후반을 정점으로 12, 3세기의 기독교 세계에 널리 퍼진 로마네스크 양식은 북부의 산티아고 순례가로를 따라서 프랑스로부터 들어온 것이다. 돌로 쌓아 올린 중량감 있는 벽은 로마네크스 교회의 특징으로 창이 적은 벽면을 이용한 벽화나 판화가 발달하였다. 이들의 양식과 형상은 산티아고 순례가로변의 칸타부리아산맥 남쪽과 피레네산맥 북부의 카타루냐로 대별되어 전자는 산티아고, 데, 콤포스텔라의 카테드럴이 대표적인 것으로 레옹의 聖이시돌교회의 밝은 색채의 벽화에서도 그 전형을 볼 수 있다.

후자는 리폴의 산타, 마리아교회를 필두로 타울의 상, 크레멘케표회 등 교회의 벽면을 장식한 로마네스크회화는 거의가 바르셀로나의 카타루냐 미술관에 이관되어 있다. 프레스코와 템페라 병용의 대담한 표현에는 보는 이를 압도할 만한 그 무엇이 있다. 북부인 오비에도의 산타 마리아.데.나랑코로 대표되는 아스토리아스 건축은 푸레.로마네스크라고도 불리우며 서구 로마네스크의 원형으로 된 것은 흥미로운 일이다.

13세기에 스페인에 유입된 이래 오래도록 영화를 누린다. 톨레도, 불고스, 레온의 카테드럴은 이 시대를 대표하는 건축으로 로마네스크의 전통이 뿌리 깊은 카타루냐에는 조금 늦게 들어와서 바르셀로나의 카테드럴로 된다. 12~17세기에는 마요르카, 세빌리아 등에 호화로운 고딕양식의 카테드럴이 건립되어 중세미술은 제단화시대를 맞게 된다.

회화는 섬세한 선을 기조로 하는 팜프로나의 카테드럴에 남겨진 벽화가 그 전형이라 할 것이다. 스페인 고딕의 전성기였던 15세기에는 아라공왕국의 이탈리아 침공에 의한 이탈리아, 르네상스의 영향도 나타난다. 이때는 프라도미술관 소장의 페르난도가 예고의「피에타」,「성聖카타리나의 순교」 등이 그려진 시대이다.

16세기의 유럽은 르네상스시대로 스페인에서는 고딕과 무데하르를 계승하여 이들을 혼합한 고유의 은세공 양식을 의미하는 푸라테레스코 양식이 나타났다. 대표적인 것으로 사라망카의 대학정면, 그라나다의 카테드럴이 있다. 이것은 이 양식의 최대 건축물이라고 한다. 16세기 후반은 궁정화가 제도가 확립되었다. 펠리페2세가 건립한 엘, 에스코리알궁(수도원)은 이들 화가들의 활동무대로 되고 당시의 융성을 말해준다. 이 양식은 특히 에레라 양식이라 불리기도 한다. 17, 8세기에는 유럽에 바로크양식이 확산되었으나 스페인에서는 츄이게라 형제 등의 제단조각가들이 활약한 시대였다. 그들은 건축가를 겸한 까닭에 장식적 양식이 두드러진 독특한 츄이 게레스코 양식을 낳게 되었다. 대표작으로는 산티아고, 데, 콤포스텔라의 카테드럴 정면으로 이 양식은 중남기 여행을 해보면 스페인어 사용국에서 많이 쓰여졌음을 알 수 있다.

이처럼 스페인의 건축 양식은 여러 문화의 양식이 혼용되어 왔으면서도 유니크함을 보이고 있다.

잊지 못할 카타류냐 아가씨

사뿐한 여름모자
미끈한 스타킹
날씬한 유선형 썬그라스
옹근 앙상블이다
화사한 박사薄紗드레스에
균형 잡힌 몸매
여인의 얼굴이
귀가, 머리카락이
내 몸에 닿을 듯 다가온다.
머리카락이 흩날릴 때마다
그윽한 향내가 나를 괴롭힌다 (중략)
이제금 돌이켜 보면
늘씬한 몸매보다도
바르셀로나 풍물보다도

한결 아름다운 건
제 고향에 열 올리던 애띈 모습의 그
그 추억뿐

— 졸시 「바르셀로나 여인」에서

위 시의 주인공을 '여인'이라고 했지만 실은 '아가씨'다. 이를 완성하고 나니 청순한 아가씨보다는 성숙한 여인으로 설정하는 것이 내용상 어울릴 것 같아 그렇게 표현해 본 것이다. 그녀는 20대 중후반의 여대생이다.

내가 미국 대학에서의 연구생활을 마치고 LA에서 시작하여 중남미를 주유한 후 리오 데 자네이로에서 마드리드 행 항공기를 탔을 때 바로 옆자리 앉아 있었던 아가씨다. 다행히 그녀는 영어를 유창하게 구사할 수 있었고 기나긴 항로였으므로 쉽사리 친해질 수 있었고, 그 덕분에 그녀의 고향인 바르셀로나를 편안하게 관광할 수 있었다.

그녀의 이름은 스사나, 전형적인 카타류냐 기질의 아가씨였다.

바르셀로나는 마드리드에 있어 스페인 제2의 도시로서 2천여 년의 역사를 자랑하는 고장이다. 이 고장 사람들은 카타류냐인이라고 하는데 카타루냐어 라는 독립된 언어를 지금껏 고수할 만큼 자존심이 강하고 개인주의에 철저하고 근면, 정직하다. 그리고 미인이 많기로도 유명하다.

귀국한 다음 두어 차례 편지 왕래가 있었으나, 회신이 끊어진 후 한동안 잊고 살다가 피렌체에서 세계 시인대회에 참가한 후 지중해를 따라 다시 바르셀로나를 방문했으나 그녀는 어디론가 이사를 가고 없었다.

그리고 또 몇 년 후 두산 그룹의 후원으로 보르도 와인생산지를 취재하러 갔을 때에도 틈을 내어 일부러 바르셀로나에 갔었다. 나는 이처럼 유럽에 들릴 때마다 이 도시를 찾곤 했다.

모두가 그 옛날 편지처럼 퇴색해 버렸다.
추억이 마르기 쉬운 잉크처럼 침윤된 채
시간이라는 노트에 녹아버린 탓일까
아무렇게나 봇짐을 메고 나선
혼자만의 나그네 길은
그 옛날 헤어졌던 여인과
되도록 이면 닮은 그런 여인을
만나려는 마음이다.

— 졸서 『헤어진 여인 찾는』에서

혹시나 그녀를 우연히도 만날 수 있었으면 하는 행운을, 아니 기적을 기대하고 있었던 것이다. 이틀 후 파리에서의 약속이 있기 때문에 이튿날에는 마드리드에 가서 항공기를 이용해야 한다. 그러니까 바르셀로나에서의 일정은 단 하루뿐이다.

공교롭게도 그날이 일요일이었다. 예약하러 에르 프랑스 사무실에 들렸으나 문은 굳게 닫혀 있었다. 그러고 보니 점심시간이었다.

스페인에서는 가게나 사무실의 경우, 오전 9시부터 오후 1시까지 문을 열고 1시부터 4시까지는 휴식 시간이다.

거리에는 새하얀 옷을 걸친 어린이들이 수녀들의 손을 잡고 다니는 모습들이 눈에 띄었고 이곳저곳에서 폭죽 소리가 들리는 걸 보면 아마도 가톨릭 제일祭日을 겸한 일요일인가부다.

바르셀로나 시가는 잘 정돈된 훌륭한 도시지만 토질 탓인지 그날따라 먼지바람이 불어 공원은 많지만 산보하기엔 알맞지 않았지만 시간이 남아돌아 무료無聊의 소견책消遣策으로 안내서에 표시된 영국식 공원을 찾아 갔다. 입구에 기남 몇 개가 즐비해 있고 스산한 분위기였다. 잘 가꾸어진 화단 쪽으로 가봤더니 벤치에는 청년 몇 명과 젊은 아가씨 두 명이 앉아있었다. 한 아가씨는 청년들의 희희덕거리는 것도 아랑곳하지 않고 혼자서 독서에 골몰하다가 이따금 그 내용을 옆 친구에게 일러주고 있었다. 잘 빗질한 검은 머리, 지나치게 높지는 않지만 알맞게 솟은 오똑한 콧날, 거의 화장도 하지 않은 청순 얼굴, 나는 그 아가씨가 어딘지 모르게 내가 찾고 있는 그 카타류냐 아가씨와 닮은 데가 있다고 느껴졌다. 그녀의 환상이 이 아가씨에게 투영投影되었던 것이리라. 그녀 특유의 다소곳하고 부드럽고 따뜻한, 그러면서도 발랄하고 감미로운 표정이 닮아 있었다. 바르셀로나를 걸어보면 열명 중 대여섯 명이 미인이라는 말이 있듯이, 이 아가씨도 동양과 서양을 버무린 미인임에 틀림없었다.

나는 여행할 때마다 각각 다른 피사체를 미리 정해 놓고 집중적으로 스냅 사진을 찍은 버릇이 있다. 가령 이번에는 어린이만을, 교회 수녀만을, 하는 식으로 말이다. 당시 주 대상은 '젊은 여인'이었다.

그날따라 나는 이 아가씨를 살짝 스냅사진으로 담기 보다는 제대로 포즈를 취하게 해서 찍고 싶었다. 나는 조심스레 그녀 가까이 다가가서

"실례지만 영어를 하십니까?"

라고 물었다.

"yes, little." (조금은 해요)

그녀는 이외로 미소 지으며 반갑게 대꾸했다.

나는 내 신분을 밝히고, 마침 휴대하고 있던 영문과 이탈리어로 번역된 나의 소시집을 선물로 주었다.(피렌체 시인대회 때 발행된 참석자 공동 시집이다.)

그녀는 반색을 하며 몇 줄을 읽더니, 선뜻 모델 노릇을 승낙해 주었다. 포즈를 취하자, 청년들이 뭐라고 야유하는 듯 했다. 하지만 그녀는 아랑곳하지 않고 스스로 멋진 포즈를 연출하곤 했다. 너무나도 고마워 감사하다는 인사를 몇 차례씩 되풀이하며 역으로 발걸음을 재촉했다.

나는 또 한명의 잊지 못할 카타류냐 아가씨가 생긴 셈이다. 기대하지 않았던 행운이었다. 이것이 나홀로 여행, '힐링 투어'의 묘미다.

플라멩고와 투우

스페인을 생각하면 먼저 떠오르는 것은 대개 누구라도 플라멩고(flamenco)쇼와 투우(corrido de joros)일 것이다.

스페인을 여행하는 외국인에 있어서는 무엇보다도 이 두 가지를 보고 가는 것이 이 나라 관광의 하이라이트일 것이다.

■ '깊이 있는 노래' 플라멩고

스페인을 여행하는 외국인에게는 투우와 함께 플라멩고는 스페인 관광의 하이라이트이다. 플라멩고의 기원은 15세기에 스페인 남부에 이주해온 히타노(Girano)라 불리는 집시에 의해 비롯되어 안다루시아 지방에서 발생되었음이 정설로 되어 있다.

집시는 유럽각지와 미대륙에 산재하여 생활하는 유목민이다. 그러나 플라멩고 만은 안다루시아의 지리적 문화적 배경에서 자라나서 따브라오라고 부르는 극장식 식당에서 볼 수 있다. 아름다운 의상과 경쾌한 키타의 리듬을 가진, 호화찬란한 플라멩고의 본질은 깐떼 혼도(Canre Jondo, 깊이 있는 노래)라고 불리는 노래에 있다고 한다.

창법이 매우 까다롭고 악보도 없이 구전으로 전래되어 왔으나 허스키하면서도 배 속 깊은 곳에서부터 짜내듯이 발성한다. 댄서로서 중요한 기술은 사파테아도(Zapa-teado)라는 발놀림과 손목, 팔, 허리의 표현과 뼈도(Pito)라는 손가락 타음이 있으나 최근에는 캐스터네츠(Castanelas)를 사용하는 춤도 늘어나고 있다. 여성 댄서의 화려한 의상은 보는 사람들의 눈을 즐겁게 해주는 12박자풍의 카타의 독특한 리듬 또한 중요한 역할을 한다.

플라멩고 쇼의 구성을 보면 먼저 가수(Ca-ntaor), 키타리스트의 등장으로 시작되고 인사를 위한 짧은 춤을 춘 후에 한사람씩의 춤으로 넘어가 주인공 댄서의 춤이 끝나게 되면 피날레로 전원의 춤으로 끝맺음하는 것이 보통이다. 그중에는 깐테(Cante, 노래),

23시까지고 요금은 음료 포함으로 2,000pts내외이다. 열렬한 팬들을 위한 플라멩고 페스티발이 있으며 특히 여름철 안다루시아의 페스티발에서 볼 수 있는 깐떼, 혼도(깊이 있는 노래) 중심의 것은 화려함보다도 무게 있고 신명을 느끼게끔 하는 것도 있다. 또한 우리에게 잘 알려져 있는 미라게냐(Malaguenas), 베르디알(Verdialas), 하베라(Jaberas), 론데냐(Rondenas) 등은 안다루시아의 꼬스타, 델, 솔지방의 집시 노래에서 유래된 것이다.

스페인을 얘기할 때, 투우 역시 빼놓을 수 없다. 오페라 「카르멘」 등으로 우리에게 친숙한 투우鬪牛는 전통적인 중요한 이 나라의 민속행사 중의 하나로 박진감 있고 열정적인, 너무나도 사내다운 사내의 투기이다.

투우는 포르투갈이나 중남미나라들에서도 행하여지지만 박력에 있어서 스페인의 투우가 역시 세계적이라 한다.

투우의 기원은 로마시대라고 하며 중세 스페인에서는 왕실, 귀족 등의 결혼식 여흥으로 행해지고 1385년 팜프로나(Pamp-lona)에서 본격적인 투우가 행해졌다고 한다.

론다(Ronda) 태생의 투우사 페드로 로메로(Pedro Romero, 1754~1839)에 의하여 근대 투우가 확립되었다. 시즌은 3월 중순 발렌시아에서 열리는 산 · 호세의 불[fiL]의 축제 때 투우제로서 개시되어 10월 중순 아라공 지방의 사라고사에서 열리는 비라르기 등) 제祭까지 각지에서 매每 일요일과 축제 때에 거행되며 특히 발렌시아의 '불의 축제투우'와 상민의 '추우追牛 투우'가 유명하다 마드리드에서는 산 · 이시도로 축제 기간인 1주간 매일 최고 수준의 투우를 볼 수 있다. 개최기간은 관람석의 그림자(그늘)가 투우장의 3분의 1쯤 되는 시간을 기본으로 계절에 따라 달라서 춘추는 오후 5시, 하절은 오후 7시 경이며 처음에 투우사들의 입장행진으로 개회된다. 첫 번째 소가 뛰어 나오면 앞 · 뒷면을 핑크색과 황색천으로 된 까파(Capa)를 가진 마타도르가 소와 상대하면서 약점을 포착한다. 다음에 말에 탄 피카도르(Picador)가 등장하여 돌진해오는 소 동을 마상에서 창으로 찔러 출혈로 약화시킨다. 이 때 지나치게 약화시키면 다음번의 마타도르가 솜씨를 발휘할 수 없게 된다.

마타도르의 판단으로 피카도르가 퇴장하면 3인의 반례로(Banderillero)가 각각 2회씩의 작살을 소등에 꽂는다. 이를 위해서는 날렵한 몸놀림에 타이밍의 적중을 요하며 마타도르 자신이 행하기도 한다. 이때 팡파레와 함께 클라이맥스를 맞게 되는데 마타도르는 모자를 벗고 주최자와 관객에게 인사를 하고 진홍의 뮤렛타(Mu-lera)를 손에 들고 미쳐 날뛰는 소와 대결한다. 뮤렛타로 소를 돌진시키며 재빨리 몸을 피하는 빳세(Pase)가 성공할 때마다 관객들은 "오레!"라는 환호를 부르고 마침내 결정적인 장면, 즉 소의 정면에 서있는 마타도르가 뮤렛타를 놓고 오른손의 검을 눈의 높이로 고정한 채 돌진해서 소의 등에 깊이 찔러 꽂는다. 이때가 가장 위험한 순간으로 성공하면 10초쯤으로 소가 무릎을 꿇고 쓰러지지만 실패 시에는 반대로 마타도르가 소의 뿔에 찔러 사고를 당하기도 한다. 멋있는 투우를 보였을 때는 주최자의 지시로 소의 귀를, 또 최고의 솜씨에 대하여는 소의 꼬리를 주게 된다.

마타도르는 이 상품을 들고 장내를 일주하며 환호에 답하게 된다. 이와 같은 한 마리 소와의 대결시간은 약 20분이며 일회의 흥행에서 3명의 마타도르가 각각 두 마리의 소와 대결하여 총 6회의 투우를 볼 수 있다. 입장료는 좌석위치에 따라 상당한 차이가 있으며 좌석위치에 따른 구분으로 ① 햇볕이 비치는 곳, ② 처음에 햇볕이 비치다가 도중에 그늘로 되는 곳, ③ 처음부터 그늘인 곳으로 구별하고 다시 층에 따라서 1층석, 2층석, 2층 상부석 등으로 갈리며 또다시 최전열, 차전열 3번열 이후로 나누어 그늘진 곳, 아레나(투우장)에서 가까운 곳일수록 고가이고 햇볕이 비치는 곳, 아레나에서면 상층석일수록 저가로서 대금은 200~4500pts 정도이다.

입장권은 일류호텔에서는 프린트에 부탁해도 좋으나 20%의 가산을 고려해야 하며 예매는 공식예매소에서 토 · 일요일의 오전 중에 발매하고 있다.

스페인의 음식문화

나는 미식가는 아니지만 외국에 가면 되도록 그 나라 음식을 즐긴다. 이번 '힐링 투어'는 더욱 그러했다. 그게 건강 회복의 비결이기도 했다. 뒤늦게 안 일이지만……. 흔히 우리나라 사람들은 며칠만 한국음식 특히 김치를 안 먹으면 못 견디는데 나는 전혀 그렇지가 않아 편히 해외여행을 즐길 수 있다. 나는 나폴리 대학 한국어 담당인 안셀모 교수와 카타류냐 아가씨(첫번째) 덕분에 이탈리아, 스페인 등 '지중해식 요리'를 많이 맛볼 수 있었고 유명 레스토랑도 자주 드나들었기 때문에 이 고장을 여행하는 나그네를 위해 참고로 구차한 소개를 해볼까 한다.

스페인 사람들은 아침 · 점심 · 저녁 식사 이외에도 오전에 한번, 오후에 한 번씩 간식을 먹는 것이 보통이다. 지중해식요리의 특징은 마늘과 올리브유를 많이 쓰고 지방별로는 북부는 쇼오스, 중부는 구이,

남부는 튀김, 동남해안 지방은 쌀요리, 동북부는 생선요리가 특미이다. 그중에서도 스페인의 대표적인 요리로 유명한 빠에야(Pae-lla)는 어느 곳에서나 맛볼 수 있지만 본고장은 발렌시아 지방 양쪽 손잡이의 프라이팬으로 요리한 후 사후란의 선명한 황색과 향을 가미한 것이다.

스페인이나 이탈리아의 레스토랑은 정부의 지정으로 등급이 정해져 있고 이것은 메뉴에 표시된 포크의 수로 1~5등급을 표시한다. 최고급은 5본의 훠크로 표시된다. 포크수 4~5개의 식당은 맛과 서비스 모두 일류급이다.

포크 3~4개의 식당에는 개운한 마음으로 이용할 수 있다.

이탈리아의 요리와 스페인 요리는 비슷한 '지중해식 요리'이긴 하나 헷갈리지 않게 여기서는 스페인 요리만으로 집중시켜 설명하겠다.

관광객이 많이 찾는 식당에는 영문표기 메뉴도 갖추고 있으나 대개 스페인어만으로 되어 있어 사전지식이 필요하다.

레스토랑에서는 보통 전채, 첫 번째 접시, 사라드, 디저트, 드링크류를 주문하게 되는데 각각의 대표적인 메뉴는 아래와 같다.

① 전채앤트레메세스(Entermeses)

- 하몽 세라노(Jamon Sarrano) : 生햄
- 메롱 콘 하몽(Melon con Jamon) : 生햄 메롱

② 첫 번째 접시 : 프리멜 프라토(Primer Plato)

- 소파 데 마리스코스(Sopa de Mari-scos) : 어패류의 스프
- 가스파쵸(Gazapacho) : 토마토 베이스의 냉야채스프
- 빠에야(Paella) : 메인식 솥밥

③ 두 번째 접시 : 세쿤도 프라토(Segumdo Plato)

- 테르네라 아사다(Ternera Asada) : 스페인식 로스트 비프
- 에스카로페 데 테르네라(Escalope de Ternera) : 송아지의 캇트렛트
- 코치니요 아사도(Coehinillo Asado) : 새끼돼지의 통구이
- 포요 아사도(Pollo Asado) : 스페인식 로스트 치킨
- 멜루사 아 라 바스카(Merluza a laVasca) : 청대구의 바스크식 찜
- 멜루사 아 라 로마나(Merluza a Romana) : 청대구 튀김
- 파라마레스 아 라 로마나(Cara-males a la Romana) : 오징어 튀김
- 감바스 아 라 프란챠(Gambas a la Plancha) : 보리새우의 철판구이

고급 레스토랑에서의 풀코스는 상기 메뉴 종목 중에서 한 가지씩 선택하면 되겠으나 간단한 식사를 원한다면 ①음료, ②스프, ③쌀요리, 계란요리, 사라드 중에서 한 가지, ④육요리, 생선요리 중에서 한가지와 디저트 정도로도 충분하다. 대부분의 레스토랑에서는 당일의 요리(Menic del dia)가 있으므로 시식해 볼 만하다.

보다 간편한 음식점으로는 스페인특유의 바르(Bar), 메송(Meson), 보데공(Bodegon), 셀베세리아(Cervceria) 등의 입석위주의 선술집(대포집)과 같은 곳에서 주류와 식사를 즐길 수 있는 곳도 많다. 물론 카페나 카페테리아에서도 가벼운 식사를 겸할 수 있다. 근래에는 마드리드 등의 대도시에 자리 잡은 패스트푸드점인 McDonalds나 Kenturkey 점이

젊은 층과 여행객에게 즐겨 이용되고 있다.

스페인 가정의 일반적인 식사메뉴는 조반 데사유노(Desayuno : 빵과 밀크 커피, 또는 가늘고 긴 도넛형의 튀긴 빵과 코코아), 간식은 온셀(Oncell)이라는 뜻으로 10~11시 경에 경음료와 보카디요(Bocadillo)라는 샌드위치, 등을 먹는다.

점심은 알뮤엘소(Almuerzo)라고 하는데 스페인 사람들이 하루 식사 중에서 가장 소중하게 드는 정찬이다. 오후 2시 경에 비노(와인)를 마시며 풀코스 식사를 약 2시간 느긋하게 이야기하며 즐긴다.

간식은 멜렌다(Merienda)라고 하는데 오후 여섯시 쯤 지나서 와인, 맥주, 커피 등을 타파스를 안주로 즐겨 마신다.

■ 별미의 향토요리

어느 나라를 막론하고 각 지방마다 특미의 명물요리가 있게 마련이지만 스페인과 같이, 여러 민족의 상이한 생활습관에서 볼 수 있는 향토요리는 드문 예라고 할 수 있다. 스페인의 황토색 짙은 지방요리를 나열해 본다.

북부의 바스크 지방에는 비스까이나(Vis-caina)의 맛있는 뱀장어, 도미, 오징어 요리, 아스뚜리아(Asturias)에는 진미의 콩 스프인 파바다, 가리시아지방에는 조개의 찜 요리 등 토속적인 해산물요리들과 가리시아 특유의 청대구 스테이크, 스페인에서는 가장 유명한 동부지방의 빠에야(Paella), 카탈루냐지방의 가재요리, 콩과 소시지의 스튜, 양배추를 넣은 메추리요리, 지중해의 바레아게스 섬의 르와 이네사(Ibiza)식의 가재요리, 카스티야 지방의 양과 새끼돼지의 바비큐, 스튜, 소시지, 메추리와 햄요리, 안다루시아 지방은 더운 기후에 알맞은 차가운 야채스프 가스빠쵸, 소꼬리스프, 멸치, 뜨레벨레스 햄 등의 해산물요리 등을 들 수 있다.

스페인의 포도주는 다양하고 맛이 있다. 안다루시아지방의 살루까루, 헤레스의 만사니아와 모릴레스에서도 생산되고 특히 명주 '헤레스'는 영국에 수출되어 '셰리' 주로 이름이 바뀌어 세계적으로 명성을 올리고 있다. 이 술의 오리지날은 안다루시아지방의 헤레스 데 라 프론티라산으로 보통의 와인과 다른 점은 다 익은 와인에 브랜디를 첨가하여 그것을 다시 저장고에서 숙성시키는 과정에서 단계별로 3~6단, 10~100통 단위로 쌓아 올려서 매년 두 차례씩 각 통으로부터 4분의 1씩 뽑아서 하단의 통으로 옮겨 넣는다. 가장 오래 된 최하단의 것은 소레야로 불리며 오십년 되는 것도 있다. 또한 헤레세는 독한 것과 순한 것 등 두 가지가 있어 독한 것(휘노)은 식전의 술로, 순한 것(올로소)은 식후의 술로 쓰인다. 이밖에도 식탁용의 붉은색과 분홍색의 와인은 산지에 따라 수많은 종류가 있으며, 그 중 뛰어난 종류는 로그로뇨(Logrono), 알라바(Alava), 나바라(Navarra) 지방의 라오하(Rioja)를 비롯하여 사라고사 (Zaragoza)의 까리네나(Carinena), 시우다드 레알(Ciudad Real)의 발데빼나(Val-depenas), 아빌라(Avila)의 살바띠에라 데 로스 바로스(Salvatierra de Los Barros), 카타루냐(Caraluna)의 빠나데스(Panades)와 프로리오라또(Priorato), 페네리페(Tenerife)의 이꼬드(Icod) 등이 있다.

엑트레마두라(Extremadura)는 다양한 향토요리로 유명하며 카세레스(Caceres) 지방에는 양고기 요리인 프리또(Frito), 베이컨 조각을 넣어 튀긴 빵가루 미가스(Migas), 알칸타라(Alcantara) 식의 메추리 등과 감칠맛 있고 활기를 돋구는 카냐메로 포도주는 이 음식들과 잘 어울린다. 이러한 음식들은 선술집에서도 맛볼 수 있다.

수녀 테레사를 찾아

■ 성녀聖女의 도시 아빌라

'성녀聖女 테레사의 도시'라고 일컫는 아빌라는 이슬람과 기독교 문화를 버무린 예술적 표현을 볼 수 있는 거대한 박물관이다.

동양의 영향을 받은 로마에스크와 고딕식으로 건조된 대사원은 위대한 예술품이다.

이 사원은 성벽으로 이어져 있어 예매처일 뿐만이 아니라 동시에 거대한 요새이기도 하다. 그리고 도시 도처에 성녀의 흔적이 남아 있어 가톨릭신자의 발길이 끊이지를 않는다.

세계 도처에서 이 사원의 순수한 르네상스기법으로 지어진 왼쪽 날개 부분은 후에 중건된 것이다. 웹스부분은 성벽에 연결되어 흉벽과 성벽의 총포구를 가진 높은 탑을 이루고 있으며 서편에는 두 개의 탑이 있는데 그 중 하나는 미완성이다. 이 대성당은 세 개의 통로를 가진

긴 타원형모양이며 밖에서 보면 마치 화강암의 산처럼 보이지만 내부는 붉고 흰 얼룩무늬의 신비한 느낌을 준다.

현재 병첩兵帖학교로 쓰이고 있는 폴렌티노 궁전은 사르사의 작품이다. 이들 아빌라의 궁전들은 단단하고 간결하며 간혹 이탈리아식의 장식이 되어 있다. 현재 시립미술관으로 쓰이는 훌륭한 실내정원이 있는 르네상스형식의 디아네스 저택, 다빌라 가家의 저택과 네모난 문과 육중하고 엄숙한 장식의 궁전인 돈, 브라스꼬, 누네스, 벨라궁, 성聖 빈센트 기념문 근처에 베르두고스궁, 아길라스궁 모두 방어용탑을 가진 주요 건축물이다. 그러나 이 궁전들의 엄연한 외관은 그 정원들의 부드러움과 조화된다. 오나떼 혹은 구스만궁전은 아빌라에서 가장 아름다운 탑을 가지고 있으며 현재도 도미니크계의 수녀원이 된 모센, 루비, 데, 부라까몬테 성당은 고딕양식과 르네상스양식이 혼합된 독특한 양식을 보여준다. 또 하나 볼만한 성당은 분홍빛이 도는 샛노란색의 산, 페드로교회로 세 개의 평행을 이룬 웹스와 훌륭한 둥근 지붕, 장미창과 세 개의 정면 삼각장식 등을 갖추고 있다. 성聖 빈센떼, 바실리카는 12~14세기에 지은 분홍빛 사암으로 된 세 개의 통로와 거대한 세 개의 웹스를 가진 로마네스크 양식에서 고딕양식으로의 전환기를 대표하는 건물이다. 이곳의 남쪽 문에는 죄악과 미덕 간의 투쟁을 묘사한 조각으로 장식된 가장 아름다운 코니스가 있으며 12세기의 작품인 서쪽문은 사도들의 조각과 뛰어난 로마네스크 양식으로 유명한 산티아고, 데 꼼뽀스텔라의 영광의 문과 유사하다. 성당 안에는 수호성인들의 무덤이 있으며 지하납골당에는 성페르난도왕이 숭배했던 비르헨, 데, 라, 스텔라나가 모셔져 있다. 이곳은 충성을 맹세하는 장소로 사용되어 특혜를 누렸던 성당 중의 하나이기도 하다.

■ 성녀의 자취

이 고장의 버무려진 건축 양식과 마찬가지로 수녀 테레사야말로 동서 아니, 세계를 버무린 대성녀다. 아빌라의 어느 곳을 가도 그녀의 자취가 남아 있지 않는 곳이 없다. 1636년 성녀가 태어난 집터 위에 세워져 그녀의 유물들을 보관하고 있는 성녀 테레사의 수녀원이 있다. 이곳의 정원은 세베다집안의 과수원으로 성녀와 그녀의 형제들이 놀던 곳이다. 빠세오.데.라.엥까르나시옹수녀원에서는 26년 동안 그녀가 살았었다.

1630년에 그녀의 방에 예배당이 세워졌으며 그녀의 원고들과 십자가의 성聖요한의 그림이 보관되어 있다. 산, 호세수녀원 또는 라스, 마드레수녀원이라고 불리우는 곳은 성녀 테레사의 박물관이 있으며 1562년 그녀가 최초로 설립했던 곳이다. 에레란 형식의 현 교회는 17세기 말의 마드리드파의 훌륭한 그림들을 소장하고 있다.

성녀의 발자취를 눈여겨보면서 비움과 나눔의 소중함을 새삼 느끼게 된다. '비움'이 '채움'이요, '나눔'이 '얻음'이다.

돈키호테의 그늘

스페인문학의 효시는 12세기 중엽에 쓰여진 「시드의 노래」로 소박한 서사시 속에 중세 기사도의 면모를 엿볼 수 있는 작품이다. 스페인의 역사와 마찬가지로 문학의 황금기도 16, 7세기이며 연극도 활발해지고 희극 물도 등장하였다. 또한 융성한 국가의 그늘에 가려진 대중을 소재로 한 라사리요, 데. 톨메스의 생애 등 사회풍자소설도 출현했다. 세계의 대다수 사람들에 의해 즐겨 읽혀온 「돈키호테」가 세르반테스에 의해 발표된 것도 이 시대이다.

18세기에 접어들면서 사실, 풍자로부터 크라링을 대표로 하는 자연주의로 옮겨갔다. 혼란한 20세기에 스페인이 낳은 시인 롤카는 『집시의 노래모음』 등 사람들의 심금을 울리는 명작을 남긴 채 내란의 희생자로 짧은 생애를 마쳤으며 또 1956년 노벨문학상을 수상한 하메네스는 롤카와 더불어 스페인을 대표하는 시인들이다.

이 가운데에서도 스페인 문학의 거봉은 세익스피어의 「햄릿」과 더불어 세계 문학사에 기리 남을 「돈키호테」의 작가 세르반테스를 들 수 있다.

스페인에 올 때마다 다른 스케줄 때문에 세르반테스의 고향과 만차에 가볼 기회를 놓치곤 했는데, 투병의 '노하우'를 배울 수 있을 것만 같아서 이번에만은 가보아야겠다고 별렀다.

스페인 서쪽 끝, 일찍이 페니키아인들이 건조한 낙조가 아름답기로 유명한 카디스, 그리고 거대한 도끼를 잘라놓은 것 같은 론다의 단애斷崖 등 안다르시아 명승지의 관광을 당일치기로 끝내 마트리로와 되돌아 와 그 이튿날 아침 일로 카스티리아 평원으로 줄달음 쳤다.

평야를 가로지르면서 스페인의 본질은 바로 이 카스티리아의 평원에서 형성되었다는 어느 사가史家의 말이 떠올랐다.

즉 모로인의 정복으로부터 다시 국토를 회복하려고 안간힘을 썼던 8백년에 걸친 이른바 '레코니스타'의 처절한 운동과정이 파노라마처럼 평원에 펼쳐진다.

이 운동의 소용돌이 속에 두 가톨릭 국가가 성립되고 또 합병함으로써 오늘의 스페인이 탄생된 것이니 말이다. 그리하여 1492년 드디어 모로인의 최후의 거점이었던 그라나라를 탈환하고, 그 이후 백오십여 년 동안 스페인은 황금의 세기를 구가하게 된다.

실로 화려한 출발이었다. 1492년은 공교롭게도 콜럼버스가 대서양을 횡단하며 오늘의 미대륙(그들은 새로이 대륙을 '발견'했다 하여 '신대륙'이라고 일컬었다.)에 발을 디딘 해이기도 하다. 이리하여 스페인 세계의 무대인 '거인'으로 군림하게 되고 중남미에 대식민지를 만들어 황금덩이를 본국으로 실어 날랐다. 이는 마치, '기상천외의 돌진형인 돈키호테'의 모습 그대로였던 것이다.

리스본, 저녁 놀의 환상

뭉게구름을 헤치고 암스테르담에서 리스본으로 비행 중 서녘하늘과 붉게 물든 황혼을 바라보며 내 처지를 절감했다. 언젠가 다마스카스와 파리에서 보았던 낙조의 정경과 오버 랩 되면서 서방에 대한 묘한 향수 같은 것도 느꼈다. 그 서방 어딘가에 유토피아 같은 정토淨土가 있으리라는 착각 같은 상념이라고나 할까. 인간의 영혼은 왜 서방을 지향하는 것일까. 불교에서는 서방을 '정토'라고 말하고 있지 않는가. 그건 내가 동방 나라 사람이기 때문일까.

위쪽은 불그레하고 아래쪽은 보랏빛으로 물든 구름바다 저쪽에 낙조가 지면서 황금빛 잔광殘光이 담수색淡水色 하늘 또한 물들이고 있었다. 그러면서 뭔가 견디기 어려운 향수를 불러일으키는 듯 싶었다. 향수— 그것은 미지의 서방을 향한 향수였던 것이다. 환각 같은 것이기도 했다. 그때 스튜어디스의 아나운스가 나의 착각을 깨웠다.

"곧 리스본 국제공항에 도착합니다. 좌석 벨트를 매시고 의자를 바로 세워주시기 바랍니다…….”

이윽고 항공기는 솜사탕 같은 붉은 구름바다를 가르고 유럽의 서쪽 끝에 자리한 포르투갈의 수도 리스본에 도착한다. 리스본 시내로 가는 하늘 역시 타는 듯한 노을로 가득했다. 나는 맥이 푹 빠진 듯 허탈감에 사로잡혔다. 이곳이 서쪽의 끝인가. '삶의 여항'의 끝인가. 아니 대해大海로의 시작이다.

내가 묵을 호텔은 바닷가에 있었다. 유럽의 끝자락인 것이다. 여기서부터 대서양이 시작된다. 대서양으로 잠기는 낙조를 물끄러미 쳐다보며 저녁 식사를 마쳤다. 이 같은 낙조의 상념은 리스본에서의 볼 일을 마치고 스페인의 바스크 지방에서도 계속된다.

차가 비르바오에 도착했을 때 잿빛 구름 사이로 마치 가는 붓끝으로 어루만진 듯한 낙조의 한가락이 독일 풍의 건물 등을 비치고 있었다. 환상적이었다. 피카소의 그림으로 세계에 널리 알려진 바스크 지방의 게르니카 마을 비르바오 동쪽에 자리하고 있는 교장이다. 원시회화로 유명한 알타미라의 동굴은 이 마을 동쪽에 있다.

게르니카 마을 어귀에는 '바스크'라는 돌 표지판이 우리나라의 장승처럼 우뚝 서 있다.

바스크 지방은 물과 빛의 고장이다. 스치는 바람에도 움직이고 빛과 그늘이 교차한다. 경관도 보고 있는 사이에 어느 듯 변한다. 첩첩한 산은 햇빛의 각도가 달라지면서 혹은 푸르게, 혹은 보라 빛으로 바뀐다. '산파'를 즉 산의 파도라고나 할까. 그런 이색적 분위기다.

한낮인데도 마을 광장은 조용했다. 둔덕 한 모서리에 있는 허름한 카페에 들어가 커피 한 잔을 주문한 후 마을 주변을 두리번거려 봤다. 인적이 거의 없다. 나른한 봄날 오후, 그때 하늘이 잿빛으로 바뀌더니 갑자기 가루눈이 쏟아져 내렸다. 희끄무레한 주변은 일순 잿빛으로 변했다.

잿빛 광장은 가로질러서 조금 가파른 언덕길을 올라가면 아담한 작은 교회가 있고 거기서 약 10분 쯤 더 올라가면 언덕 위의 의사당 건물이 우뚝 서 있다.

이윽고 눈이 멎자 금빛 햇빛이 구름 사이로 석조 건물에 반사되어 눈부시다. 의사당 뒷켠에 우람한 떡깔나무가 우뚝 서 있고 그 옆에 작은 예배당이 있다. 바스크 인들은 오랜 옛날부터 이 떡갈나무 앞에서 작은 의회를 열고 그들 나름 부족사회를 민주적으로 운명해 왔다. 이 같은 떡깔나무 앞의 서원을 스페인의 어느 군주도 유린하지 못했다. 이 떡깔나무야 말로 바스크족 자유권의 상징이다. 바스크 분리 독립운동가들은 서원이 성취될 때까지 결사항전을 다짐하곤 한다.

바스크는 스페인 왕국만이 아니라 게르만 족에게도 핍박을 받았고 그럴 때마다 게르니카는 전화에 휩싸이곤 했는데 이상하게도 이 의사당과 떡갈나무만은 포탄 자욱하나 없이 오늘에 이르고 있다. 그 나무가 나인 것만 같다.

구름을 비집고 뚫으며 남국의 햇살이 유독 이 의사당과 떡갈나무를 더 비치고 있는 듯 조용한 고요를 깨고 언덕 아래에서 교회의 종소리가 은은히 들려온다. 다시 차를 타고 비스카야만灣으로 향했다. 알타미라 동굴에 도착한 것은 저녁나절이었다.

동굴은 밭에 둘러쌓인 언덕의 중턱 쯤에 있었다. 입구는 비좁았으나 안으로 들어가면서 넓어지고 벽과 천정에 선명한 주홍색 들소, 멧돼지 떼가 그려져 있다. 조명으로 감상할 때에는 별 감동이 일지 않았는데 안내인이 조명을 끄고 촛불을 켜자 순간 너무나도 놀라운 절경으로 바꿔었다. 들소 떼가 살아서 움직이는 듯 생동감이 느껴졌다. 구석기 시대의 인간이 어떻게 이처럼 정교하게 그림을 그릴 수 있을까 태고의 신비에 넋 나간 듯 멍청하게 한참 서 있었다.

멍청히 서 있다가 들소 떼를 잽싸게 스케치해봤지만 엉망이었다. 동굴을 나오자 해가 뉘엿뉘엿 지고 있었다. 언덕에 밀크 빛 옅은 안개가 드리우면서 노을은 환상적인 그림으로 바뀐다. 유럽의 끝자락마저 이제 저물어가고 있는 것이다.

이 황혼의 환상이 문득 나를 속일 슈투트가르트 북서쪽에 있는 헤르만 헤세의 고향 카르브 마을로 옮겨가게 했다. 슈바르트 발트(검은 숲)을 등에 업은 한 교회 뒷켠의 2층 벽돌집 앞에 내렸다. 벽면에는 '화우스트 박사 이곳에 잠들다'라는 동판이 붙어 있다.

전설에 의하면 1480년 이 마을에 게오르그 파우스트가 태어났다고 한다. 그는 머리가 비상하여 악마와 결탁, 마법을 써가며 사람들을 기만하였으나 결국 마각이 들어나 비참하게 죽었다고 한다. 이 요하네스 파우스트는 세월이 흐르면서 얘기가 첨삭되어 전설적인 인물로 영국에까지 알려지고 극작가 말로우에 의해 희곡화되었다가, 그 후 괴테의 「파우스트」로 결정화結晶化되기에 이른다.

아래층에서는 저녁 준비가 한창인 모양이다. 창밖엔 파우스트와 메피스트펠레스가 붉게 타는 노을 속으로 사라져 가는 파노라마가 스쳐 지나간다. 아니 온 유럽이 가라앉고 있다. 하지만 결코 가라앉지 않으리라. 기어이 푸른 하늘을 다시 우러러 보리라.

V

북 유럽과 베네룩스

나는 산다느니보다 살려져가고 있는 듯하다.
나그네 길 가에 핀 들꽃 같다. 산길의 돌멩이 같다.
살려져가고 있는 숙명 속에서 주어진대로 살아야겠다.
산다는 것은 힘든 일이지만 내 힘만으로는 살고 있지 않다는 인식이
나를 편안하게 비우고 나니 이렇게 편안한 것을…….
풍경 속의 눈뜸, 이것이 여행 과정이다.

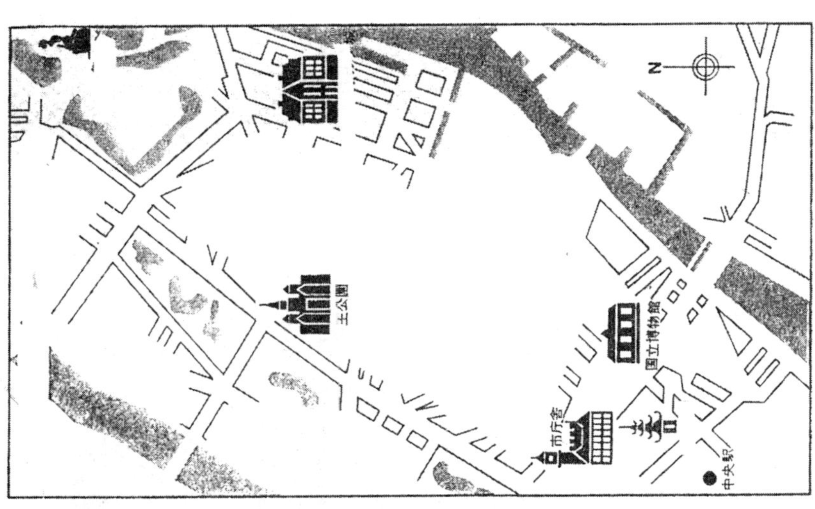

N
国立博物館
市庁舎
中央駅

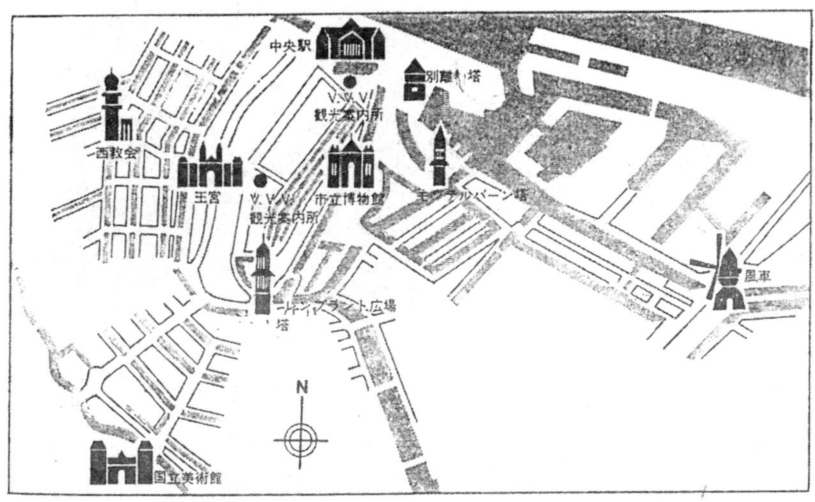

中央駅
V.V.V.
観光案内所
西教会
王宮
V.V.V.
観光案内所
市立博物館
モンテルバーン塔
塔
風車
N
国立美術館

복지 국가의 밝음과 어두움

■ 복지사회福祉社會의 배경

'요람에서 무덤까지'란 스웨덴, 덴마크, 노르웨이 등 스칸디나비아 국가들의 사회복지 구호는 이제 벌써 옛말이 되어 버렸다. 요즘 들어서는 이들의 복지 정책은 '잉태에서 무덤까지'를 내걸었으며 그것은 거의 완벽에 가깝다.

북구의 귀부인 스톡홀름에 들어서면 우선 평화로움과 번영을 실감한다. 8세기부터 11세기에 걸쳐 유럽의 바다를 휩쓸었던 바이킹의 강인한 의지를 복지로 승화시킨 이들은 지상의 천국을 만드는데 전력투구를 하고 있음을 역력히 볼 수 있었다.

스웨덴이 오늘날 복지 국가로서 세계 제1위가 된 하나의 이유란 이 나라에는 극단적인 부자도 없는 대신에 가난뱅이도 없는 이를테면 나라 전체가 '중산계급'화 되어 있기 때문이다. 나라 전체가 하나의 계급이 된다면 계급 그 자체가 없어지는 셈이 되므로 오히려 '중간층'화 되었다고도 할 수 있다.

이러한 현상을 알기 위해 계급·계층의 문제를 중심으로 하여 잠시 그 역사를 더듬어볼 필요가 있다.

지금으로부터 백여 년 전 1870년대는 스웨덴이 가까스로 근대화, 공업화가 시작되는 시기였다. 이는 이웃 영국의 산업혁명 보다 백년 이상이나 뒤진 것이고, 공업화가 시작되었다고는 하지만 이는 주로 소규모의 광산, 철공장, 제재소 등이었고, 그것도 대개 시골에 흩어져 있었다. 인구의 7할은 농목農牧에 의존하고 9할은 농촌에 살고 있으며 스톡홀름 이회의 도시발전은 빈약하기 이를 데 없었다.

정치면에 있어서도 이 시기는 근대화에의 한 선을 그었다. 1866년까지의 의회체제란 귀족, 승려, 시민(부르주아), 농민의 네 신분 대표로 이루어져 있었다. 농민 대표가 있었다고는 하지만 실은 대대로 국왕에 의해서 귀족에 대한 견제책으로 둔데 지나지 않은 것이었으므로 농민 대부분은 나라 살림에 대해 아무런 영향력을 지니고 있지 않았다.

1860년 카알 11세는 토지 귀족의 세력을 줄이고, 당시 유럽 여러 나라에서 시행했던 절대왕제를 이 나라에도 수립하려고 토지개혁법을 만들어 왕령王領과 자영自營농민의 토지를 귀족 손아귀에서 빼앗는데 성공했다. 이렇게 하여 농민의 토지 소유율은 한껏 높아졌다.

시민 계층의 중요한 역할이 인정되기에 이른 것은 이 나라가 폐쇄적인 자급경제를 벗어나 외국무역을 중심으로 하여 참다운 의미에 있어서의 도시가 발전되었을 때부터였다. 중세 후기를 통하여 스톡홀롬의 상인들은 한자 동맹과의 관련을 밀접하게 가지면서 사회적, 정치적 영향력을 증대시켜 갔다. 이리하여 그들은 번영하는 수출무역의 대표로서 국회에 있어서 종래 절대적이었던 국권에 대한 시민적 투쟁의 주요한 역할을 맡기에 이르렀다.

도시 인구에 대한 비율은 1500년에 5퍼센트였던 것이 1870년에는 그 배로 늘어났다. 이와 같은 전개를 배경으로 하여 1866년에 국회는 종래의 '사신분제四身分制'를 폐지하고 상·하 양원제로 바뀌었다. 그러니까 신분사회에서 계급사회로 바뀐 정치적 표현이기도 했다. 이러한 개혁에 의해 하원은 직접 선거제가 되었으므로 농민의 세력과 후에 이르러서는 노동자의 영향력이 반영되기에 이르렀으나 상원은 간접선거제였으므로 그 선거권이 상당한 재산을 소유한 남성에 한정되어 있었으므로 일반인 다수의 영향력이 별로 미치지 못했다.

19세기 후반 이후의 스웨덴은 차츰 술렁이기 시작했는데, 그 첫째 변화는 거주지 인구 비율이 현저하게 바뀐 점이다. 농촌 인구가 크게 줄어들면서 도시 인구가 격증해갔다(현재 스웨덴 인구의 절반 이상이 도시에서 살고 있다.).

둘째로 주목해야 할 점은 농업관계층의 격감이다. 1870년대의 71퍼센트에서 오늘날 불과 10퍼센트로 줄어들었다. 그 원인은 농업 불황에 의한 미국 이주移住경작지의 기계화, 농업보다 유리한 공업노무시장의 전개 등을 들 수 있다.

셋째로 이들 농업 부문에서 유출된 상공업부문은 특히 제1·2차 세계대전을 계기로 그 수가 현저히 늘어난 점을 들 수 있고, 넷째로는 이에 따라 노동자층이 이 나라에서 최대 집단으로 등장하여 노동 인구의 과반수를 차지하기에 이른 점이다.

다섯 번째로 현대사회계층의 최대의 특징인 샐러리맨의 현저한 증대를 들 수 있다. 또한 이들 피고용 봉급자 가운데 67퍼센트가 여성으로 이 나라 여성의 놀라운 사회 진출상을 보여주고 있다. 이는 봉급생활자 중에 샐러리 여성이 차지하는 비율로서 핀란드에 이어 유럽에서 두 번째이다. 더욱이 스웨덴 공업에 있어서의 여성 진출의 역사적인 발자취 및 공업 분야에 있어서의 여성 임금의 상승률이 남성을 능가하고 있는 이 나라의 임금정책(이 점, 우리나라는 크게 참고, 반성할 필요가 있다.)은 실질적으로 남녀평등이 가장 잘된 나라임을 실증해준다.

여섯 번째로, 경영자 층의 현대적 양상을 들 수 있는데, 근대에 있어서는 자본소유자가 곧 경영자였지만 현대에 있어서의 경영기술의 복잡화, 과학기술의 고도화는 전문적 지식 · 기능 · 경험의 소유자로서 많은 단련을 한 자가 아니면 기업을 경영할 수 없게 되었다. 이런 점을 감안하여 특히 스웨덴에서는 그 적격자가 봉급자 가운데에서 선발되고 종래의 자본소유자는 주식 배당만을 받는 대주주로 후퇴하기에 이르렀다. 이 역시 우리가 크게 본받아야 할 점이다. 이러한 추세를 스웨덴의 고등 기술 및 실업 교육이 뒷받침하고 있다는 점도 간과해서는 안 될 것이다.

■ '에덴 동산'의 그늘

복지 국가란 간단히 말해서 자본주의와 사회주의의 장점만을 취하고 단점을 버린 이를테면 혼혈아로서, 역사적으로 볼 때에도 중세사회와 근대사회의 장단점을 각각 취사取捨한 통일체라고 할 수 있다. 즉 복지 국가란 '중도中道'를 걷는 나라인 것이다

그런 점에서 가장 모범적인 전개를 이룩한 나라가 바로 스웨덴이다. 1930년의 세계 불황은 자본주의 여러 나라에서 실업失業 등 심각한 사

회문제를 불러일으켰다. 유럽 각국은 이 시기에 사회보장의 전단계 형태로서 보호입법을 행하여 대증요법對症療法에 힘썼는데, 특히 스웨덴은 세계사의 동향을 잽싸게 파악하여 다른 나라에 앞서 정치, 경제, 사회 등 여러 국면에 걸쳐 복지 국가 내지는 복지사회에의 길을 착실히 걸어 나갔다. 좌일즈의 『스웨덴, 그 중도의 길(Sweden, the middle way)』은 세계의 식자들에게 스웨덴식 '중도정신'의 현명함을 일깨워 주고 있다.

스웨덴의 사회보장체계 안의 의료제도나 연금제도 등은 대립되는 여러 원리를 매우 교묘하게 혼성시키고 조화시키는 한편 이 나라의 역사적, 사회적 전통을 충분히 고려하여 입안되었다.

가령 이 나라의 역사적 전통의 한 면으로서 국가와 개인과의 중도로서의, 그리고 중세와 근대와의 통일로서의 '지역사회'나 '지방자치'의 충실 등을 들 수 있는데 이 나라의 의료제도의 기본적 특징이라는 것도 지방자치제가 운영의 중심체가 되고 있다는 점을 들 수 있다.

이와 같이 세계에서 가장 이상적인 복지 사회가 건설된 이 나라에서는 모두가 경제적으로 유족해졌기 때문에, 그 다음에는 오래, 즐겁게, 건강하게 사는 일이다. 그래서 스웨덴의 건강관리위원회는 예컨대 '햄버거도 좋지만 프렌치 프라이한 감자와 함께 들지 마십시오. 그 대신 야채와 삶은 감자를 먹도록 하십시오. 이것이 몸에 더 좋습니다.' 같은 구호를 내걸고 한 해 9백만 크로나(약 210만 유로화)를 국민건강관리를 위해 사용하고 있다.

그들은 오래 사는 것만이 아니라 즐겁게 살기를 원한다. 그래서 남녀 간의 동물적인 본능을 실연하는 것을 '라이프쇼'라고 부르고 그것을 연출하는 사람을 '아티스트(예술가)'라고 부른다.

그러나 국민소득 세계 최고의 이런 '에덴 동산'에도 그늘이 있다. 바로 이 철저한 사회보장과 세금이 문제인 것이다. 고소득층이나 저소득층의 많은 사람들이 점점 더 일하는 의욕을 잃어가고 있는 것이다. 부유층은 세금에 그리고 노무자들은 고만 안락에 지쳐버린 것이다.

그보다 더 큰 사회문제는 일해야만 하는 엄마와 아이들과의 소외현상이다. 아이들은 탁아소에서 양육되고 엄마는 바쁘기 때문에 아이들이 어머니와 있을 수 있는 시간이 너무 짧다. 스칸디나비아를 여행하면서 어린 아이들이 담배를 피우는 모습을 흔히 볼 수 있었다. 그런 현상은 아마도 어려서부터 아이들이 사랑에 굶주리던 탓이리라. 담배 피우는 아이들 가운데에는 놀랍게도 계집아이들이 더 많다.

공원엘 가보면 벤치에 멍하니 하늘만 쳐다보고 앉아 있는 노인들을 많이 볼 수 있다. 얼굴은 희고 윤기가 흐르지만 일과 가족과의 대화를 잃어버린 노인들은 그저 무료하기만 한 것 같다. 손자들에게 시달리는 우리네 할머니, 할아버지보다 덜 행복해 보인다.

일찌기 키엘 케골이 나의 침묵의 공모자여! 나의 생활은 철저히 몰리고 말았습니다. 살기가 견딜 수 없이 싫어졌습니다, 맛도 의미도 없는 따분한 생활입니다.」(반부反復에서)라고 말했듯이, 스칸디나비아인들(특히 노인)은「반복」없는 따분한 생활에 지쳐있는 것이다.

거지도 없고 부자도 없는 사회, 스칸디나비아는 분명히 제도가 마련해준 지상의 '에덴 동산' 임에 틀림없다. 그러나 이 때문에 사람들(특히 젊은이)은 보다 높은 자리와 많은 재산을 위한 노력이 없어졌다. 그래서 특히 성만을 쫓는 '기력 없는 젊은이'를 양산하기에 이르렀다.

이 나라의 생활에는 이래서 차츰 권태감이 감돌기 시작했다. 내가 만난 스웨덴 사람마다 이 점에 대해서는 부정하려 들지 않았다.

정계, 경제계 그리고 문화계에서도 무사 태평한 세상이 스웨덴 사람을 게으르게 만들고 있다고 자기비판이 대단하다. 청소년층의 갖가지 비행非行이나 성적 모험 같은 것도 따지고 보면 이와 같은 권태를 깨뜨려보고 싶은 젊은이들의 레지스탕스인지도 모른다. 현재의 삶이 아무런 자극도 없어 젊은이들은 염증을 느끼고 있는 것이다.

'입법자이건 혁명가이건 평등과 자유를 함께 약속하는 것은 공상가 아니면 엉터리 스승이다.'라고 괴테가 말했듯이 이 두 가지가 공존한다는 것은 퍽 어려운 모양이다.

괴테는 1749년에 태어나서 1833년에 죽었는데 이 시기에는 영국 산업혁명이 비롯되고 미국의 독립전쟁, 프랑스 대혁명 등의 획기적인 경제적, 정치적 대변혁이 집중했고, 사회사상가 루쏘, 로버트 · 오웬, 쌍 · 시몽 등의 거장들이 자유 · 평등에 대해 열띤 주장을 했고 세계는 이런 방향으로 줄달음질치고 있었다.

특히 프랑스 혁명은 '자유 · 평등 · 박애'를 그 슬로건으로 하여 사회제도만 변혁되면 자유 · 평등의 이상은 일거에 실현될 수 있다고들 믿었다.

이러한 소용돌이 속에서 자유와 평등이 양립될 수 없다고 설파한 괴테의 통찰력은 대단한 바가 있다.

근대에 이르러 자유를 추구한 선線은 자유자본주의사회를 만들어냈다. 이 사회는 모든 사람이 중세 봉건사회의 신분적 속박으로 부터 벗어나 자유로운 개인이 되었다. 법률 앞에 만민은 평등하고 독립된 인간이 되었다. 그런데 형식적으로 자유와 평등이 양립되었지만 실질적으로는 자석의 양극처럼 서로 반발되어 노사勞使간의 대립을 초래하기도 했다.

이를 극복한다는 기치 아래 사회주의는 평등을 추구하기에 이르렀다. 하지만 이 사회에서는 직업의 자유, 사상이나 신앙의 자유가 없어지고 말았다. 도덕적인 측면 또한 국가가 마련한 모럴이 일률적으로 적용되어 개인의 자유 의지에 따른 판단이라는 도덕의 기본적인 선이 무너지고 말았다.

이러한 두 이즘의 취약점을 양립시킨 것이 스칸디나비아 나라들이다.

복지사회의 이러한 근거에 따라서 스칸디나비아는 여러 가지 복지 정책이 정부에 의해서, 또는 기업이나 협동조합에 의해서 장기적 특히 스웨덴은 '전 국민의 중산층화'라는 복지사회의 체질을 가장 모범적으로 완수했다.

하지만 사람에게는 능력의 차이가 있고 근면함에도 차이가 있다. 따라서 제도적으로 육성한 중산층 가운데에서 그 상층으로 승진되거나 반대로 하층으로 하락하는 자가 나오게도 된다. 이는 여러 「계층」으로서 마르크스가 정의한 여러 「계급」은 결코 아니다. 마르크스는 종래의 역사란 계급투쟁의 역사이고 자본주의와의 생산 관계의 폐지와 더불어 계급투쟁은 끝나며 인류 전반前半의 역사는 막을 내린다고 말했지만 스웨덴처럼 선진 복지 국가의 경우를 보면 공업의 90퍼센트가 사유私有지만 노사 간의 대립보다는 협조가 잘 이루어지고 이젠 「계급투쟁」이란 그 흔적조차 찾을 수가 없고 다만 계층 간의 차이가 약간 표면화하고 있을 따름이다. 자유와 평등을 대립에서 양립으로 이끄는데 성공한 스웨덴 등 스칸디나비아 제국의 예지가 풍요로움에서 오는 권태 때문에 조금이라도 금이 가지 않기를 바라는 마음 간절하다.

성性 자유화 물결 속의 스웨덴

■ 분방奔放한 젊은이들

스웨덴－사회보장이 완비된 가난뱅이 없는 나라. 2세기 가까이 전쟁이 없었던 이상적인 나라.

이 나라의 또 하나의 특징은 '성性의 자유화(?)' 이에 대해서는 상을 찌푸리는 사람도 있겠고 부러워하는 사람도 있겠지만, 글쎄, 복지 국가의 '타락'일까? 아니면 '진보'일까?

스웨덴 사람들은 '삼만보'라는 말을 곧 잘 쓴다. 이 말은 세계 매스컴에 자주 오르내리는 스웨덴식 사랑, 즉 혼례를 올리지 않은 부부를 가리키는 말이다. 이는 「결혼생활」이란 연작連作영화를 제작해냈던 유명한 스웨덴 영화감독 잉게마르 베리만이 그려낸 부부관계이기도 하다.

"아, 그 사람들 삼만보예요."

세계 사람들의 많은 오해와 호기심을 불러일으키는 '성性개방 사회'

라는 호칭도 아마 이 '삼만보'를 이렇게 예사롭게 얘기하는 이곳 사람들의 태도에서 더욱 확인되기도 한다.

스톡홀름의 명동 거리인 쿤스그 가탄을 거닐다 보면 초가을의 사양斜陽속에 멋진 스웨터에 바짝 몸에 붙은 슬랙스, 머리칼을 등 뒤까지 늘어뜨린 틴에이저의 소녀들이 삼삼오오 광장 벤치나 건물 돌계단에 걸터앉아 담배를 뻐꺽뻐꺽 피우면서 멍청하게 앉아 있는 모습들이 많이 눈에 띈다.

날이 어두워지면 마치 옛날 '뷔이킹(봐이킹의 이곳 발음)'의 현대판인 듯 검은 잠바의 장발한 젊은이들이 대형 중고차로 아슬아슬하게 보도를 스쳐가며 번화가를 질주하는 모습을 어디서나 볼 수 있다. 거리를 서성거리던 아가씨들과 몇 마디 말을 나누고(말보다는 눈으로 대화하고)는 같이 타기가 무섭게 굉음을 울리며 달아난다. 아마도 교외나 숲속, 아니면 자기 집 방(날씨가 추울 때면)에 데리고 가는 것이다.

그저 어안이 벙벙해진다. 이 방약무인傍若無人한 젊은이들은 스웨덴의 '앵그리 영 맨'인 '라가레'들인 것이다.

이 쿤그스 가탄의 중간쯤에 이르면 길거리에 자동판매기가 많이 설치되어 있다. 물론 그 가운데에는 담배나 껌, 초코렛 등을 파는 자동기도 있지만 그 대부분이 콘돔 판매기라는 점에서 이 나라의 성性자유 풍속을 실감할 수 있었다. 콘돔 판매기 앞에 젊은 여자들이 줄지어 있어도 누구 하나 눈여겨보지 않고 지나쳐 간다.

거리의 신문판매대나 담배 가게, 서점 쇼우 윈도우에는 요란한 포오즈의 포르노 잡지들이 어지럽게 꽂혀 있다. 남녀동등의 나라이므로 남자 누드도 눈에 띈다.(하지만 비율로 따지면 남자 누드 사진은 훨씬 적은 듯 했다.) 나그네의 눈에는 그저 놀라움 뿐이었다.

그래서 이곳을 찾는 외국 관광객들은 안내원들에게 곧잘 '삼만보 가정을 보여 줄 수 없느냐?'고 요구해서 웃음을 자아내게도 한다.

'그게 무슨 구경거리냐.'는 것이 이곳 사람들의 한결같은 대답이다. 우리들은 그저 스웨덴 사회의 특수한 일면만을 보고 이것을 이 나라 전반의 현상이라고 성급한 억측을 해서는 안될 것 같다. 외국 관광객들의 관찰은 때때로 지나친 비약으로 줄달음질칠 우려가 있다.

딴은 거리의 성性의 실태만을 보고 한 나라의 국민 전체에 대해 적용한다는 것은 무리한 노릇임에 틀림없다. 다만 넓은 관점에서 시각視角을 종합적으로 관련시켜 충분한 자료를 사용한다면 그 실상에 접근할 수 있다고 본다. 내가 얻은 스웨덴 생활의 여러 단면을 보이는 자료를 통해서 그들의 생활, 특히 젊은이들이 지니는 꿈과 고뇌를 살펴보려고 한다.

■ 하이틴의 성실태性實態

스웨덴에서 널리 읽혀지는 잡지 『붸코 레뷴』에 마침 스웨덴의 젊은 여성들이 성에 대해서 조사한 결과가 발표되어 있었다. 이 조사는 스톡홀름에 사는 약 백 명의 여고생(열여섯 살부터 열아홉 살 정도)을 대상으로 한 것이었다. 이 조사는 다만 흥미 본위의 것이 아니었고, 실제 조사에는 대학 강사인 요하킴이라는 사람이 카운셀링을 맡았으며, 그밖에 몇 사람의 편집국원과 기자가 책임 서명하고 참가한 행사였다.

조사 방법은 회답자가 익명匿名을 쓰도록 되어 있으나 주소, 성명을 정확히 써도 무방한데 그 가운데 몇 명은 조사 후 질문자에게 자기의 체험이나 의견을 말하기도 했다는 것이다. 성이 결코 '비밀'의 것일 수 없는 이 나라에서 여고생들이 그들의 체험담을 얘기했다는 것은 조금도 이상할 것이 없다.

대개 어느 나라에서든지 이런 종류의 조사는 자칫 흥미 본위에 빠지기 쉬우나 이 조사는 얼핏 보아 매우 신뢰성이 있는듯한 느낌이 들었다.

이 조사의 첫 번째 질문은 '일찌기 성 경험을 가진 일이 있느냐, 없느냐?'였다. 이에 대해서 32퍼센트는 '있다'고 대답했고, 나머지 68퍼센트는 '없다'고 대답했다. 조사 대상이 백 명이라는 한정된 인원수이긴 하지만, 흔히 세상에 널리 퍼져 있는 것처럼 '북유럽에는 처녀가 없다.'라든가 '스웨덴아가씨의 태반은 틴에이저 때 처녀성을 상실한다.'는 풍문과는 거리가 먼 결과를 이 조사는 보여주고 있다.

그러면 이 조사를 어떻게 해석해야 할까?

첫째로 가능한 해석은 이런 조사에 있어서는 회답자가 진실을 말하지 않을 것이라는 의문이다. 아마도 우리나라에서 여고생을 모아 이 같은 조사를 한다면 단 한명도 진실을 말하지 않을 지도 모른다. 우리나라 사람들은 성을 아직도 폐쇄적으로 생각하고 있으니 말이다.

하지만 오늘날 북 유럽인들은 (그밖에 대부분의 유럽인도 다 그렇지만)성 그 자체, 성행위 등에 관해서 불필요한 '수치심'을 갖지 않고 있다는 점을 우리는 유의할 필요가 있다.

특히 북유럽 사람들에 있어서는 이제 '처녀성'이란 '가치'의 문제를 넘어서서 객관적인 사실의 문제가 되어 있는 듯했다. 그러므로 이 조사의 결과에 대해서는 의심의 여지가 별로 없다고 본다.

여담이지만 코펜하겐에서 법률을 배우는 학생과 비행기 속에서 다음과 같은 대화를 나눈 적이었다.

"우리들 북유럽 젊은이들은 처녀성 같은 것은 전혀 문제시하지 않지요. 남자만이 아니라 여자도 마찬가지로 그렇게 생각하죠. 옛날에는 몰라도 적어도 오늘날에는 처녀성이라고 하는 덴마크말 '욤프르리헤에즈'는 한 낱말로서 사전에 올라 있지만 이젠 살아 있지 않은 말이나 다름없어요."

"하긴 당신 말은 내가 이 나라 젊은이들의 생활을 관찰해 보니 사실 같아요. 하지만 마음속으로 조금이나마 처녀를 존중하는 기분은 없는가요? 만일 학생이 숫처녀와 숫처녀 아닌 여성 중 아내로 맞아들일 때 어느 쪽을 선택할텐가요?"

"그런 질문은 정말 넌센스예요. 우리들이 처녀성의 가치를 인정하지 않는 것은 이론적으로만이 아니라 실제로도 그러하기 때문이죠. 숫처녀냐 아니냐 하는 문제란 결혼 시에 전혀 고려의 대상이 되질 않아요. 내 개인적인 의견으로서는 오히려 숫처녀가 아닌 쪽이 좋을 것 같네요."

내가 이해하기 힘들다는 표정을 짓자, 그는 정색을 하면서,

"이건 믿어주세요. 좀 더 구체적으로 말한다면 나와 결혼할 여성은 나이외의 남성을 알고 있는 것이 더 바람직해요. 이해심도 생기고……"

그는 내게 이렇게 말한 다음에 옆 좌석에 앉은 여자 친구와 뭔가 덴마크말로 수군덕거렸다(나하고 말할 때는 물론 영어였다.). 그는 다시 내 쪽으로 얼굴을 돌리고는 자기 걸프렌드는 남자 교제가 많았던 여자라고 넌지시 일러 주었다.

왜 그런 말은 살짝 얘기하느냐고 말했더니 그는 겸연쩍은 듯 너털대며 웃어댔다.

다시 앞서 말한 조사 문제로 되돌아가, 이 조사의 결과가 실제로 정확하다고 보고 미경험자가 68퍼센트나 된다는 사실과 항간에서 '젊은 아가씨들의 대부분은 일찍부터 성경험을 갖는다.'고 하는 사실과의 상위相違를 어떻게 보아야 할 것인가 하는 점이다.

여기서 제이의 해석이 가능하다. 스웨덴의 학교 제도를 고려해 넣으면 이곳에선 열아홉 살에 고등학교를 졸업한다. 졸업하자 곧 그들은 부모와 별거하면서 공부를 하거나 직장에 나간다. 이렇게 하여 그들은 실질적으로 사회인이 된다. 이 단계에서 혹시 성관계를 갖는 퍼센티지가 증가하는 것이 아닐까. 내가 알고 있는 북유럽의 친구들 가운데에도 이 무렵에 첫 경험을 했다고 말한 것을 들은 적이 있다.

이 조사는 대상을 열아홉 살까지로 한정했다는 사실을 나는 뒤늦게 생각해냈다. 열아홉 살까지의 여학생 중 68퍼센트는 미경험자라고해도 그 후 한, 두 해가 지나는 동안 경험자가 급증하게 되는 모양이다. 그러니깐 20대 여성은 대개 처녀라도 경험자인 것 같다.

조사의 두 번째 질문은 체험을 갖게 된 동기에 대해서이다. 이제 대해서는 자기 자신이 그것을 원했었다고 하는 대답이 94퍼센트로 단연 많고, 자기는 원하지 않았지만 상대편 남자가 요구해왔으므로 허락해 주었다는 경우는 불과 4퍼센트에 지나지 않았다. 이들 숫자에서 보이는 것처럼 그들의 경험에 있어서의 자주성을 인지認知할 수가 있다.

이 질문과 관련하여 아직 성경험을 갖지 않았던 이유로서 교섭을 갖고는 싶었으나 적당한 상대를 만나지 못했다고 하는 것이 미경험자 중 53퍼센트이고, 나이가 아직 어리다는 이유는 31퍼센트, 임신이 두렵다는 이유가 12퍼센트였다. (기타가 4퍼센트) 제삼의 질문으로서 성경험을 가졌던 여학생에 대한 질문으로 '첫 경험에서 어떻게 느꼈느냐?' 하는 질문이 있었다.

56퍼센트가 '정말 흐뭇하고 멋있는 경험이었다.'였지만 '임신이 두려웠다.'가 28퍼센트나 되었고 '후회된다.'도 16퍼센트나 되었다. 그리고 '성경험을 했다는 사실을 누구에겐가 말했느냐?' 하는 질문 가운데, 말했을 경우 그 상대로서 가장 많은 것이 친구로서 52퍼센트, 그 다음이 12퍼센트였고, '아무에게도 말하지 않았다'가 36퍼센트였다.

다섯 번째는 '그 후 관계를 계속 했느냐?' 하는 질문인데, 이에 대해서는 그 후 가능한 한 규칙적으로 성 교섭을 계속했다, 가끔 관계를 맺는데 그쳤다, 그 후 한 번도 없었다, 회답 없는 것 등이 대개 각 25퍼센트 내외였고, 교섭을 갖는 장소는 호텔이나 여관 등이 아니라, 숲속이나 자기 방에서였다. 북유럽의 학생 기숙사는 매우 자유 개방적이어서 남녀의 방은 각각 다르지만 같은 층계에 두루 섞여 있었고, 수위도 별반 눈에 띄지 않는 데가 많다. 그러니깐 성 교섭을 하는 장소는 도처에 있는 셈이다.

여섯째 질문으로서 조사의 대상이 된 여학생들은 도시 같은데서 공공연히 팔고 있는 나체·사진 잡지 따위에 흥미를 갖고 있었는가 하는 것인데, 이에는 3분의 2정도가 흥미 있다고 대답했다.

일곱 번째는 좀 색다른 질문으로 그들 세대와 어버이 세대와의 차이를 알려는 것으로 '부모는 당신을 이해하고 있다고 생각하는가?'였는데, 이에 대해서는 긍정적인 대답이 41퍼센트, 부정적인 대답이 50퍼센트, 무회답이 9퍼센트였다. 그러니까 반수 이상이 그들 부모와 사고思考나 생활 방식의 상위를 느끼고 있다는 것이다. 그래서 이러한 위화감을 서로 이해하기 위해서 '어버이와 좀 더 접촉하고 싶다.'는 소망이 60퍼센트나 되었다는 것은 주목할 만하다. 다음으로 별도의 각도에서의 질문으로 이른바 젊은 여성들의 직업관을 알려고 하는 의도로서 TV 아나운서, 학자, 실업가, 변호사, 의사, 군인 등의 여러 직종을 예거해 놓고 이 가운데에서 「일반적으로 젊은 여성은 어떤 직업이 가장 좋다고 생각하느냐?」고 물었는데 변호사(또는 법률가)가 52퍼센트로 가장 많고, 학자가 31퍼센트, 실업가가 12퍼센트였다. 이 점은 우리나라와 비슷한 것 같다.

베네룩스의 지혜

■ 밝고 단정한 소녀 같은 세 나라

유럽 대륙의 서북부에 위치한 작은 왕국 네덜란드 · 벨기에 · 룩셈부르크-이들 세 나라는 지리적으로 서로 인접하고 있을 뿐만이 아니라 정치 · 경제적으로도 강한 유대 관계를 맺고 있어 흔히 '베네룩스구국'이라고 부른다.

이들 세 나라는 동쪽으로는 독일, 서쪽으로는 프랑스, 바다 건너 북쪽으로는 영국과 접하고 있다.

한나절이면 기차나 버스로 이 세 나라를 종단할 수 있을 만큼 소국(네덜란드 40만㎢, 벨기에 30만㎢, 룩셈부르크 2천5백㎢교통의 요충지역으로서 유럽을 여행하는 나그네는 쉽사리 이 나라를 들를 수 있다.

풍차와 튤립으로 유명한 네덜란드, 중세풍의 고딕식 고성高城들이 즐비한 룩셈부르크, 낙농과 광업의 나라 벨기에는 어디를 가나 숲과 강물이 아름다운 조화를 이루고 있으며 밝은 표정의 사람들로 가득 차 있다. 이 작은 세 나라는 소국답게 뭔가 젊고 싱싱하고 단정해 보이는 '소녀 같은 나라'다.

지형은 동 남북의 아르덴느 고지를 제외하고는 나라가 거의 평지로 이루어져 있고, 다만 네덜란드 북부만이 저지로 해면보다 낮은 곳이 많다.

KLM 항공을 이용하면 네덜란드의 수도 암스테르담으로 직행할 수 있고, KAL이나 그 외의 어느 항공기를 이용해도 앵커리지에서의 휴식 시간을 거쳐 23시간이면 이 고장에 올 수 있다.

우리나라와는 사증 면세협정이 체결되어 3개월 이내 체류는 사증(비자)이 필요 없고, 입국절차를 여권의 사진을 본인과 대조해보는 정도로 끝난다.

화폐단위는 네덜란드는 길다(Guilder), 또는 플로린(Florin)이라고 하며 벨기에와 룩셈부르크는 프랑(France)이지만 세 나라 모두 F로 단위를 표시한다.

세 나라 모두 온화한 해양선 기후이기는 하지만 서풍이 계속 불면 안개가 많이 끼고 곧잘 강풍이 휘몰아치기도 한다.

평균 기온은 여름철에는 27℃ 내외이며, 겨울철에도 영하로 내려가는 날이 별로 많지 않다. 하지만 겨울철에는 대개 코트를 입고 다니며, 여름철에는 비가 자주 오므로 레인코트를 준비할 필요가 있다.

이들 세 나라는 국토의 대부분이 평지이기 때문에 도로가 잘 정비되어 있으며 자전거 전용 도로가 따로 있을 만큼 자전거가 많이 보급되어 있다. 대도시의 출근 시간에는 자전거로 러시를 이루기도 한다.

가장 좋은 관광 시즌은 각종 꽃들이 화려하게 만발하는 5월부터 6월 중순 경이다. 특히 네덜란드의 튤립 꽃단지는 아름답고 화려한 경관을 이룬다.

브뤼셀 공항 매점에서 휴대용 술 한병을 사려고 했다. 해외여행 경험자라면 누구나 알고 있듯이 외국행 비행기의 여객은 면세로 담배나 술을 살 수 있는 자격이 있다. 그런데 의외로 브뤼셀공항 매점에서는 내게 술을 팔 수 없다는 것이다. 내 행선지가 네덜란드의 암스테르담이라는 이유 때문이었다.

"왜 안 파는거지요?"

하고 나는 언짢은 말투로 캐물었다. 매점 아가씨의 설명에 의하면 벨기에와 네덜란드 · 룩셈부르크 삼국은 '베네룩스'를 형성하여 관세동맹을 맺고 있기 때문에 관세에 관한 한 세 나라 사이에는 국경이 없다고 한다. 그러므로 네덜란드에 입국하는 여객에 대해서 벨기에 비행장의 매점이 면세품을 팔 수 없다는 것이다.

베네룩스의 존재를 이곳에 와서 새삼스럽게 실감했다.

"딴은 그렇군." 하며 어깨를 으쓱해 보였더니, 매점 아가씨는 비행기 속에서는 면세품을 살 수 있다고 내게 살짝 귀뜸해 주었다.

브뤼셀에서 암스테르담까지는 두 나라 영공만을 날도록 되어 있지만 국제 항로이기 때문에 면세품을 살 수 있었다. 그러니까 이 두 나라는 지상에서는 동일국가이지만 비행기에 오르면 별개의 국가가 되어 버린다.

이 나라에 와서 또 하나 기이하게 느낀 것은 언어의 상위相違에 따르는 국민간의 불협화음이다.

벨기에는 남부에 사는 프랑스계의 왈론인(Walloon)과 북부에 사는 네덜란드어계의 플라밍인(Flemings)으로 구성되어 있는데 이 두 민족은 같은 나라 국민이면서도 지극히 사이가 좋지 않다. 일찍이 프랑스가 유럽 최강국이었을 무렵에는 왈론인들이 벨기에의 지배적 세력이었지만 지금은 게르만계의 플라밍인들이 매우 근면하고 또한 출산율도 많아서 차츰 득세하고 있다. 이러한 두 민족의 갈등은 특히 언어 문제 때문에 더욱 그 간극이 벌어지고 있다. 이곳 사람들은 이를 '언어 전쟁'이라는 말로 표현하고 있었는데, 내가 들렀던 르방대학에서도 프랑스어에 의한 교육의 확대에 대해 플라밍계가 크게 반발하고 있었다.

브뤼셀과 르방을 잇는 선線은 차츰 후퇴하고 있는 프랑스어계의 최전선이기도 하다. 스위스에서는 네 개의 공용어가 사이좋게 통용되고 있는데 반해서 이곳에서는 두 지역에 각각 하나의 공용어가 존재할 따름이다. 브뤼셀은 수도이고 두 언어의 경계선에 놓여 있기 때문에 도로 표지 등 모든 표시가 2개의 국어로 씌어 있다. 르방대학은 본시 프랑스계 가톨릭교회 소속이었지만 현재 이 지역 역시 플라밍계가 우세해졌다. 르방대학 안에서의 언어 전쟁은 이른바 왈론계 최후의 아성을 둘러싼 공방전이라 할 수 있다. 단일 민족으로서 단일 언어를 사용하는 우리 처지의 고마움을 새삼스레 느끼게 된다.

암스테르담공항 터미널은 최신식 시설을 갖춘 말끔한 건물이었다. 먼저 관광안내소인 휘 휘 휘(V V V)에 들려 민숙民宿을 부탁했다. 안내양은 내 직업을 묻더니 시내공항 버스 터미널 근처에 대학생들이 많이 가는 집을 특별히 소개해 주었다.

안내소에서 얻은 지도를 펴들고(이 나라에서는 관광지도를 공짜로 준다) 유명한 콘서트홀 뒷길로 한참동안 걸어갔다. 자전거가 즐비한 네덜란드풍의 분위기가 물씬 풍기는 매우 아담한 골목길이었다.

민숙집은 어렵지 않게 찾아낼 수 있었다. 초인종을 누르자 앞치마를 두른 중년 부인이 문을 열어 주었다. 휘 휘 휘에서 써준 소개장을 내보였더니 쌩긋 미소 지으면서 2층으로 안내해 주었다.

여섯 평 남짓한 조그마한 침실 문을 열어주면서 불편하지만 편히 쉬라면서 방 열쇠, 목욕실 열쇠와 큼직한 현관문 열쇠를 끼운 묵직한 열쇠꾸러미를 건네주었다.

이 집에는 방이 모두 해서 여덟 개 있었는데 빈 방이 없는 것 같았다. 호텔과는 달리 욕실도 붙어있지 않았지만 차분한 네덜란드의 가정적 분위기가 우선 마음에 들었다. 창가에는 꽃 화분이 즐비해 있었다.

건너편 건물의 창가에도 역시 형형색색의 화분이 보였다. 차례를 기다려 샤워를 마친 다음 곧 잠자리에 들었다.

이튿날 아침 식사가 준비됐다는 부인의 전화에 잠을 깼다.

아랫층 식당으로 내려가니 미국의 젊은 부부 학생들이 커피를 마시면서 지도를 펴놓고 오늘의 스케줄을 오손도손 상의하고 있었다.

붉은 색과 흰 빛깔의 테이블 크로스를 씌운 각 식탁 위에는 벌써 밀크와 치즈, 토스트가 가지런히 놓여 있었다.

부인은 젊은 부부의 지리 상담, 이탈리아에서 온 여대생의 지방 여행 상담에 응하면서 커다란 커피 포트를 들고 분주히 부엌을 오가고 있었다.

레스 커튼을 친 창 밖에는 건너편 민숙에서 머물렀던 젊은이들이 벌서 떼를 지어 관광 길에 나서고 있었고, 현관에서 에프론을 두른 주부가 미소를 지으면서 손을 흔들어 주고 있는 모습이 보였다.

아침 이맘때면 네덜란드 사람들은 물론 관광객들도 한 가정에서 같이 눈뜨고, 한 식탁을 둘러싸고 환담하고, 또한 어깨를 나란히 거리로 나가는 시간이다. 국경과 언어를 초월하여 함께 어울려가는 시각인 것이다.

물론 일류 호텔에서 숙박해도 이런 어울림이 없는 것은 아니지만, 그건 멀리서 비말飛沫이 튕기는데 지나지 않는다. 네덜란드 특유의, 서민적인 이런 아침 분위기를 보거나 느끼기는 척 힘들 것이다.

하지만 민숙을 하면 좀 다르다. 그 비말은 마치 샤워를 하는 것처럼 가까이서 세차게 느낄 수 있다.

늦잠 자는 나그네는 집안 어린아이들의 성화 때문에 제 시간에 식당을 나오지 않고는 못 배긴다. 부산한 주부의 아침식사 준비에 없었던 식욕이 되살아나고 절로 군침이 돈다.

네덜란드에서의 민숙은 한낱 숙박에만 그치는 것이 아니라, 이 나라에서 태어나서 생활하고 있는 일반 사람들 즉 서민들 속에 들어가 산다는 특이한 맛을 느낄 수 있다.

이러한 민숙이 네덜란드에 뿌리를 내린 것은 퍽 오랜 일이라고 한다. 관광협회에서 민숙의 유래를 물어 보았더니 그 역사는 약 천오백년쯤 전으로 거슬러 올라간다는 것이다. 그 무렵부터 네덜란드는 터키, 중동, 그리고 아시아로의 진출을 시작했고, 다라서 각국의 여행객 왕래가 빈번해졌다. 외국인들은 자기 신분에 알맞는 곳에서 기숙하는 것이 당시의 관례였는데, 외국인들이 숙식할 데란 거의 헤아릴 정도였으므로 나그네는 지인知人이나 지인의 소개로 자연 민숙을 할 수밖에 없었다는 것이다.

네덜란드는 이제 풍윤한 농목의 나라 대공업국가가 되었지만 그 옛날에는 대부분의 국토가 습지대였고, 대지가 해면보다 낮다는 불리한 지리적 조건 때문에 네덜란드 사람들을 상업을 통해서 이 핸디캡을 극복하려고 일찍부터 애써 왔다. 좀 더 잘 살아 보려는 네덜란드 사람들의 꿈은 교역을 통해서 이루어 보려고 했고 그에 따라 외국인들을 옛부터 따뜻하게 맞이하게 된 것이다.

약 4만 년 간에 걸친 이와 같은 역사적인 배경이 네덜란드의 알뜰한 민속 제도를 낳게 한 것이다. 실은 네덜란드의 대명사처럼 되어 있는 튤립꽃도 이러한 역사가 낳은 소산이라는 것이다.

본시 튤립은 중근동과 지중해 동부 지방이 그 원산지인데, 그것이 언제부터 유럽으로 건너 왔는가에 대해서는 여러 가지 설이 분분한데, 1559년 오스트리아의 한 외교관이 터키에서 네덜란드 정부의 요인에게 보낸 구근球根이 그 발상이라는 사실이 가장 그럴싸한 설이라고 한다.

현재 튤립 재배의 중심은 아알스메르지방인데, 이 지방의 코이겐호프에는 튤립 공원까지 있다. 온실에 있는 튤립만 해도 365종으로 4, 5월의 시즌에는 암스테르담 중앙역에서 이곳을 왕복하는 튤립 열차편이 개설되기도 한다.

■ 몬드리안의 네덜란드

네덜란드는 관광 포스터적 용어로 말한다면 먼저 풍차, 꽃밭, 그리고 나막신을 신은 소녀의 나라임에 틀림없다. 여기에다 미술이라는 한 항목을 하나 더 덧붙인다면 위대한 렘브란트(Lembandt)와 '화염의 화가' 고호를 낳은 나라라는 사실이다. 그러나 여기에다 20세기 전반의 위대한 추상화가 몬드리안(pietMandrian)을 덧붙이고 싶다.

홀란드, 곧 바다보다 낮은 네덜란드는 어디를 달려 보아도 마치 엄청난 롤러로 짓눌러 놓은 것처럼 평탄하고 질펀한 전원이 끝없이 이어져 있다.

이 평활한 공간을 가르듯 펼쳐놓은 고속 도도를 달리면서 나는 문득 차창 밖의 풍경과 함께 몬드리안의 회화를 연상해 보았다. 그것은 처음 공항에서 내려 암스테르담 시내를 들어가는 하이웨이에서도 그러했고, 지방으로 달리는 고속도로에서도 마찬가지였다.

몬드리안은 화면을 수평선과 수직선으로 자르기 만한 듯한 단조로운 회화를 즐겨 그렸는데, 이는 아마도 이 나라의 이런 풍토 탓이었으리라.

그는 이처럼 수평, 수직을 이용하여 기하학적인 형태로 화면 구성을 한정시켜 놓고 색조도 삼원색과 흑 · 백색, 회색만을 주로 사용하였다.

이는 '우주와 인간의 이상적인 균형'이라고 보았던 몬드리안의 이념적인 표현이라고 볼 수 있다. 아무튼 그러한 미학적, 철학적인 해석은 차치하고 이렇게 광활한 지평 위에 이따 끔 눈에 띄는 풍차의 탑, 교회의 뾰족 지붕, 하늘 높이 치솟은 수목들, 장난감 같은 민가의 지붕들-하긴 눈에 들어오는 대부분의 풍경은 몬드리안이 그린 것처럼 수평선과 수직선뿐인 것 같다. 몬드리안도 젊은 시절에는 인상파적 텃치로 이런 풍차라던가, 교회, 등대, 수목들을 곧잘 그리곤 했었다.

"몬드리안!"

옆자리에 타고 가던 다이렌 대학의 야페씨가 한 농가의 네모진 창을 가리키면서 이렇게 농담조로 소리 질렀다.

몬드리안의 작품처럼 도시 알 수 없는 부르짖음이었지만 알 듯 모를 듯 하는 것이 몬드리안의 추상화니까……. 하고 혼자서 그 뜻을 새겨 보았다. 어쩌면 뜻 모를 추상 회화의 샘플처럼 몬드리안의 작품의 원형은 이 넓디넓은 전원 한복판을 달리면서 사방을 바라보았을 때의 네덜란드의 풍경 바로 그것이다.

암스테르담에 가서 빠뜨릴 수 없는 곳은 안네 프랑크의 집이다.

운하 변에 자리한 그의 집 앞에는 벌써 수십 명이 입장하려고 줄지어 서 있었다.

나치 독일에 의해서 희생된 한 유태소녀 안네 프랑크의 『안네의 일기』가 세상을 떠들썩하게 만든 지도 어느덧 삼십년이 지났는데도 많은 사람들의 기억에 아직도 생생히 남아있는 모양이다.

안네는 나치에 의해 학살된 수백만 유태인의 '비극의 상징'으로 유태인들뿐만이 아니라 많은 관광객들이 끊일 사이 없이 드나들면서 그 집안에 마련된 기금 함에 기부를 아끼지 않는다. 방문객들이 떨어뜨리는 돈으로 안네 프랑크 재단이 설립되고 이 돈으로 각종 강좌와 토론의 광장을 마련하여 유럽 젊은이들에게 반反 유태인 사상을 불식시키려 노력하고 있다는 것이다.

집안의 계단은 매우 비좁아서 가까스로 사람이 비켜 설수 있을 정도이기 때문에 많은 방문객들의 원활한 소통을 위해서 4층에는 옆집으로 트인 문이 마련되어 관람을 마치고 내려가는 사람들은 이집 계단을 이용하도록 되어 있다.

2층에는 세계 각국어로 번역된 『안네의 일기』와 슬라이드, 기념엽서, 메달 등을 판매하고 있었다.

현재 『안네의 일기』의 원본은 가족 중 유일하게 살아남은 아버지 오토 프랑크가 살고 있는 스위스 바젤의 한 은행 금고에 보관되어 있다고 하는데, 프랑크옹이 세상을 떠나면 국립전쟁자료관에 보관될 것이라고 안내원은 퍽 자랑스럽게 얘기해주었다. 이처럼 남의 나라의 한 소녀 작가조차도 귀히 다루는 이 나라 사람들이 무척 대견스럽게 느껴지면서 발길을 돌렸다.

포르투갈의 정취情趣

■ 친절한 국민성

포르투갈은 유럽 대륙의 최서단最西端에 위치하여 서쪽으로는 지중해 입구 북으로는 대서양에 면한 나라로 국토의 대부분은 해양성 기후이며 유럽 여러 나라 가운데에서는 기후적으로 가장 혜택 받은 고장이기도 하다. 지중해 민족이지만 몸집이 비교적 작고 검은 머리여서 우리네와 닮은 데가 많다.

하지만 오늘날 이 나라는 비교적 동질同質인종의 집단에 의해 형성되어서 언어, 풍습에 있어서도 지방적인 편차偏差가 별로 없어, 이점에 있어선 이웃 스페인과 크게 대조를 이룬다.

이처럼 이인종적異人種的 요소가 희박하다는 점이 포르투갈의 정치 및 경제의 통일에 크게 기여하고 있는 것 같다.

포르투갈 사람들의 기질과 그 문화는 같은 라틴계 민족인 스페인인과 공통되는 점도 많지만 막상 이곳에 와서 보니 상당히 다른 점도 많고 스페인인들처럼 열광적인 면도 적고 훨씬 온건해 보인다. 지중해 여러 국민들 가운데에서는 가장 질서 있고 세련되어 있는 것처럼 느껴진다.

문화적으로는 이웃 스페인보다는 프랑스, 영국 등 대서양 연안국과의 연계가 더 깊고 어업은 이 나라의 가장 중요한 산업의 하나지만 농산물 가운데 포도 재배는 특히 유명하다. 드로강 강구는 오포오토 항이 있다. 오포오트의 '오'에 '포오트 와인'이라는 별칭을 붙일 정도로 유명한 포도주 수출항구이다. 이 항구는 옛 풍정을 그대로 지니고 있고 유별나게 미인들이 눈에 많이 띄었다. '미인은 스페인, 미남은 포르투갈'이라는 말이 있지만 이곳에는 미녀도 많은 것 같다.

포르투갈 사람들은 이탈리아인과는 정반대로 외국 여행자들에 대해서 매우 친절하고 깍듯이 환대해준다. 이는 이들이 아직 관광업에 닳지 않은 탓이기도 하지만, 다른 민족의 선앙이나 습속에 대한 광용 적인 태도, 언어가 통하지 않은 이방인을 따뜻히 대해주는 알뜰한 사교수완 등이야말로 해양 민족으로서의 포르투갈인 그들의 선조들에게서 물려받은 값진 유산이 아닐까. 이들의 언어는 라틴어에서 분파된 이탈리아어와 같은 계열의 포르투갈어이지만 일찌기 방대한 브라질과 앙골라를 식민지로 지배한 일이 있는 탓으로 세계적으로 언어 인구수는 많다. 포르투갈어는 우리 일상용어에도 적잖이 침투되어 있다. 가령 카스텔라(Castella), 템뿌라(Tempea), 사분〈비누〉(Sabao), 보턴(Botao) — 간테라(Cantera) 등이 그것이다.

■ 언덕의 도시 리스본

리스본은 아담한 구릉에 세워진 대서양에 면한 굴지屈指의 양항良港으로 인구 백만 남짓한 탐탁한 도시다. 초여름이라고는 하지만 햇볕은 그다지 따갑지도 않고 표상한 바닷바람과 탁 트인 전망 때문에 한결 시원스럽다.

터미널 버스는 구불구불한 가로를 달리다가 로시오 광장에 이른다. 오른쪽에는 리스본 제일의 에드알도 7세 공원이 보인다. 울긋불긋한 화단이 퍽 아름다워 보였다.

시가지의 노면路面은 흑백 모양의 모자이크로 되어 있어 퍽 인상적이었다. 번화하긴 하지만 무척이나 노폭路幅이 좁은 석첩石疊의 고풍스런 거리가 많이 눈에 띄고, 알화마 미로迷路라고 불리워지기도 하는 리스본 최고最古의 가로를 지나 테에죠 강에 면한 코메시오 광장에 이르렀다. 강을 따라 달리다 보면 문득 샌프란시스코의 금문교를 방불케 하는 전장 2킬로미터의 사라자아르 교가 보인다. 강변에는 '해양 발견 기념비'가 왕년의 해양 왕국으로서의 긍지를 보이듯 올연히 솟아 있는데, 이 기념비는 항해왕 E.바스코 다 가마를 비롯하여 카브랄, 마젤란 등의 위업偉業을 기리기 위해 만들어진 것이란다.

카브랄은 브라질을 발견했고, 마젤란은 태평양을 발견한 명성 높은 탐험가이다.

이 기념비 조금 윗쪽에는 16세기 시대의 항해 표지表識였으며, 한때 요새要塞이기도 했던 백색의 베렘탑이 그 위용을 자랑하고 있다.

세기의 영웅 바스코 다 가마는 바로 여기서 용약범선을 띄워 끝없는 미지의 바다 저 멀리 세찬 파도를 해치며 세계를 누비다가 숱한 황금과 보물을 만재滿載하고 다시 이 지점에 도착했다고 안내인은 일러 준다. 이 근처에 있는 제로니모스 승원僧院 뒤뜰에 바스코 다가마의 분묘가 있다고 한다.

번화가에 접어들자 런던 홍콩 등지에서만을 볼 수 있는 2층 버스가 보이고 노란 빛깔의 예쁘장한 전차도 간간히 눈에 띄었다.

리스본 시가는 옛것과 새것, 서부 유럽풍의 요소와 지중해풍의 요소가 교묘하게 버무려져 멋진 조화를 이루고 있다. 퍽 평온한 것 같으면서 생동감이 넘치는 매력적인 도시이다.

리스본은 1755년의 대지진으로 폐허가 된 후 새로운 도시계획에 의해서 건설된 도시이기 때문에 비교적 정연한 느낌이 들기는 하지만 워낙 가파른 언덕이 많기 때문에 완곡 도로가 많고 높은 지대에 고급 주택들이 많다. 언덕 위의 세르비나 전망대에 올라가 전 시가지를 굽어보면 한 폭의 그림처럼 아름답다.

호텔레노에 여장을 풀고 곧 식당에서 저녁을 먹었다. 요리에는 해양국답게 물고기류가 많고 맛도 좋았다. 맥주는 이 나라 제품인듯 한데 씁쓸하여 별맛이 없었다.

저녁밥을 마치고 민요 음악 · 화도를 듣기 위해 거리로 나섰다. 이 음악은 먼 옛날 외딴 섬에 유배된 죄수들이 고향을 그리면서 눈물지으며 부른 노래라고 하는데, 그런 선입견 때문인지 눈물겹도록 애절하여 가슴팍을 치는 애상조哀傷調로 나그네의 여수旅愁를 한결 더하게 해준다. 하지만 지나간 실연失戀한 인생의 쓰라린 상처를 씻고 이제 새로운 사랑의 아름다운과 삶의 희열을 노래한 신작 화도는 스페인의 플라멩고와는 그 정취가 사뭇 다른 것 같다.

어쩐지 울적해진 나는 위스키를 몇 잔 마시고는 알콜의 힘으로 자리에 누워 잠을 청했으나 거리의 소음 탓으로 좀처럼 잠을 이룰 수가 없었다. 남구南歐의 밤은 유난히도 요란한 것 같다.

■ 어촌漁村 나자레의 정취情趣

포르투갈의 시골 풍경을 보기 위해 나자레 행의 관광버스를 탔다. 마이크로 버스로 일행은 모두 15명, 일본인이 대부분이었다. 거의 부부동반으로 나만이 혼자여서 좀 쑥스러웠다. 언제쯤 우리도 부부가 함께 해외여행을 하게 될는지! 적이 부러웠다.

후미진 경사로를 버스는 사뿐히 내려갔다. 아침공기는 유난히도 달콤했다. 리스본에서 나자레까지는 120킬로미터, 훌륭한 하이웨이를 삼십분 쯤 달리자, 2차선의 좁은 길에 이른다. 도로 양쪽에는 창취한 유카리 숲과 올리브 밭이 번갈아가며 전개된다. 언덕바지에는 이름 모를 샛노란 꽃이 눈부시도록 휘황하다.

한참 달리다보니 처음으로 공장이 눈에 띄었다. 가이드는 포르투갈의 명물 'Sagres' 맥주 공장이란다. 어제 마셨던 맥주 맛을 생각 하면서 혼자 가만히 고소苦笑를 날렸다. 이윽고 타호강이 나타났다. 원류를 스페인에 둔 이 흐름은 포르투갈어로는 테에죠라고 부르는데 이베리아반도 최대의 강줄이다. 타오는 '새긴다[刻], 잘게 썬다(Cut to Pieces)'라는 뜻으로 이 강의 형태를 잘 말해주고 있다. 상·중류에는 폭포 등 급류가 많지만 스페인의 고도古都토레도 부근에 이르면 깊은 계곡을 가르면서 완류緩流로 바뀐다. 그리고 스페인 영토에서는 탁류도 흐르는 강이 국경을 넘어 포르투갈령에 들어서면 맑은 물로 변하는 것은 퍽 불가사의하다고 가이드는 힘주어 말하고 있었다.

또한 가이드는 포르투갈의 인구를 천이백여만, 해외에서 사는 포르투갈인을 천 육백내지 천칠백만, 포르투갈 말을 사용하는 언어 인구수를 일억 남짓이라고 자랑스레 설명하고 있었는데, 좀 과장된 표현을 잘하는 다혈질 안내원의 애국심이 적이 가상하기조차 했다.

인구 일만 명이라는 카르데스 마을에서 잠시 인구 일만 명이라는 카르데스 마을에서 잠시 휴식하기 위해 버스를 멈추었다. 쉬는 시간을 이용하여 근처의 노점 시장을 둘러보았다. 야채와 과일들이 많고 닭은 한쪽 다리를 묶어 천정에 몇 겹으로 매달려 있었다. 작은 마을이지만 숱한 외래품들이 쇼 윈도우에 잘 진열되어 있었다.

콘덕터가 귤과 바나나를 사서 일행들에게 서비스 해주었다. 다시 차는 숲을 굽이돌아 평활한 평지를 달리기 시작했다. 맑은 시냇물이 흐르는 시내를 따라 한참 달리기 시작했다. 맑은 시냇물이 흐르는 시내를 따라 한참 달리니 벽에 흰 칠을 한 붉은 지붕의 포르투갈풍 농촌이 군데군데 펼쳐져 있다. 기왓장은 붉다느니 보다는 주황색에 가깝다. 리스본까지 99킬로미터라는 이정표를 지나자 나자레 마을이 보이기 시작했다.

어촌 나자레는 벼랑의 마을로도 널리 알려져 있다. 대서양의 거센 파도가 조각한 벼랑은 신의 오묘한 솜씨를 웅변으로 표현하고 있다.

차는 기복起伏이 심한 언덕을 서서히 달렸다. 도로는 포장되어 있지 않아 먼지를 뿌옇게 뿌려 행인의 눈살을 찌푸리게 한다. 그러면서도 어민들은 외래객들에게 미소를 잊지 않는다. 낭떠러지 아래 계곡에서는 아낙네들이 빨래하기에 일손이 바쁘다. 마치 우리나라의 농촌 풍경을 방불케 한다. 방망이질, 빨래를 마친 세탁물을 머리에 인 폼은 우리 풍습 그대로이다.

이곳 아낙네들은 검은 빛깔의 옷을 많이 걸치고 있는 것 같았다 가이드에게 물어보았더니 어선의 난파難破가 잦아 남편이나 자식을 잃은 부인네들이 많기 때문이라고 고개를 갸웃거리면서 씁쓸하게 대답해준다. 그 말을 듣고 보니 어쩐지 여인들 표정이 우수憂愁에 잠겨 있는 듯하여 문득 애련哀憐해졌다. 13세기의 고풍스런 산타 마리아 승원이 있는 알코바사의 레스토랑에서 점심을 먹었다. 역시 어물魚物요리로 맛도 신선하고 좋았다.

귀로歸路에 포르투갈이 스페인으로 부터의 독립 쟁취를 기념하기 위해 돈 주앙 1세가 세운 다타리아 승원에 들렀다. 이곳의 기념품 판매 코오너의 아줌마가 하도 애교스러워서 자수를 놓은 책상보를 하나 샀다.

근처 화티야 승원에 들렀다. 여느 승원과는 달리 신도들도 붐비고 있었다. 1917년에 양치기 남매가 성모 마리아의 모습을 이곳에서 보고 말을 주고받았다고 하는 기적이 일어나 그 후부터 '20세기의 예루살렘'이라고 불리워지게 되었고 유럽 각지에서 순례자들이 몰려들어 벽지인데도 호텔들이 즐비해 있다. 아까 마신 와인의 취기가 올라 버스 안에서 잠든 채 리스본에 도착했다. 호텔에서 저녁을 마치고 테라스에서 만월滿月을 즐기면서 새삼 고국 생각에 잠겼다. 저 달이 반나절 후에는 우리 땅에도 비춰주겠지. 여덟시가 지나야만 해가 지는 리스본이고 보면 꽤 밤도 이슥해진 모양이다. 강릉 근처 동해안 쪽으로 전근한 어느 친구가 '이곳에서는 해가 동쪽으로 지는 것 같다.'고 한 편지 속의 글귀가 문득 생각난다. 장소가 바뀌면 방향 감각도 상실되기 마련인 듯 리스본의 해도 아까동쪽으로 진 것 같기만 하다.

지금쯤 서울은 몇 시쯤 일까? 시차時差나 거리감을 생각하다 보면 향수鄕愁는 한층 더 그 농도濃度를 짙게 해간다.

VI

유레일패스로 추억 만들기

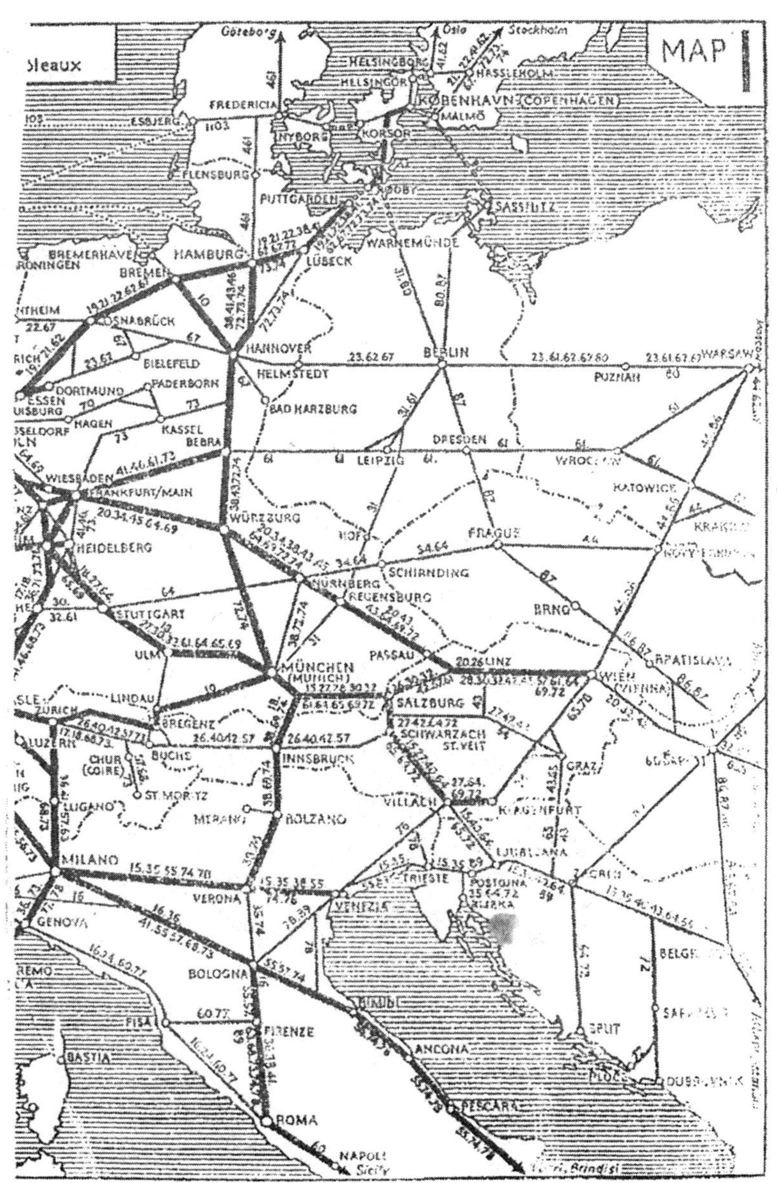
MAP I
Göteborg
Oslo
Stockholm
HELSINGBORG
HELSINGÖR
HASSLEHOLM
KØBENHAVN (COPENHAGEN)
MALMÖ
FREDERICIA
ESBJERG
NYBORG
KORSÖR
FLENSBURG
PUTTGARDEN
SASSNITZ
WARNEMÜNDE
HAMBURG
LÜBECK
BREMERHAVEN
BREMEN
OSNABRÜCK
HANNOVER
BIELEFELD
HELMSTEDT
BERLIN
POZNAN
WARSAW
DORTMUND
ESSEN
PADERBORN
BAD HARZBURG
HAGEN
KASSEL
BEBRA
DRESDEN
LEIPZIG
WIESBADEN
FRANKFURT/MAIN
HEIDELBERG
WÜRZBURG
HOF
PRAGUE
KATOWICE
HEIDELBERG
SCHIRNDING
NÜRNBERG
REGENSBURG
STUTTGART
BRNO
ULM
PASSAU
LINZ
MÜNCHEN (MUNICH)
WIEN (VIENNA)
BRATISLAVA
LINDAU
BREGENZ
SALZBURG
ZÜRICH
LUZERN
SCHWARZACH ST. VEIT
BUCHS
INNSBRUCK
CHUR (COIRE)
ST. MORITZ
GRAZ
LUGANO
MERANO
BOLZANO
VILLACH
KLAGENFURT
MILANO
LJUBLJANA
VERONA
VENEZIA
TRIESTE
POSTOJNA
RIJEKA
ZAGREB
GENOVA
BOLOGNA
BELGRADE
RIMINI
SPLIT
PISA
FIRENZE
ANCONA
BASTIA
PLOČE
DUBROVNIK
ROMA
PESCARA
NAPOLI
Sicily
Bari, Brindisi

유럽 기차여행 가이드

유럽여행에 있어서 가장 인상에 남는 것은 유레일패스에 의한 열차여행이라고 말하는 여행자들이 많다. 직접 이용해 본 사람들이 자신있게 얘기하는 데서도 알 수 있지만 어차피 여행이라면 많은 곳을 되도록 눈여겨보는 즐거움이 있어야 한다.

이를테면 철길을 따라 펼쳐지는 이국의 농촌 풍경과 산세의 아름다움, 순박한 인정이 남아도는 것이 농촌이요 시골이기 때문이다. 더욱이 호젓한 시골 역에 내려 조용히 유럽풍경을 음미한다든가 그들의 소박한 삶의 진실을 접할 수도 있어 항공기 여행과는 또 다른 묘미를 맛볼 수 있으며 여행경비 또한 파격적일 정도로 절약할 수가 있어 유레일패스를 이용하는 여행자들이 차츰 증가하고 있다.

유럽여행일 경우 꼭 필요한 것은 '유레일패스'라는 쿠폰인데 이것만 가지고 유럽 17개국(오스트리에, 벨기에, 덴마크, 핀란드, 프랑스, 서독, 그리스, 네덜란드, 아일랜드, 이탈리아, 룩셈부르크, 노르웨이, 포르투갈, 스페인, 스웨덴, 스위스, 헝가리)을 열차로 자유로이 여행할 수 있기 때문이다. 여기서 굳이 경제여행이란 낱말의 의미를 찾는다면 우선 야간 열차 운행시 호텔비를 절약하게 되고 시간적 활용의 이점도 따른다.

물론 밤기차일 때 침대칸 이용시 차액만 지불하면 된다. 유레일패스 승객에겐 1등실이 배정되므로 그다지 불편하지는 않다.

조건에 따라 이보다 싼 할인혜택을 받을 유레일패스가 유럽여행자들에게 필수소지가 되고 있는 것은 타 교통수단에 비해 가격 면에서 엄청난 차이가 있는가 하면 열차여행에서 만이 유럽을 정확히 알 수 있다는 것이 경험 여행자들의 얘기에서 입증되고 있기 때문이다.

■ 초특급 TGV 이용

이 같은 열차이용의 급증은 경비절감 효과도 있겠지만 무엇보다 이로운 것은 시간 절약의 편의성을 꼽는다. 초특급 TGV열차의 최고속력이 시속 380km로 파리에서 리용까지 불과 2시간대에 주파할 수 있을 뿐 아니라 출입국 수속도 열차 내에서 간단히 치러지기 때문에 번거로움이 없다. 유럽대륙을 횡단한다는 것은 어쩌면 여행자들에겐 꿈만 같은 얘기지만 누구나 한번 이용해보면 유럽철도여행이야말로 오래도록 기억에 남는 아름다운 여행기록이 될 것이다.

얼마 전까지만 해도 동남아 여행이 주류였고 유럽여행이 많지 않았으니 최근엔 동남아 여행비용으로 유럽여행이 가능하리만큼 여행상품 개발이 잘돼있다. 이 같은 경비절감이 산출되기에는 바로 '유레일패스'라는 제도가 뒷받침하고 있는데 한국에 '유레일패스'가 상륙한 것은 지난 75년에 서울항공航空(사장 김연근金然槿)이 스위스 베른에 본사를 두고 있는 유레일 회사로부터 유레일패스 한국총판권을 취득, 운영해 오고 있다.

'유레일패스'의 보다 싼 요금은 유럽 단체여행일 경우 혜택이 주어지고 있으나 2~3명 여행 시에도 적용될 수 있다.

요즘 여행사의 범람으로 사실상 항공료가 바닥에 떨어지다시피 경쟁 또한 치열한 게 현실이다. 그러나 무엇보다 안전하고 쾌적한 해외여행을 알선한다는 것이 중요한 일이다. 때문에 '유레일패스'의 총판권을 가진 서울항공으로선 보다 유익하고 경비가 저렴한 여행상품을 개발하여 고객에게 서비스하고 있다.

또 19일간 유럽 10개국 도시 여행(런던 코펜하겐 암스테르담 프랑크푸르트 쥬리히 인스부르크 베니스 피렌체 로마 마드리드 파리)이 있는가 하면 15일간의 유럽 기차여행이 있다. 이러한 상품은 서울항공의 나드리 세계여행 11개 핵심여행상품 중 하나인데 단체가 희망할 경우 전문안내요원이 동행 친절히 서비스하게 된다.

서울항공에서는 유럽여행과 관련 문학, 미술, 음악연수를 실시하고 있는데 이는 유럽의 문학, 음악, 미술에 관한 새로운 정보와 흐름을 직접 접하는 기회로 창작의 폭을 넓혀주고 보다 원숙한 기법을 창출시킨다는 목표아래 유럽의 예술분야에 대한 새로운 인식을 갖게 하는 한편 서양예술의 원류를 찾아내는 프로그램으로서 대예술가들의 예술의 고향을 이해하며 자신의 예술세계를 창출하는 데 연수목적을 두고 있다.

■ 유럽은 기차여행의 천국

넓은 차창을 통해 보이는 울창한 숲과 맑은 호수, 푸른 계곡에 한가로이 풀을 뜯는 것은 젖소 떼들, 오래된 성곽과 장엄하고 위엄어린 대성당들, 눈 덮인 알프스의 영봉들을 바라보면서 친구나 가족과 함께 편안한 열차 안에 앉나 즐거운 여행을 할 수 있다.

타고 내리는 곳마다 다른 언어, 진기한 생활풍습에 가슴 설레이며, 영원히 추억을 간직하게 될 것이다.

- **편리함** — 유럽 철도는 잘 알려진 큰 관광도시는 물론 아주 작은 마을까지 연결되어 있어 어느 곳이든 갈 수 있으며, 시내 한복판에서 열차를 탈 수 있어 유럽을 보다 많이 볼 수 있다.
- **빈번한 열차 운행**—수천대의 기차가 매일 매시간 마다 또는 30분마다 운행되고 있다.
- **쾌적함**—유럽열차는 초현대식 시설로 매우 안락하게 되어 있다. 발을 쭈욱 뻗을 수 있으며, 각종 음료수를 빠에서 즐길 수 있으며, 기운차게 달리는 소리와 함께 차장에 비치는 황홀한 경치에 사로잡히게 된다. 자동차 보다는 물론 분명히 빠르며, 때로는 비행기보다도 빠르다. '힐링 투어'에 적격이다.
- **멋진 경관**—대형 창문을 통해 비치는 매혹적인 해안선, 고대의 폐허, 항상 눈으로 덮여 있는 알프스 산맥 위에 기이한 마을 등의 경치를 볼 수 있다. 시골길을 아주 천천히 때로는 전 속력으로 달릴 때 당신은 기차여행의 즐거움을 만끽할 수 있다.
- **만남의 기회**—많은 유럽인들은 기차여행을 즐긴다. 그래서 그들을

만날 수 있고 새로운 친구를 사귈 수 있고 서로의 경험을 나눌 수 있다. 특히 젊은이들의 방학 중에 여행에서는 같은 모습의 전 세계 학생들과 접할 수 있는 기회가 된다.

- **탑승절차 간편**—게시판의 시간표에서 출발시간과 탑승할 열차만 확인되면 개찰구 없이 쉽게 탑승할 수 있다(알파벳과 숫자만 이해하면 누구나 가능)
- **편의시설**—역내에는 기차 이용자를 위한 각종 편의시설과 서비스가 준비되어 있다. 전화, 우체국, 미용실, 미장원, 책방, 기념품점, 식당, 은행, 여행안내전화, 호텔예약처, 짐보관소, 기차이용 안내센타, 교통의 요충지에 위치하는 등의 편의점이 있다.
- **열차의 고속화로 시간 절약**—프랑스의 TGV(파리에서 리옹, 제네바, 로잔, 마르세이유 연결), 독일의 IC 및 ICE의 개발 확장.
- **항공료의 절약**—서울에서 유럽 한두 도시만을 다녀오는 왕복요금이 매우 저렴하게 책정되어 있어 기차로 여행하는 경우 항공료가 대폭 절감된다.

■ 각종 패스 및 특별열차

편의롭고 다채로운 기차여행을 위하여 각종 열차패스와 호화관광 특급열차들이 있다.

1) 유레일패스(Eurailpass)
   - 유레일유스패스(Eurailouthpass)
   - 유레일사이버패스(Eurailsaverpass)

2) 영국 철도 패스(BRITRAIL PASS)

3) 스위스 패스(SWISS PASS)

4) 프랑스 바캉스 패스(FRANCE VACANCES PASS)

5) 독일 관광카드 (D-B-TOURIST CARD)

6) 호화관광 특급열차

1. 유레일패스(EURAIL PASS)

가. 유레일패스란?

유럽 17개국의 국철을 이용하여 정해진 기간동안 일등석으로 주행거리나 승차회수에 제한없이 마음대로 승하차 하며 유럽 방방곡곡을 여행할 수 있는 매우 저렴하고 편리한 열차 정기승차권이다. 유레일패스는 유럽 이외 지역의 관광객 유치를 위하여 만든 특별 할인 승차권으로서 유럽권내에서는 구입할 수 없다.

나. 유레일유스패스란?

만 26세 미만자가 이등석 기차를 이용하는 조건의 경제적인 패스로 대상은 청소년이 이용할 수 있다.

다. 유레일세이버패스란?

계절별로 3인이상 (4월1일부터 9월 말일) 혹은 2인이상(10월 1일부터 3월 말일) 동행조건의 30% 할인된 15일 유레일패스로 단체나 가족의 유럽여행시 특히 유리하다.

라. 통용기간(반달 · 한 달 · 두 달 · 석 달)

1) 어린이 요금 : 12세 미만은 성인의 반액, 4세 미만은 무료,

2) YOUTH PASS : 26세 미만에 한해 2등석 기준.

3) SAVER PASS : 연속사용 EURALL PASS는 4月 1日~9月 30日간은 3인이상, 이외기간은 2인이상 동행조건시 적용.

※ CHild(어른의 1/2요금)도 어른 1인으로 간주된다.

마. 유레일패스 특징

1) 공항은 시내에서 멀리 떨어져 있는 것에 반해 철도역은 시내의 중심부에 위치하고 있으므로 시내에서 공항까지 가야하는 번거로움, 출입국 수속의 번거로움, 대기하는 시간 등의 불편함과 소요시간을 합치면 시간적으로 많은 낭비를 보게 되는데 비해 철로를 이용할 경우에는 이 같은 수속이 필요 없으므로 편리하고 시간적으로 유리하다.

예) 파리－브뤼셀을 갈 경우

가) 항공기 이용시

- 실제비행 : 50분
- 시내－공항까지 소요시간 : 40분 × 2(파리, 브뤼셀) = 80분
- 탑승수속 소요시간 : 1시간 30분
- 도착 후 짐을 찾는 시간 : 30분(계 : 4시간 10분)

나) 유레일 철도 이용시

- 실제 열차의 운행시간 : 3시간
- 시내역까지 소요시간 : 20분 × 2회 (역은 시내의 중심부에 위치)
- 탑승수속 소요시간 : 10분

• 대기시간 : 10분

• 짐을 찾는 시간 : 필요 없음(짐은 승객과 동반) (계 : 4시간)

2) 항공기 이착륙시의 불쾌감, 협소한 공간과 좌석의 불편함에 비해 열차 이용시는 불쾌감 및 공포감이 배제됨은 물론 넓은 공간과 편안한 좌석, 그리고 창밖에 펼쳐지는 유럽의 아름다운 풍경까지 즐길 수 있는 장점이 있다.

3) 항공기에 비해 대단히 안전하다.

4) 항공기 이용시는 결코 맛볼 수 없는 것으로 유레일 철도 여행시 큰 도시는 물론 작은 도시나 마을과도 연결되며 사회 깊숙이 잠재하고 있는 각 지방의 풍물과 민속을 체험할 수 있다.

바. 열차의 예약

유럽의 열차, 특히 1등 실은 항상 좌석의 여유를 가지고 있으므로 일반적으로 예약이 필요하지 않다. 단 6시간 이상의 장거리를 여행하는 경우, 또는 열차의 횟수가 적은 경우 등은 상황에 따라 예약하는 것이 바람직하다. 단, 아래의 경우에는 반드시 사전예약을 필하여야 한다.

• 침대차를 이용할 경우(쿠셋 포함)

• TGV 등 특별열차를 이용할 경우 (TEE, RAPIDO, EXPRESS TRAIN SPAIN)

• 기타규정에 따라 어떤구간을 이용할 경우

※ 예약을 할 경우에는 소정의 수수료를 예약시 지불해야 한다.

사. 야간 열차 이용방법

야간에 장거리 열차를 이용하는 방법은 아래와 같이 3가지로 나눌 수 있다.

1) 좌석의 조작 : 유럽열차의 일등실은 좌석을 조작함으로서 등받침이 완전히 젖혀지며, 간이침대의 대용으로도 이용할 수 있으므로 상당히 편안하다.
2) 간이침대(COUCHETTE)의 이용 : 열차에 따라 약간씩 다르나 대략 9＄정도면 이용할 수 있는 간이침대는 1칸에 4조 내지 6조의 간이침대가 설치되어 있으며 단 오픈(open) 식으로 되어 있어 프라이버시(privacy)의 보장은 되지 않는다.
3) 침대차 이용 : 침대차는 상·하 양단의 침대가 설치되어 있으며, 세면대의 설치 등 일반 호텔의 시설과 대동소이하게 마련되어 있다. 사용료는 열차와 거리에 따라 다르나 대개 25~40% 정도이다.

아. 식당차의 이용 및 식사

식사 때가 되면 각 객차마다 일일이 식당차의 이용안내를 알려준다. 식사는 비교적 많은 메뉴가 준비되어 있어 여행자들이 편리하게 이용할 수 있다. 단, 야간에는 식당차 이용에 불가능하므로 간이음식(햄버거, 샌드위치)을 미리 준비하는 것이 좋다.

자. 국제전화의 이용 방법

열차에 따라 프랑스, 서독, 스위스 등의 국적의 열차는 차내에 국제자동전화를 설치하여 승객으로 하여금 자유로이 이용할 수 있게 마련되어 있다. 단, 전화를 하려는 나라, 지역의 국제호출번호를 숙지하고 있어야 하며 경우에 따라서는 현지화의 동전을 준비하여야 한다.

차. TGV 이용방법

TGV는 파리에서 리용, 제네바, 마르세이유 구간까지 달리는 최대 시속 380km, 평균시속 260km의 세계 최고속 열차이다. 파리－리용간 425km를 단 2시간 50분에 주파하는 이 열차는 마치 수면을 미끄러지는 듯한 쾌속선을 탄 느낌으로 소음이 없고 솜처럼 쾌적한 첨단의 열차로서 비행기를 이용할 때보다 훨씬 편안함을 느끼므로 비행기를 이용하는 손님이 몰리는 형편이다.

이용방법 : 유레일패스를 역의 창구에 소정의 좌석지정요금(약2불 정도)과 함께 제시하면, 별도의 좌석권을 내어준다.

카. 언어문제

유럽은 나라마다 언어가 다르고 영어를 쓰는 나라는 많지 않으므로 기차를 이용하고자 할 때 어려움이 많으리라 예상되지만 실상은 그렇지 않다.

1) 유럽의 모든 역에는 출발과 도착시간이 시간 순으로 나와 있으며 다이아그램은 각 열차의 출발 플랫홈 등이 자세히 나와 있다.
2) 예약을 미리 했을 경우는 열차의 차량번호를 확인해야 하며 예약을 하지 않았을 경우는 단지 일등칸(1st class) 또는 2등칸(유레일유스패스 소지자)만을 확인해서 타면 된다.

즉, 대부분의 경우 이렇게 열차를 이용하며, 그 외는 상황에 따라

만국공통표지인 안내표지판을 활용할 수 있다.

■ 유레일패스, 세이버패스, 유스패스 사용상 꼭 알아야할 점(사용조건)

1. 발급받은 후 사인란에 여권과 동일한 본인 사인을 기입해야 한다.
2. 제일 처음 타는 역에서 승차권을 역 승무원에게 제시하여 사용일자를 확인받은 후 승차하여야 한다.
3. 사용일자를 확인받은 후에는 유효확인증서(Validation slip)란을 확인받은 후 떼어내어 따로 보관한다. 만약 패스를 분실하였을 경우에는 이 확인증서가 있어야 재발급을 받을 수 있기 때문이다.
4. 패스를 분실하였을 경우에는 유레일 지도상에 ★로 표시되어 있는 지역에서 재발급을 받을 수 있다.
5. 유럽, 소련, 터키, 알제리, 모로코, 튀니지, 북아프리카지역 외의 거주자만이 이 패스의 구입 및 사용이 가능하다.
6. 유레일유스패스는 26세 미만의 경우에만 사용이 가능하다.
7. 유레일세이버패스는 3인 이상이 동행조건인데 10월 1일부터 3월 31일까지는 2인 이상도 가능하다.
8. 이 패스는 본인만이 사용가능하며 양도는 불가능하며 만일 본인 이외의 다른 사람이 이 패스를 사용하거나 변조 또는 복사의 증거가 있을 시는 몰수당하게 되는데 유럽 철도승무원이 요청할 때는 여권을 제시하여야 한다.
9. 이 패스는 유효기간 마지막 날 자정까지 유효하며 따라서 반드시 자정 전에 도착하는 기차를 타야하며 유효기간은 발행일로부터 6개월이다.

10. 유레일패스는 1등석 및 2등석을 모두 탈 수 있으며 유스패스는 2등석으로만 제한되고 이 두 패스 모두 국철(특별전세기차제외) 및 많은 사철 등을 거리나 횟수에 제한 없이 이용 가능하며, 다음 지역의 경우 여객선 또는 훼리의 이용이 가능하다.

다음 : 오스트리아, 벨기에, 덴마크, 핀란드, 프랑스, 서독, 그리스, 화란, 아일랜드 공화국, 이탈리아, 룩셈부르크, 노르웨이, 포르투갈, 스페인, 스웨덴, 스위스, 헝가리 등 여객선이나 훼리 이용시 예약요금, 식사비, 음료 숙박 및 부두세금 등의 요금은 이 패스 가격안에 포함되어 있지 않음. 유스패스의 경우 약간의 기차(EC, IC, Rapidos, TGV)는 추가요금을 지불해야 된다.

11. BRINDISI와 PATANS 구간을 운행하는 여객선 (Adriarica di Navigazione와 Hellenic Mediterranean Lines)을 6월 10일~9월 30일 사이에 이용시는 성수기 추가요금(US ＄8.00)을 지불해야 된다. 7월과 8월 중에는 미리 예약하는 것이 바람직하며 예약요금은 US ＄2.00이다.

12. 미리 예약하지 않을 경우 기차 및 선박의 좌석확보는 보장할 수 없다. 휴일 및 여름철에 2시간 이상의 행선지 경우는 미리 예약하는 것이 바람직하며 특히 침대칸의 경우에는 반드시 선예약해야만 가능하다.

13. 패스를 분실 또는 도둑맞았을 경우, 파업인 경우, 유효기간의 첫째 날이 지난 경우, 패스 발권일이 일 년이 지났을 경우 등은 유레일패스 및 유스패스의 환불은 불가능하다.

위의 경우에 유레일 오피스에 발권확인 부전지를 제출할 수 있으며 복제가 가능하고 이 밖에 다른 경우 모든 환불신청은 패스를 처음 구입한 곳으로 해야 한다. 만일 환불이 가능한 경우라도 패스요금의 15% 상당의 취소 수수료를 공제한다.

14. 이 패스의 사용 및 운송업체의 책임은 C.I.V라고 불리는 철도 여객 및 화물운송에 관한 국제협정에 준한다.

■ 기차 이용시의 참고사항

* 출발과 도착

1. 유럽내의 모든 역에는 열차의 출발과 도착시간을 나타내는 모든 표지는 규칙에 따라 다음과 같이 되어 있다.
   - 출발열차(Departure) : 노란바탕에 까만글씨
   - 도착열차(Arrival) : Calvin흰바탕에 까만글씨

   단, 고속열차들은 빨간 글씨로 나타나 있다.
2. 모든 열차의 출발과 도착은 시간 순으로 나타나 있다.
3. 출발시각 다음에는 열차의 이름과 번호가 나타나 있으며, 마지막 종착역 및 주요 중간역이 나타나 있다.
4. 마지막으로 탈 열차의 트랙과 플랫홈이 나타나 있다. 유럽의 주요 역들은 이러한 것이 컴퓨터 싸인으로 나타나는 곳도 있음.

* 열차 탑승시 주의사항

1. 타려고 하는 열차가 정확히 원하는 목적지 행인가?
2. 타려고 하는 열차의 객차가 정확한 차량인가?

   장거리 열차들은 각기 목적지가 다른 객차가 결합하여, 특정지역

까지 운행한 후 최종 목적지까지는 그곳부터 분리되는 경우가 있다.

3. 절대로 추측으로서 열차를 확인하지 말 것.

모든 열차의 객차는 목적지와 1st 또는 2nd Class라는 표지가 정확히 붙어있으므로 반드시 눈으로 확인하거나 철도 안내원에게 물어본 후 확인하여 정확한 열차의 정확한 객차를 탈 것.

* 시간표 이용법

1. 먼저 출발 도시 명을 찾는다. (까만 바탕에 흰글씨)
2. 가고자 하는 목적지를 찾는다(알파벳 순서)
3. 시간은 출발시각과 도착시각을 나타낸다.
4. 시간표 이용시 다음의 각종 부호에 유의하도록 한다.

⊠ : 열차를 갈아타는 곳

× : 평일만 운행(공휴일은 운휴)

┼ : 일요일 및 공휴일 운행

① - 월, ② - 화, ③ - 수, ④ - 목, ⑤ - 금, ⑥ - 토, ⑦ - 일

Ⓐ : ① - ⑤ (월-금, 일 운행)

Ⓑ : ① - ⑤ (월-금, 일 운행)

Ⓢ : 하절기 운행(6/1~9/27)

Ⓦ : 동절기 운행(9/28~5/30)

* : 다음날 (Next day)

🅁 : 예약요(Seat reservation Compulsary)

TEE : 유럽횡단 특급열차 (Trans-Europ-Express)

IC : 대도시간 특급열차 (Intercity)

TGV : 프랑스 구철 세계최고속열차(Train Grande Vitesse)

RAPIDO : 이탈리아 특급열차

침대차 (Sleeping Car)

간이침대 (Couchette)

선박(Ship)

후버스피드 (Hover speed : 영-불간 도버횡단 쾌속선)

젯 포일(jetfoil) : 영-벨기에간 도버 횡단쾌속선

식당차(Dining Car)

* 국제전화

예) 프랑스에서 한국 서울로 할 때

프랑스 한국 서울
19 — 82 2+ 전화번호

지역번호 (19개국)

오스트리아	00	이탈리아	00	스웨덴	009
서독(스위스)	00	스페인	07	덴마아크	009
룩셈부르크	00	영국	010	그리스	00
포르투갈	097	프랑스	19	네덜란드	09
노르웨이	095	이스라엘	00	이집트	00
벨지움	00	헝가리	00	핀란드	990

■ 유레일패스가 기차 이용 이외에 받는 특전

[오스트리아] 볼프강 호수를 운항하는 객선 이용 무료, PASSAU-VIE-NNA를 운항하는 일부 여객선 이용 무료.

[덴마크] RODBYFAERGE-PUTTGARDEN 간의 여객선 이용무료. FREDERIKSHAVN-GOTEBORG간의 일부 여객선 이용 무료.

[핀란드] 헬싱키-스톡홀름, 스톡홀름—TURKU ALAND 섬간을 운항하는 SILJAI LINE 정기 여객선 이용 무료.

[프랑스] LE HAVER-ROSSLARE(21시간), ROSSLARE-CHER-CHERBOURG(17시간) 간의 여객선 이용 무료.

[독일] KD 사에서 운영되는 라인강상의 듀셀도르프—후랑크푸르트간, 모젤강상의 TRIER—KOBLNZ 간의 유람선 이용 무료.

비스바덴—프랑크푸르트—로덴버그-뮌헨을 잇는 ROMANTIC ROAD 상의 EUROPABUS LINE 189번이용 무료.

[그리스 · 이탈리아] 그리스와 이탈리아간을 운항하는 유람선 (HEL-LENIC MEDITERRANEAN LINE과 ADRIATICA DINAVICAZIONE 사 소속선박)의 이용이 가능함.

[아일랜드] IRISH RAILROADS 사가 운영하는 고속버스 이용 무료. 프랑스와 아일랜드간을 운항하는 여객선(IRISH CONTI-NENTAL LINE) 이용무료.

GOTEBORG와 FREDERIKSHAVN간의 여객선 이용 무료.

[스위스] 제네바, 루체른, 턴, 브린즈, 쥬리히, NEU-CHATEL, BIEL, MURTEN 호수를 운항하는 정기 유람선 이용 무료.

[기 타] 독일지역에서는 유로파버스의 이용에 할인 혜택이 있으며,

암스테르담, 바르셀로나, 브뤼셀, 두셀돌프, 파리, 쥬리히 등의 국제 공항에서는 시 중심가를 잇는 기차가 있어 매우 편리하다.

■ 유레일패스와 항공권을 함께 발권하면 할인 혜택이 있다.

유럽을 대한항공으로 왕복하면 유레일패스를 ＄150 할인받을 수 있다. 3~4인이 동행하면 적당.

예) 유레일패스 15일용가격 ＄450
유레일세이버패스 15일용가격 ＄360
(3인 이상 동행조건)
유레일유스패스 1개월용 가격 ＄670

■ 유레일팩이란.

유레일팩이라 하여 대한항공으로 유럽을 왕복하고 유레일패스로 유럽 내를 여행하는데, 긴 여정은 야간열차를 이용하여 숙박비를 절약하고, 3인 이상이 함께 여행하면 경제적인 유레일 쎄이버패스와 체인호텔 숙박 이용권 6박을 함께 구입함으로써 경제적인 기차여행을 즐길 수 있다. 특히 학생이나 교사들의 연수여행에 최적임.

— 유레일팩으로 즐길 수 있는 유럽 12일 여행일정안내

〈샘플일정 1안〉

일자 (요일)	지역	시간	교통편	세부일정	숙박
1일(수)	서울	19:40	KE 901	김포공항 출발, 파리행	기내
2일(목)	파리	06:20		파리 도착후 베르사이유궁, 콩코드광장 관광	호텔
3일(금)	파리	20:00	유레일	에펠탑, 개선문, 루블박물관, 몽마르뜨언덕, 노틀담 사원 등 관광 후 마드리드 행	기차
4일(토)	마드리드	08:55		마드리드 도착후 왕궁, 프라도 미술관, 스페인광장 등 관광	호텔
5일(일)	마드리드 톨레도	22:30	유레일	톨레도 유적지 관광후 바르셀로나 행	기차
6일(월)	바르셀로나	07:49		바르셀로나 도착후 올림픽 개최지, 대성당, 스페인마을, 고딕쿼터 등 시내관광	호텔
7일(화)	바르셀로나 니스	19:50 19:58	유레일	바르셀로나를 출발하여 지중해의 경관을 감상하며 니스 (모나코)에 도착	호텔
8일(수)	니스	20:22	유레일	모나코와 니스 관광후 제네바행	기차
9일(목)	제네바	07:43		제네바 도착 후 레만호수, 샤모니 지방의 몽블랑산 관광	호텔
10일(금)	제네바 파리	19:20 23:09	테제베	레만호, 캘빈교회 관광후 세계 최고속열차 테제베 편으로 파리로 이동	호텔
11일(토)	파리	12:20	KE 902	파리출발	기내
12일(일)	서울	16:10		서울도착	호텔

〈샘플여정 2안〉

일자(요일)	지역	시간	교통편	세부일정	숙박
1일(수)	서울	19:40	KE 901	김포공항 출발, 파리행	기내
2일(목)	파리	06:20		파리 도착후 베르사이유궁, 콩코드광장 관광	호텔
3일(금)	파리	23:15	유레일	에펠탑, 개선문, 루불박물관, 몽마르뜨언덕, 노틀담 사원 등 관광 후 암스테르담으로 이동	기차
4일(토)	암스테르담	08:01		풍차마을, 치즈농장, 꽃경매장 관광	호텔
5일(일)	암스테르담	20:02	유레일	모나코와 니스 관광 후 제네바행	기차
9일(목)	제네바	07:43		제네바 도착 후 레만호수, 샤모니 지방의 몽블랑산 관광	호텔
10일(금)	제네바 파리	19:20 23:09	테제베	레만호, 캘빈교회 관광후 세계 최고속열차 테제베 편으로 파리로 이동	호텔
11일(토)	파리	12:20	KE 902	파리출발	기내
12일(일)	서울	16:10		서울도착	

2. 영국 철도패스(BRITRAIL PASS)

가) 영국철도패스(BRITRAIL PASS)

잉글랜드, 스콧틀랜드, 웨일즈 등 총연장 17,500km에 이르는 모든 철로구간을 거리, 횟수에 제한없이 시속 200km의 고속기차를 타고 영국내 각 지방을 원하는 곳은 어디든지 갈 수 있으며 일정 승차기가 동안 무제한 이용할 수 있는 승차권으로 영국 여행시 소지하면 매우 편리한 제도이다.

나) 구입 및 사용방법

영국 철도패스는 영국내에서 구입이 불가능하므로 여행 전에 취급대리점에서 반드시 발권하여야 하는데 구입시 패스를 직접 받는 것이 아니고 쿠폰식 교환권을 받게 된다.

이 쿠폰에는 76개의 영국, 철도사무소가 기재되어 있고 패스를 처음 사용할 때에 영국 철도 티켓사무소에서 패스의 사용기간을 정하고 사용하면 된다.

다) 영국 철도패스가 기차 이용 외에 받는 특전

· 유스호스텔 이용시 할인 또는 무료혜택
· 유명한 고적지, 기념관 입장시 반액
· LAKE WIND ERMERE CRUISES 이용시 반액
· Strarford-Upon-Avon 관광시 20% 할인
· "Harding Trips"를 통하여 예약시 각종 콘서트, 축제, 오페라, 연극 공연 관람시 할인

3. 스위스 패스(SWISS PASS)

스위스만을 여행하는 관광객을 위하여 스위스내의 모든 가치, 전동차, 유람선, 우편버스(Postal Bus)의 이용이 자유로운 패스로서, 이 패스 한 장이면 스위스 관광의 교통상에는 불편이 없다.

가) 특징

· 스위스나 리히텐스타인을 제외한 어는 누구도 구입할 수 있음.
· 침대차는 3개월 전에 미리 좌석을 예약해야 하고 쿠셋이나 일반석은 2달 전에 예약하는 것이 바람직하다.
· 수많은 산악철도와 등산전차, 케이블카 이용시 50% 할인됨.
· 기차나 보트, 우편버스에 탑승시 카드만 제시하면 통과함으로 보다 즐겁고 편리한 여행을 할 수 있다.
· Regional Holiday Season Ticket 구입시 20% 할인됨.
· 6~16세 미만까지의 어린이들은 정상요금의 반값만 지불.

나) 종류

종류는 기간별로, 4일, 8일, 15일, 1개월, FLEXI 3일(15일 이내), CARD 1개월 등이 있고, 각가 1등석과 2등석이 있다.

다) 스위스 카드(SWISS CARD)

철도역이나 공항에서 목적지까지 왕복무임승차를 할 수 있고 모든 철도, 배, 우편버스 이용시 반액만 지불하면 되고 산악철도 이용시 할인 혜택을 받을 수 있는 정기권으로 스위스에서 장기간 체류시 스위스 카드를 이용하면 매우 편리하다.

라) FLY RAIL BAGGAGE SERVICE

공항에서 원하는 기차역까지 수하물을 운반해 주는 편리한 서비스 제도로서 짐 한 개당 SFR10이다.

4. 프랑스 바캉스 패스(FRANCE VACANCES PASS)

프랑스내를 관광하고자 하는 여행자를 위한 상품으로 기차, 유람선, 노선버스 등 모든 교통수단의 이용이 무료 혹은 할인되며 각종 관광시설, 쇼핑 등에서 할인혜택이 주어진다.

가) 종류(4일과 8일 두 가지가 있다.)

– 프랑스내 기차, 유람선, 노선버스등의 교통수단이 무료 또는 할인되며, 패스구입시 오를리/샤를르드공항-파리시내간 모노레일의 왕복쿠폰과 파리시내 지하철, 노선버스의 2등석을 하루동안 무제한 이용할 수 있는 쿠폰이 무료로 주어진다. 이외 각종 관광시설, 쇼핑등에서 할인혜택이 있다.

– 어린이 요금 : 4~11세는 성인의 반액.

나) 사용시 이점

1) 서부 유럽에서 가장 철도망이 발달한 프랑스의 모든 열차와 세계 최고속 열차인 T.G.V를 이용할 수 있다.
2) 파리공항과 시내사이의 철도를 이용할 수 있는 바우처 2장
3) 파리의 전철과 버스를 무제한 이용할 수 있는 "FORMULE 1"2등석 1일용 티켓

※ 할인 혜택

· 200여개 역의 기차와 자동차를 이용하거나 렌트시

· PULLMANM, ALTEA, IBIS/URBIS 호텔 이용시
· 파리에 있는 "GEORGES POMPIDOU" 국립예술문화원 탐방 1일용 패스
· 세느강의 유람선인 "BATEAUX PARISIENS" 이용시
· "LF PRINTEMPS" 백화점 이용시 선물 증정
· NICE에서 DIGNE까지 지방전철노선을 단선으로 이용시
· 프랑스 지역의 국립박물관, 유적지의 입장료 할인

5. 독일관광카드(DB Tourist Card)

독일내의 기차, 유로파버스, 유람선 등의 이용이 자유로운 독일을 관광하는 데 최적의 관광 상품이다.

가) 종류(7일 · 10일 · 15일 등 3가지)

종류	German Rail Pass		Twin Pass (2人 탑승시)		Youth Pass (12세~25세)
	1등석	2등석	1등석	2등석	2등석

* 독일 철도패스(DB)는 ICE(독일초고속 열차) 탑승가능하며 독일내의 철도망은 물론, 버스와 유람선등을 이용할 수 있으며 다른 혜택도 많음. (단 1개월내 사용 가능한 선택적 패스임)
* 어린이요금 : 만 4~11세까지 성인의 반액(German Rail Pass에만 적용).

나) 대상

서독기차패스는 오로지 외국 방문객을 위한 독일연방 국유철도로

부터의 특별한 제안이므로 이 카드는 항상 살고 있는 주거지가 독일이외인 사람에 한해서만이 서독기차패스를 구입할 수 있다.

다) 이용 범위

이 카드는 특별한 증액을 더하지 않고도 특등차인 인터씨티 기차들, 그리고 만일에 서독기차패스의 1등급 카드를 가지고 있는 사람은 유럽의 특별 급행열차 라인골드(급속의 라인강)도 추가요금 없이 이용할 수가 있을 뿐 아니라 라인강상의 유람선, 독일 전역을 누비는 유로파 버스까지 이용할 수 있다.

6. 유럽 횡단 국제 특급

■ 세계 제일의 고속 열차, TGV

TGV는 최대 시속 380km, 평균시속 260~270km를 자랑하는 프랑스의 고속 열차다.

TGV는 PSE 타입이라고 불리워지는데, 10량 고정 편성, 동력차는 최전부와 최후부에 2량-2량의 전기 기관차가 8량의 객차를 끼고 달린다. 빠를 뿐만 아니라 모터소리도 전혀 안 들리고 승차감이 쾌적하다.

앞쪽에 1등칸 3량, 뒤쪽에 2등칸 4량, 그리고 2등석과 식당차 1량으로 편성되어 있는데, 1등칸에는 식사 '시트 서비스'를 받을 수도 있다.

식사 서비스를 받으려면 기차표를 살 때마다 미리 예약을 해야만 한다.

TGV는 파리 리용역에서 출발하는데 남부 프랑스의 각 도시를 비롯하여 스위스, 독일, 이탈리아행 열차로 바꿔 탈 수 있다.

발차 5분전에는 승차를 해야 한다. 시간이 되면 발차 신호도 없이 열차가 움직이기 시작하고 차 내에서 차장이 돌아다니며 개찰을 한다. 식당차에서는 경양식과 각종 음료수를 판매하며 차내 이동 판매도 한다.

■ 새로운 이탈리아의 꽃, 콜로세움

이탈리아 북부 상업 도시 밀라노에서 플로렌스(피렌체), 남부 이탈리아 방면으로는 이탈리아 철도의 간선인 '안브롯시아노' '베스비오' '콜로세움' 등 세 갈래의 TEE가 달리고 있다. '콜로세움(Coloseum)'은 일찍이 이탈리아의 대표적 특급이었던 '세테베르'를 인수하여 확장한 '새로운 이탈리아의 꽃'이다.

콜로세움은 제니퍼 존스와 몽고메리 크리프트 주연의 유명한 영화 〈종착역〉의 무대였던 테르미니에서 오전 7시 40분에 출발하여 밀라노역에는 오후1시 정각에 도착한다. 비지네스에 편리한 시간대를 달리므로 많이 이용하고 있다.

이 열차의 차내 설비 또한 예술의 나라답게 훌륭하다. 벽과 소파의 배색에도 세심한 주의를 기울인 흔적이 역력하다.

식당차는 뷔페 스타일에 셀프 서비스다. 에스프레소 커피와 달콤한 빵이 유별나게 맛있다.

■ 유럽 대륙 종단특급, 라인골드

'TEE=유럽대륙 국제특급' 이 같은 거창한 네이밍에 꼭 들어맞는 열차가 바로 독일이 자랑하는 '라인골드'다.

네덜란드 · 독일 · 스위스 3개국을 종단하며 일부 객차는 이탈리아 밀라노까지 가는 문자 그대로 국제 특급이다.

객차는 크림색과 바이올렛 색으로 칠해져 있는데 개방객차 3량, 구분 객차 2량, 식당차와 살롱칸이 각각 1량씩 있다. 객차 측면에는 'RHEI-NGOLD'라는 금빛 문자가 크게 표시되어 있어 식별하기 쉽다.

DB(독일 연방철도)가 운영하는 이 라인골드는 마인츠에서 바젤과 뮌헨행으로 갈린다. 바젤에서는 접속열차가 스위스의 각 도시와 이탈리아 방면으로 연결된다.

라인골드는 하루에 2편이 운행되는데 암스테르담 중앙역에서 바젤 중앙역까지 785㎞를 11시간 20분에 달린다. 도중 라인 강변의 절경을 만끽할 수 있다. 아침 열차는 암스테르담에서 아침 6시 59분 밤 열차는 20시 36분에 각각 출발하여 유트레히트, 뒤셀도르프, 쾰른, 본, 코플렌즈, 마인츠, 마인하임, 칼스루에, 바덴바덴, 프라이부르크 등을 거쳐 아침 열차는 14시 24분, 밤 열차는 이튿날 13시 08분에 바젤에 도착한다.

라인골드는 영국 열차와도 연결된다. 영국 열차가 페리로 네덜랜드 항구도시인 쿠프 폰 홀랜드에 도착하며 곧 대륙철도로 연결, 암스테르담까지 운행되어 라인골드와 접속된다.

■ 초호화 열차, 오리엔트 급행

'오리엔트 급행(Orient Express)'은 세계 여행 매니아들이 가장 동경하는 낭만적인 '힐링' 열차다.

영화나 소설에 곧잘 나오는 이 '오리엔트 익스프레스'는 '벨에폭' 시대의 화사한 분위기를 물씬 느끼게 하는데, 원 이름은 '베니스 · 심프론 · 오리엔트 · 익스프레스(VSOE)'로 미국 재벌 그룹이 1982년 5월 25일 런던—베니스(베네치아)간을 주2 왕복, 파리-베니스 간을 주1 왕복씩 부활 운행하는 '디럭스 트레인'이다.

런던 빅토리아 역에서 오전 11시와 저녁 5시 15분에 출발하는 2편의

열차는 베니스까지 주파한다. 그러니까 아침 편은 종착역에서 18시 50분, 밤 열차는 그 이튿날 10시 55분에 도착한다. 이 열차는 포크스톤 하버, 브로뉴, 파리동부역, 로잔느, 주리히(알트슈테텐 역), 인스부르크(중앙역), 밀라노, 베로나를 거쳐 베니스의 산타루치아 역에 이르게 된다.

영국 포크 스톤과 프랑스 브로뉴 사이는 페리로 약 2시간 50분 걸리는데 오리엔트 급행의 승객은 상부 객실의 특별실에 묶게 되며 제공되는 음식과 음료는 모두 무료다.

VENICE SIMPLON ORIENT EXPRESS

London—Boulogne—Paris—Zurich—St.Anton—Innsbruck—Verona—Venice

M.V.ORIENT EXPRESS

Venice—Piraeus—Istanbul

■ 베르니나 급행

독일에서 이탈리아로 가려면 반드시 알프스 산맥을 횡단해야만 한다. 그 험준한 알프스를 횡단하려면 많은 터널을 통과해야 하는데, 그 중 유명한 것은 심프론과 고타르트 터널이다.

이 터널들 덕분에 독일과 이탈리아 사이가 가깝게 느껴지는데, 이 두 나라를 잇는 친근하고도 신속하며 또한 편리한 철도가 바로 베르니나급행이다.

스위스 쥬리히에서 국철 급행으로 1시간 반만에 그라유부텐주의

쿠르에 도착한다.

이 주의 동쪽 끝에 있는 에이가딘 고원은 이 나라 유일의 국립공원으로 주변에는 세계적인 휴양지가 많다. 베르니나 알프스를 포용하고 있는 이 일대를 종단하는 열차가 사철私鐵인 레티셰 철도다

레티셰 철도를 베르니나 산군山群을 넘어 이탈리아의 티라노에 도달하는 철길이 바로 국제 열차 베르니나 급행이다.

쿠르를 출발한 열차는 튜시드에서 라일강·원류의 하나인 알프라강의 계곡에 이른다. 계곡이 깊고 원고圓孤를 그린 아치 다리인 란트와쌰교를 건너면 바로 터널로 들어간다. 관광 포스터에 자주 나오는 정경 이어서 그림처럼 아름답다.

해발 1792미터나 되는 군령(프레다)을 뚫고 알프라 강을 네 번이나 횡단, 스파이랄 터널 3개소를 지나 다시 길이 5864미터나 되는 알프랄 터널을 통과한 후 튜시스를 넘어 아름다운 호수를 몇 차례 끼고 굽이 돌다가 티라노에 이른다. 티라노에서는 이탈리아 국철로 3시간을 달리면 밀라노에 도착한다.

■ 빙하氷河 급행

레티셰 철도의 산 모리츠에서 풀카오버 알프 철도, 브리크 비스프쎌마트 철도를 따라 맛타호른 산록에 있는 쎌마트까지 주행하는 기차가 바로 유명한 '빙하 급해'이다.

아침 일찍 산 모리츠를 출발한 빙하열차는 알프라 강을 따라 내려오다가 라이헤나우에서 방향을 바꾸어 다시 산을 타고 올라가 또 하나의 라인강 원류의 폴터라인을 거슬러 올라 디센티스에서 레티셰 철도로

이어진다.

다시 폴카오버 알프 철도로 연결되어 오버 알프 봉(해발 2033미터)를 넘어 헤어필의 구곡양장 길을 아프트식의 락 레일의 도움을 받으면서 단숨에 6백 미터를 내려와 안터마트를 거쳐 긴 터널을 지나 론느강의 원류를 따라 이탈리아 철도로 접속된다.

급행이라고는 하지만 산간의 좁은 궤도를 따라 느긋하게 달리는 이 열차는 관광선으로는 '세계 으뜸'이라고 자부할 만하다.

■ 에트와르 뒤 노르

파리—부르셀—암스테르담 노선은 많은 TEE니 국제열차가 달리고 있어 통칭 'TEE 가도街道'라고 불리워진다. 특히 파리 부르셀 간은 항공기와 경쟁할 수 있을 만큼 신속하고 편리하며 비지네스맨들이 즐겨 이용하고 있어 주중의 TEE는 비지네스맨들로 만원을 이룬다.

에트와르 뒤 노르(Etoile du Nord)는 이 구간을 달리는 TEE의 대표로 CC40100형 전기기관차로 시속 2백 킬로 쯤 달리는 급행이다.

■ 레마노와 메디오라눔 특급

TEE 중에서도 '레마노(Lemano)'는 가장 경치가 명미한 산간을 누비며 달린다. 가히 자칭 '풍경 제1급 열차'를 자랑할 만하다.

이탈리아 북부의 상업도시인 밀라노에는 여러 TEE가 발착하는데 큰 돔의 밀라노역은 매우 '무디(moody)'한 분위기가 감돈다.

레마노는 밀라노에서 스위스의 국제도시 제네바 간(373km)을 3시간 10여분 만에 주파하는 특급열차다.

역시 밀라노에서 출발 오스트리아를 통과하여 독일을 종단하여 도르트문트까지 달리는 '메디오 라눔(Medio lanum)'은 인터내셔널 인터시티 특급열차다.

밀라노 역을 출발 셰익스피어의 명작 『로미오와 줄리에트』의 고향인 베로나, 오스트리아의 명산이 첩첩한 티롤 지방, 스키의 명고장 인스부르크를 거쳐 독일 맥주의 명산지 뮌헨을 지나 낭만적인 고도 알테 하이델베르크, 그리고 라인 강변을 따라 16시간 남짓을 달리는 이 열차는 변화 많은 유럽적 풍경을 만끽할 수 있다.

■ 아키네느 특급

파리와 와인 및 꼬냑의 도시 보르도 간을 달리는 '아키네느(Aqui-taine)'는 1등, 2등으로 구분된 인터시티 특급열차다.

파리의 세느강이 석양으로 벌겋게 물들 무렵 오스텔리츠 역을 출발하는 이 열차는 시속 210킬로로 달리는 '그랑 콩포트(초쾌적 객차)'타입의 호화특급이다.

전장 581킬로를 3역에만 정차할 뿐 불과 3시간 50여분에 달린다.

■ 프라잉 스코츠맨 특급

영국을 대표할만한 열차로는 뭐니뭐니 해도 '프라잉 스코츠맨(Flying Scotsman)'을 손꼽게 된다. 영국 수도 런던에 스코트랜드 최대 도시인 에딘버러 간(632㎞)을 달리는 이 철도는 세계에서 가장 오랜(1862년 창설)역사를 지니고 있어, 그 전통에 손색없는 배려를 하고 있는 명문 특급이다. 이 열차는 런던 킹스크로스 역을 오전 10시 반에 출발하여 오후 3시에 에딘버러에 도착한다. 영국 국철이 자랑하는 HST(High Speed Train)-125형 기관차로 정확하게 목적지까지 운행한다. (소요시간 5시간 반)

* 유럽여행사 소개

전 유럽 및 유럽 근교에 지사 및 연락사무실을 갖고 있는 유로스타(EURO STAR) 여행사를 통하면 각종 여행에 필요한 자료와 안내를 받을 수 있다. 특히 거의 모든 사무실에 한국인이 종사하고 있어 많은 도움이 될 것이다.

* Austria
  Tel. 43-512-575304(Mr. Kim, Ki won)
* Innsbruck/Austria
  Tel. 43-512-575304/587124(Mr.Kim, Ki Won)
* Paris/France
  Tel. 33-1-42860724/42860725(Mr.Choi, Byung Kwan)
* Nice / France
  Tel. 33-93-524149(Mr. Hong, Sam sik)
* Frankfurt, Heidelberg/Germany
  Tel. 49-69-6708721/287527(Mr. Hwang, Young Kwan)
* Berlin/Germany
  Tel. 49-30-8812121/3651215(Mr. Cho, Jong Sik)
* Dusseldorf, Cologne/Germany
  Tel. 49-211-3613138(Mr. Kim, Chung Ku)

* Munich / Germany

  Tel. 49-89-6706124(Mr.So, Jae Seon)

* Hambrug/Germany

  Tel. 4940435144(Mr. Kim, Chung Ku)

* Hannover/Germany

  Tel. 49-511-561994(Mr. Suk. Soo Hyun)

* London / England

  Tel. 44-1-7686370(Mr.Kim, Jae Du)

* Athens / Greece(Pyramis Travel)

  Tel. 30-1-3223886/3224839(Mr. Costas)

* Rome / Italy

  Tel. 39-6-491476/4757949(Mr. Kim, Taik In)

* Florence, Milan, Venice / Italy

  Tel. 39-55-446264(Mr. Lee, Bem Dea)

* Amsterdam / Nethelands

  Tel. 31-20-999053(Mr. Bak, Sung Joon)

* Madrid / Spain

  Tel. 34-1-248-8500(Mr. Rafi Garcia)

* Zurich/Switzerland

  Tel. 41-22-7381846(Mr. Johnny Kim)

* Geneva/Switzerland

  Tel. 41-22-7381846(Mr. Johnny Kim)

* Cairo / Egypt (Amin Tours)

  Tel. 20-2-3545292 / 3546234(Mr. Amin)

* Nairobi / Kenya(Kenko Tours & Travel Services)

  Tel. 254-) 2-340481 / 726763 (Mr. Kim Hyo Jae)

* Jerusalem / lsrael (Galilee Tours)

  Tel. 972-2-247155 / 231223(Mr. Chung, Hyo Jae)

* Istanbul / Turkey

  Tel. 90-1-1652653 (Mr.Kim , Joo chan)

* Copenhagen / Denmark (Scantours)

  Tel. 45-1-318877(Mr. Holger Jorgensen)

* Stockholm/Sweden

  Tel. 46-16-146164(Mrs. June Joo, Alsing)

* Oslo/Norway

  Tel. 47-2-520887(Ms. Young Sook, Tosti)

* New York / U.S.A

  Tel. 1-212-2217189(Mrs.Kim, Young HRee)

* Seoul / Korea

  Tel. 02-701-0761(Mr.Kim, Jong Sir)

배낭 메고 민박하기

■ 배낭여행의 효용

일찍이 마크 트웨인(Mark Twain)은 "천국도 조금만 있으면 싫증이 난다"라고 말한 바 있다.

흔히 사람들은 단조로움에서 벗어나고 싶은 욕구를 지니고 있으며, 이를 가장 효과적으로 충족시켜주는 것이 바로 여행이며, 특히 자유로운 배낭여행이 이 같은 욕망충족에 가장 효과적이다.

배낭여행은 여행 인프라가 잘 갖추어져 있어 안전하고 편리하며 구경거리도 많은 유럽으로 집중되어 이제는 대중화의 단계에까지 들어섰다. 배낭여행은 영어로 'Backpacking Tour'를 번역한 것인데, 이를 'Budget Travel' 즉 '경제적(또는 알뜰한) 여행'이라고도 한다.

배낭여행이란 문자 그대로 다만 배낭을 등에 메고 떠나는 여행만을 뜻하는 것은 아니다. 그리고 경비(Budget)를 절약하여 싸게하는 여행만도 아니다. 배낭여행은 여행의 참맛을 맛볼 수 있(졸저拙著 『커피 한 잔의 풍경』에서도 밝혔듯이 또 하나의 나를 찾는 자기 발견이라든가, 메말랐던 감성을 충전하고 아름다운 추억을 만든다든가, 삶의 의미를 새삼 깨닫게 한다라든가 하는 효용성)는데 있을 것이다.

그러기 위해서는 되도록이면 혼자서 아니면 마음에 맞는 한 두 친구나 연인끼리 외롭고도 호젓한 시간을 갖도록 해야 할 것이다. 그러니까 배낭여행은 '가이드(관광 안내원) 없는 여행', '내가 계획하고 구현하는, 즉 스스로 만들어가는 여행'이라야 한다.

여행을 통해서 학창시절에 배웠던 '세계문화사'를 현장 학습하고 우리보다 선진된 세상과 문화를 체험하고 비록 한정된 시간이지만 스스로 독립적인 삶을 꾸려나가는 기회가 되어야만 할 것이다.

배낭여행이 유행처럼 번지기 시작 90년대 중반만 하더라도 '남이 하니까 나도 한 번 가보자'는 식의 뚜렷한 목적 없이 '부화뇌동'하여 기념사진을 찍는 종전의 패키지 투어의 여행 패턴을 답습하는 '배낭여행 후진국'이었다. 하지만 이제 우리는 달라져야 한다.

■ 다양한 배낭여행 고르기

유럽 왕복 항공표와 유레일패스 등을 구입하고 배낭을 맨 채 혼자서 또는 연인끼리 자유롭게 여행하는 배낭여행이 많은 추억거리를 만들게 하지만, 자신이 없는 초보자는 여러 여행사에서 내놓은 상품을 골라 여럿이서 여행하는 것도 패키지 여행보다 편리하다.

서울 항공 '에듀 투어' '세계를 간다' '여행 천하' '엘리트 투어' '내일 여행 투어닷 코리아' 등이 제공하는 배낭여행 프로그램은 여름철 우리나라 젊은이들, 특히 대학생들에게 큰 인기다. 나도 여러 차례 지도 교수로 유럽 문학 여행, 미술 여행, 음악 여행 등 다양한 프로그램에 참여한 경험이 있지만, 매우 낭만적이어서 오래도록 기억에 남는다. 길이 추억되는 '그리움의 여행'이다.

특히 최근에는 중년층 비즈니스맨들을 위해 캠핑카, 다국적 열차를 통한 목적별 여행 등 신개념의 배낭 상품이 인기를 끌고 있다. 나는 와인 동호인을 인솔하고 독일과 프랑스의 성곽과 와인 여행을 다녀오기도 했다.

대부분의 배낭여행 상품은 일정이 비슷하기 때문에 선택을 잘 해야 한다. 밤 열차 이용 횟수, 도버 해협을 건널 때 '유로 스타' 이용 여부, 역에서 숙박업소까지의 거리 등을 자세히 살펴보고 정해야 한다.

요즘 새 개념의 다국적 열차 배낭여행 상품인 '유로피안 패스'가 인기를 끌고 있다. 영국 런던을 출발하여 베네치아까지 갔다가 돌아오며, 도중 9개국 19개 역에 정차하는 프로그램으로 짜여져 있다. 외국인 배낭 여행객과 같은 열차를 이용하며 각 역 구간마다 가이드가 동행하기도 한다.

그밖에도 남유럽 코스(런던－바르셀로나－베니스), 북유럽(베네치아－베를린－런던) 코스 등도 있다.

■ 배낭 여행시 유의할 점

배낭여행은 주로 젊은이들에게 낯설지 않은 여행프로그램이다. 얼마전까지만 하더라도 일부의 젊은 대학생이나 또 다른 경험을 하고 싶어 하는 일부의 사람만 관심있었다고 한다면, 지금은 대학생 또는 중년의 직장인이라도 배낭여행을 떠나고 싶어 하는 사람이 많이 늘어나는 추세다. 따라서 이러한 시장의 다변화와 많은 여행의 분류 중에서 배낭여행이 차지하는 비중이 매우 커졌다.

떠나기 전에 우선 주위의 여행경험자가 있다면 그 사람에게 여행지에 대한 모든 정보를 수집하도록 하자. 가장 확실하고 정확한 정보를 얻을 수 있는 방법이기도 하며, 나그네가 겪은 다양한 경험과 충분한 노하우가 있을 것이다. 이를 자신의 간접 경험으로 활용하도록 한다면 여행지에서 겪을 시행착오와 그로 인한 시간의 낭비도 줄일 수 있을 것이다. 또한 예기치 않게 발생할지도 모를 어려움(경제적 손실 등) 또한 예방할 수 있어 일석삼조의 효과를 가져올 수 있을 것이다.

배낭 하나를 덜렁메고 떠나는 여행이기 때문에 휴대할 짐이 간편해야 한다. 가령 내의는 두어벌만 가지고 다니며 매일 밤 빠는 것이 좋다. 여행하면서 선물, 기념품 등을 사게 되므로 짐이 늘어날 수도 있다. 이에 대비해서 평소에 구멍난 내의, 양말 등 버려야만 할 낡은 것들을 모아 놓았다가 가지고 가서 사용하고 버리다보면 짐을 줄일 수 있다.

좀 거창한 얘기지만 해외여행 특히 개별 여행 시에는 스스로 '민간외교관'이라는 책무를 지니고 언행에 조심해야 한다. 유럽같은 문명국일수록 개인의 '프라이버시'가 중요시되기 때문에 여행 중 큰 소리로 담소하거나, 몸짓을 크게 하는 것, 휘파람 부는 것, 노래하는 것, 차중에서 김치나 오징어 등 냄새나는 음식을 먹거나, 휴대폰(인천 공항에서 휴대폰을 조정해서 가지고 갈 수 있음)으로 크게 말하는 것 등은 특히 삼가해야 한다.

물건을 사거나 승차시 줄서기를 꼭 해야 한다. 유럽에 세치기 만큼은 용서가 없다. 에스컬레이터에서는 오른쪽으로 서야 하며, 타고 거를 때에는 왼쪽으로 걸어야 한다. 공항의 전동 보도에서는 가만히 서있는 것이 아니라 계속 걷는 것이 상식이다.

길에서는 절대 침을 뱉지 말아야 하고 좌우를 비틀거리다 남을 밀거나 복잡한 차 안에서 남과 부딪쳤을 때에는 반드시 사과해야 한다.

배낭여행은 가이드가 없으므로 떠나기 전에 가 볼 나라에 대한 지식을 미리 알아두어야 한다. 학창 시절에 문화사나 지리 시간에 단편적으로 배웠겠지만, 그것만으로는 부족하다. 사전에 공부를 많이 한 사람일수록 더 즐거운 여행이 될 것이다.

이밖에도 유의 사항은 많지만, 요즘에는 인터넷이 발달되어 있으므로 클릭해보면 얼마든지 좋은 자료를 쉽게 얻어 볼 수 있을 것이다. 유럽 각국에서도 해마다 늘어나고 있는 우리나라 관광객을 보다 더 많이 자국으로 유치하기 위하여 다양한 정보를 제공하고 있으므로 이를 이용하기 바란다.

끝으로 유럽은 영국과 몇몇 스칸디나비아 나라만 제외하고는 대부분 통일된 유로화를 쓰고 있으므로 미 달러보다 유로화폐로 환전해서 떠나는 것이 편리하고 경제적이다.

다음에 열거한 나라별 인터넷을 참고하기 바란다.

- 그리스 http://www.gnto.gr
- 노르웨이 http://www.visitnorway.com
- 네덜란드 http://www.vistholland.com
- 덴마크 http://www.visitdenmark.com
- 모나코 http://www.monaco-tourism.com/main.html
- 스페인 http://www.okspain.org

- 아일랜드 http://www.ireland.travel.ie/home/index.asp
- 오스트리아 http://www.austria.or.kr &
  http://www.austria-tourism.at
- 프랑스 http://www.travelexpo.net/mdf.htm
- 독일 http://www.deutschland-tourismus.de/e
- 이탈리아 http://www.enit.it/Eng/
- 룩셈부르크 http://www.luxembourg.co.uk
- 스웨덴 http://www.visit-sweden.com
- 스위스 http://www.myswitzerland.com
- 영국 http://www.visibritain.com
- 핀란드 http://www.finland-tourism.com
- 포르투갈 http://www.portugal.org
- 벨기에 http://www.belgium-tourism.net/

■ 버스여행도 해볼만

유레일패스로 열차 여행을 하는 것이 자주 갈아타는 등 번거롭고 불편해서 선뜻 나서지 못하는 여행객은 버스 여행을 해볼 만도 하다.

유럽 · 일본 등지에서 개별적으로 또는 단체로 장거리를 이동할 대는 기차를 이용하게 마련이다. 이 때문에 기차역 중심으로 일정을 짜야 하고 성수기에는 미리 좌석을 확보해야 하는 부담이 있다.

이런 가운데 최근 들어 주 교통수단으로 버스나 승용차를 이용한 이색 상품들이 인기를 끌고 있다.

① 다국적 팀으로 여행하는 '콘티키'

영어 회화에 어느 정도 자신이 있다면 외국의 젊은이들과 함께 고속버스를 타고 여행하는 것도 좋겠다.

영국 런던에 본사를 둔 여행사인 '콘티키'(contikt)는 만 18~35세 여행자들을 대상으로 58인승 고속버스를 타고 유럽 · 아프리카 · 호주 · 뉴질랜드 · 북미를 여행하는 상품을 판매하고 있다.

버스당 여행자들을 국적별로 5~7명씩으로 제한해 다국적 팀을 형성한다는 게 특징이다. 때문에 행사 진행은 영어로 이루어진다. 현지 여행 일정은 최소 5일에서 두달까지 다양하다.

숙박 시설의 종류에 따라 전 일정을 호텔에서 묵는 '타임 아웃 투어', 호텔 · 농장 · 통나무집 등 다양한 숙소를 쓰는 '컨셉트 투어', 캠핑장에서 텐트를 치고 숙박하는 '캠핑 투어' 등 세 등급의 상품이 있다.

국내에서는 배재항공(www.travelline.co.kr, 02-733-3133)이 콘티키 상품 판매를 대행한다.

15일간 영국 · 네덜란드 · 스위스 등 유럽의 7개국을 돌아보는 '컨셉트 투어' 상품이 왕복 항공료를 포함해 1백 99만원선이다.

② 자동차 여행

유럽여행 경험이 있는 4~5명 정도가 함께 장기간 유럽을 여행한다면 자동차를 빌려 이용하는 것도 고려해 볼 만하다. 무거운 배낭을 지고 다니지 않아도 되며 언제 어디로든 신속하게 이동할 수 있다는 게 장점이다. 프랑스 푸조 자동차 회사는 유럽연합 이외의 거주자들에게 최소 17일 동안 신차를 빌려주는 제도(www.peugeot-openeurope.com)를 시행하고 있다.

<책을 마무리하면서>

오랜 방랑의 길을 마치고

유럽 여행을 하다보면 하늘로 가득 찬 고장에 이를 때가 많았다. 그곳에는 예사로운 나무에도 신성으로 불타오르고 있는 듯이 보인다. 하지만 그런 느낌을 지닐 수 있는 자만이 신을 벗고 주저앉을 수 있다.

신들린 나무를 찾아 굳이 숲속을 헤맬 필요가 없다. 예사로운 한 나무에라도 사랑을 쏟아 부으면 거기에서 선과 신을 볼 수 있고, 그때 비로소 신을 벗을 수 있다.

육체적으로는 사랑을 하기 힘든 몸이 되었지만 아가페의 사랑을 찾는 나그네 길을 좇아서 끈질기게 걸어가야 하는 까닭은 단순히 개인적인 것 이상의 의미가 있는 것이다. 인간에게는 스스로를 돌보고 살찌게도 할 수 있고, 반대로 파괴할 수도 있는 모순된 양면이 있다. 그러기에 김홍수 화백이 아픔을 무릅쓰고 신들린 듯 속필로 내게 그려준 옹근 그 '사랑'이 중요한 것이다. 내가 이번 여행 중에 터득한 가장 큰 배움은 인간에게 가장 소중한 것은 따뜻한 가슴이라는 것과 여기에서 우러나오는 슬기 또한 더 할 나위 없이 진실이라는 것이다.

나는 누구에게나 여행을 권한다. 그리고 떠나기에 앞서 스스로에게 물어보라고 권한다. "이 길에 마음이 닿아 있는가?" 하고.

무엇을 해야 할지 알 수 없을 때, 그 때가 바로 진정한 무엇인가를 할 수 있다. 어느 길을 가야할지 알 수 없을 때 그때가 비로소 여행의 시작이다.

나는 앞으로도 여행을 멈추지 못하리라.

또한 내 여행의 끝은 내가 출발한 곳으로 다시 돌아와서, 처음으로 그곳을 제대로 아는 일인 것이기도 하다.

여행이 '창조의 길이요, 또 하나의 나를 찾는 일임을 이번 여행을 통해 더욱 절실히 느끼게 되었다. 나이가 들만큼 든 탓도 있겠지만…….

평균 수명이 길어졌다고는 하지만 3개월 시한부 인생의 고비를 가까스로 넘기고 긴 방황 끝에 돌아온 몸이니 지금 나는 덤으로 살고 있는 인생이다. '보너스 삶'을 살고 있는 셈이다. 돌이켜보면 곡절 많고 쓸쓸한 세월이었다. 부끄럽기 짝이 없는 길이기도 했다.

톨스토이의 단편소설 〈두 노인〉이 문득 뇌리를 스치고 지나간다. 목적지를 향해 똑바로 걸어가 성공한 노인과 이곳저곳을 기웃거리며 결국 목적지에 도달하지 못한 한 노인의 이야기다. 그런데 톨스토이는 후자를 높게 평가 했다. 나는 순구한 게 좋다. 꾸불꾸불 살아왔지만 일직선이 좋다. 광야를 한없이 달리고 싶은 그런 일직선의 길을 좋아한다. 직구를 잘 꽂는 투수에게 박수를 보낸다. 검은 직선을 서슴없이 대담하게 긋는 뷔페의 화법畵法에 감탄한다. 하지만 톨스토이의 말처럼 파란만장한 구곡양장의 삶에도 어디엔가 아름다움이 있다. 작가가 높게 평가한 노인 에리세이의 삶을 닮았으면 좋겠다.

성경에도 인간다운 삶의 모습을 비유적으로 예시하고 있다.

사도행전 5장에 나오는 율법학자 가말리엘의 태도는 '꾸불꾸불 돌아가는 길'에 담긴 진리에 대한 '겸허함'을 잘 말해주고 있다. '진리'를 옹호

한다며 사도들을 죽이려고 모여들었던 분노한 의회 사람들 앞에서 그는 이렇게 연설했다. "이스라엘 사람들아 너희가 이 사람들에게 대하여 어떻게 하려는지 조심하라. 〈중략〉 이 사람들을 상관하지 말고 버려두라. 이 사상과 이 소행이 사람으로부터 났으면 무너질 것이요, 만일 하나님께로부터 났으면 너희가 그들을 무너뜨릴 수 없겠고, 도리어 하나님을 대적하는 자가 될까 하노라." (사도행전 5;34~39) 하나님께 대한 겸허함이란 이런 것이 아닐까…….

요즘 이런 생각이 든다. 내게 주어진 시간을 '나만의 시간'으로 바꿀 수는 없을까. 스웨덴 속담에 이런 말이 있다. "오후는 아침이 꿈에도 그려 보지 못한 일을 한다." 넉넉한 시간이 남아 있지는 않지만 잘 활용하면서 보람 있는 삶을 그런대로 누릴 수 있고, 또 그에 따라 아름다운 생의 마무리를 할 수 있을 것도 같다.

보람 있고 충만한 노년을 보내기 위해서는 창작하는 '나만의 시간'만이 아니라 '우리를 위한 시간', 그래서 베풀고 나누는 여유로움이 필요하다고 본다. 또 '다른 일에 도전하기', '두 번째 사춘기 맞이하기', 심지어는 '마지막 원시인'을 찾아 나일강, 아마존강 일대를 헤매던 '오지 탐험의 재도전'을 꿈꾸어 보기도 한다. 이렇게 나이가 들어서도 삶의 보람과 기쁨을 맛 볼 수 있는 무엇인가를 해야 되겠다.

지난 십년동안 나는 자연 속에 파묻혀 살아 왔다. 주로 풍경화를 그리며 여행을 즐기다 보니 자연태의 삶이 얼마나 소중한가를 배웠다. 특히 이번 유럽 미술 기행 중 큰 소득이 많았다. 그림과 시작詩作을 병행하며 자연에 귀의한 윌리엄 블레이크의 발견이 그 하나다. 자연을 통해 터득한 열린 마음과 여유로움이다. 열린 마음을 갖는다는 것은 무엇인가를 수용한다는 뜻이기도 하다. 그러기 위해서는 먼저 스스로의 마음이 비워져 있지 않으면 안된다는 자각을 지니게 된다. 그리고는 내가 처해 있는 상황을 되돌아보았다. 그때 문득 주님의 말씀이 떠올랐다. —'거듭나라', '최선을 다하라', '범사에 감사하라' 그리고는 부처님의 '무욕'과 '무아'의 경지도 떠올렸다. '기적적'으로 아직 살아는 있지만 제자인 최인호 소설가의 말처럼 나도 "밀물썰물 싸움처럼 끝이 없는 암과의 대결을 벌이고 있고 환자로선 죽고 싶지는 않고 작가로서 죽고 싶다."

그렇게 마음을 다지고 몇 걸음 물러나 방관자적 입장에서 새삼스레 나를 바라보았다. 그랬더니 온갖 시름들이 다 사라져 버리고 불끈 힘이 솟아오르는 것 같다.

내가 곧잘 오늘의 나를 '겨울'이니 '오후'니 하고 메타포 하자 주변의 친구가 이렇게 충고해 주었다. 자연에서는 매년 같은 계절이 반복되어서 가을과 겨울 다음에는 의례 봄이 오지만 인간의 일생을 계절이나 시간으로 따지면 죽음으로 끝맺을 단 한 번만의 발전과정으로 본다는 것은 단 한 번의 발전 과정에 대한 것이니까 적당한 메타포가 아니잖느냐는 것이다. 그 충고에 대해 나는 "인간의 생애는 자연을 넘어 가을에라도 봄이 오고 저녁에라도 아침의 느낌을 가질 수 있는 것이 아니냐." 이렇게 대답했다. 그것이야말로 인간을 인간답게 하는 까닭이 아닐까 하는 생각이 든다. 아픈 시련이 때로는 축복이 될 수도 있고, 삶의 의외성과 기적을 믿고 싶다.

제자들은 내게 이제 막 성년이 됐다고 말하기도 한다.

그러고 보면 모든 게 마음먹기 나름인 것 같다. 마음이 젊어지면 몸도 젊어질 수 있다고 본다. 마음과 몸은 서로 작용하게 마련이다. 마음이 행복하면 몸도 건강해지고 몸이 아프면 마음도 상처를 입는 것이다.

이 같은 인식의 틀에서 보면 「건강한 육체에 건강한 정신」이라는 말은 「건강한 정신에 건강한 육체」란 말과 같은 뜻이다.

물론 현대의학은 모든 현상을 일으키는 실체가 존재한다고 믿는, 심신 이원론, 이에 더해 모든 현상에는 이를 일으키는 실체가 존재한다고 믿는 물리주의 전통을 굳건히 따르고 있다. 이런 입장에서는 몸은 몸이고 마음은 마음 뿐일 따름인 것이다. 즉 몸이 늙고 아프게 되는 것은 몸 탓이지 정신과는 관계가 없다고 보는 것이다. 하지만 나이가 들어 몸이 쇠약해지고 아파 죽겠는데 병원에서는 원인을 알 수 없다고 한다거나, 병원에서는 '사형선고'를 받은 환자가 완쾌되어 전보다 더 건강하게 젊게 살아가고 있는 '기적'같은 일이 나 이외에도 적잖이 있다.

그래서 현대의학으로서는 밝혀낼 수 없는 '블랙홀'로서 심신의학, 대체의학이 개입할 수 있는 틈새가 있게 마련인 것이다. 그러고 보면 데카르트가 주장인 심신의원 이론도 이제 무용지물이 된 셈이다.

저자

스케치 여행으로 아픔 날린
유럽 힐링 투어
healing tour

초판인쇄 2012년 11월 25일
초판발행 2012년 11월 30일

저 자 전 규 태
발행인 서 정 환
발행처 신아출판사
출판등록 1984년 8월 17일 제28호
주소 전주시 완산구 공북1길 16(태평동 251-30)
전화 (063) 275-4000 · 0484
Fax (063) 274-3131
E-mail sina321@hanmail.net

값 15,000원

ISBN 978-89-5925-600-6 03810